国富論 ㊥

国の豊かさの本質と原因についての研究

アダム・スミス
山岡洋一＝訳

日経ビジネス人文庫

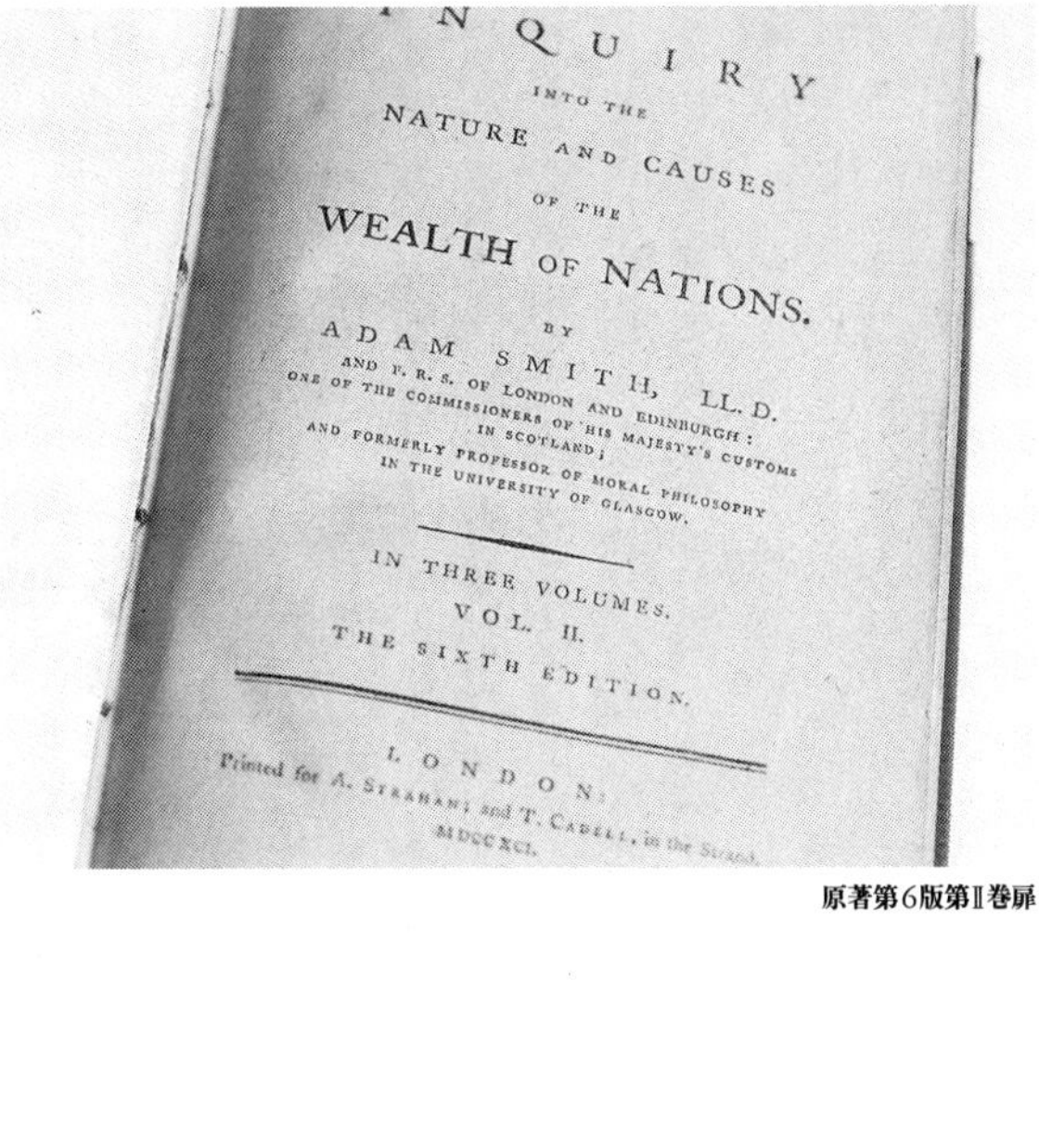

NQUIRY
INTO THE
NATURE AND CAUSES
OF THE
WEALTH OF NATIONS.
BY
ADAM SMITH, LL.D.
AND F.R.S. OF LONDON AND EDINBURGH:
ONE OF THE COMMISSIONERS OF HIS MAJESTY'S CUSTOMS
IN SCOTLAND;
AND FORMERLY PROFESSOR OF MORAL PHILOSOPHY
IN THE UNIVERSITY OF GLASGOW.

IN THREE VOLUMES.
VOL. II.
THE SIXTH EDITION.

LONDON:
Printed for A. Strahan; and T. Cadell, in the Strand.
MDCCXCI.

原著第6版第Ⅱ巻扉

カバー図版：Robert Cleveley / Shipping (w/c on laid paper)
提供：Bridgeman Images / アフロ
口絵写真撮影：林 朋彦

国富論㊥　目次

上巻目次

下巻目次

国富論

国の豊かさの本質と原因についての研究

㊥

第三編

国による豊かさへの道筋の違い

第一章　豊かさへの自然な道筋

どの文明社会でも、とくに規模の大きい取引は都市の住民と農村の住民の間のものである。この取引は、土地の生産物と製造業の製品を直接に交換するか、通貨を介して、または通貨として使われる紙幣を介して交換するものである。農村は都市に食料と製造業の原材料を供給する。都市はその代金を支払うために、加工した製品の一部を農村の居住者に送り返す。都市は物質を再生産していないし、再生産することはできないので、富と生活必需品をすべて農村から得ているといって間違いないだろう。だがだからといって、都市が得ただけ、農村が損をするなどと考えてはならない。都市も農村も互いに利益を与えあっている。どのような分業にもいえることだが、都市と農村の分業も、分化した職業のうちどれで働く人にとっても有利なのである。農村の住民が都市から製品を購入するとき、それと交換する土地生産物の生産に必要な労働の量は、同じ製品を自分で生産しようとするときに必要になる労働の量よりはるかに少ない。都市は農村にとって、余った生産物の

市場になる。言い換えれば、生産物のうち、農民の生活を維持するのに必要な量を超える部分の市場になる。そして、この市場で農村の住民は、余った生産物と自分が必要とする何か他のものとを交換する。都市の住民の数が多く、収入が多いほど、農村の住民が利用できる市場が大きくなる。そして、市場は規模が大きいほど、多数の人にとっての利点がかならず大きくなる。都市では、一マイル以内で生産される穀物も、二十マイル離れたところから供給される穀物と同じ価格で取引される。そして穀物が二十マイルのところからも供給されているのであれば、それを生産し市場に運ぶのにかかる経費を支払ったうえ、農業経営者が農業の通常の利益を確保できる価格になっているはずだ。このため、都市の近くの地主と農民は農業の通常の利益だけでなく、生産物の販売価格のうち、もっと遠くの地域から同じ商品を運ぶのにかかる経費との差額を利益として得られる。都市から買う商品の価格でも、運送費を節約できる。大都市に近い農村とある程度離れた農村とで土地の耕作の状況をくらべてみれば、都市との取引で農村がどれほど利益を得ているかをすぐに理解できるだろう。貿易収支に関してはいくつもの馬鹿げた考え方が広まっているが、農村が都市との取引で損しているとか、都市が食料を供給する農村との取引で損しているとかと主張されたことはない。

ものごとの性格上、食料は利便品や贅沢品より前に必要なので、食料を生産する産業は

かならず、利便品や贅沢品の需要を満たす産業より前に確立していなければならない。このため、農村で土地を改良し耕作して食料を生産する動きがかならず、利便と贅沢の手段だけを供給する都市の発展より前に起こらなければならない。都市が食料として入手できるのは、農村の生産物のうち余った部分、つまり農民の生活に必要な量を超える部分だけである。このため、農村で余った生産物が増えないかぎり、都市は発展できない。都市はもちろん、食料をすべて周囲の農村から供給されるとはかぎらないし、国内からすら供給されるとはかぎらず、はるかに遠方の国から買う場合もある。こうした状況は一般法則の例外だというわけではないが、時代と国によって豊かさへの道筋が大きく違う状況を生み出す要因になっている。

　農村がまず発展してつぎに都市が発展するという順序は、すべての国にみられるわけではないが、一般論としては必要から生まれたものだし、それに、どの国でも人間の自然な好みによって刺激を受けている。人為的な制度によってこの自然な好みに沿った行動が妨げられなければ、都市はどの国でも、その国の土地の改良と耕作によって支えられる程度を超えて発展することはできない。少なくとも国内の土地がすべて完全に開発され、耕作されるまではそういえる。利益率が同じか、ほとんど変わらないのであれば、たいていの人は自分の資本の使い道として、製造業や貿易業よりも土地の改良と耕作を選ぶ。土地に

資本を投じれば、貿易に資本を投じる場合よりも、事業を直接に監視し監督できるし、思わぬ出来事で資産を失うことも少ない。貿易業の場合には、風と波によって資産を失いかねない。それに、相手の人格や状況を熟知することがまずできないまま、遠くの国の商人に巨額の信用を与えるので、人間の愚かさと不誠実さというはるかに不確かな要因によっても資産を失いかねない。これに対して地主の資本は、土地改良に投じられており、世の中の性格を考えればこれ以上はないほど安全だと思える。そのうえ、農村は美しく、田舎暮らしは楽しく、心が落ちつくし、不当な法律によって妨げられないかぎり自主独立の立場を確立できるので、すべての人を多かれ少なかれひきつける魅力がある。そして、土地の耕作は人間にとって本来の仕事だったので、人類は歴史のどの段階にも、太古からの職業である農業を好む傾向をもちつづけているようだ。

　土地の耕作にあたっては、さまざまな手工業者から手助けを受けなければ、大きな不都合にぶつかって、たえず中断しなければならなくなる。鍛冶屋、大工、車大工、石積み工、煉瓦工、皮なめし工、靴屋、仕立て工らに仕事を依頼する必要があることが少なくない。これらの手工業者も他の手工業者の手助けを必要とすることがある。そして手工業者は農民と違って、かならずしも一つの場所から離れられないわけではないので、自然に集まって住むようになり、集落ができ、小さな都市になる。肉屋や酒屋やパン屋がすぐに加わり、

集まった人たちのときおりの需要を満たすのに必要か役立つ他の手工業者や小売り商人が多数加わって、都市がさらに発展する。都市の住民と農村の住民は互いに助け合う関係にある。都市はいつも開かれている市《いち》のようなものであり、農村の住民は都市に行って土地生産物を製造業の製品と交換する。この取引によって、都市の住民は仕事の原材料と生活の必需品を手に入れる。農村の住民に売る製品の量によって、都市の住民が買う原材料と食料の量が決まる。このため、都市の住民の仕事も食料も、製造業の製品に対する農村の需要の増加に比例してしか増えない。そして、農村の需要は、土地の改良と耕作の拡大に比例してしか増えない。したがって、人為的な制度によってものごとの自然の動きが妨げられることがなければ、どの国でも都市の発展と富の増加は、その国で土地の改良と耕作が進んだ結果であり、土地の改良と耕作の進展に比例したものになるだろう。

　北アメリカのイギリス植民地では、未耕作の土地をいまでも簡単に取得できる状態にあり、どの都市でも、遠く離れた市場向けの製造業は確立していない。手工業者が近くの農村向けの事業を進めるのに必要なものを少し超える資本を獲得すると、もっと遠くの市場に販売するために製造業事業をはじめようとするのではなく、未耕作の土地を買って開発するのに使おうとする。手工業をやめて農民になる。手工業の仕事を続けていれば賃金が高く、楽に生活できるのに、他人のために働きつづけようとは考えず、自分のために働こ

うとするのだ。手工業者は顧客に使われる身であり、顧客に頼って生活しているが、農民になって自分の土地を耕し、家族で働いて必要な食料をすべて手に入れれば、ほんとうの意味で主人になり、世界の誰にも頼らず生きていけると考えているのである。

これに対して、未耕作の土地がないか、あっても簡単には取得できない国では、近隣でときおり得られる仕事に使える以上に資本を獲得した手工業者はみな、もっと遠くの市場向けの製品を生産しようとする。鍛冶屋は鉄工所を作り、織工は亜麻布や毛織物の製造所を作る。これらの製造業は年数を経るとともに徐々に細分化し、さまざまな方法で改良されていく。この点は簡単に理解できるので、詳しく説明する必要はないだろう。

資本の使い道を選ぶにあたって、利益率が同じか、ほとんど変わらないのであれば、製造業より農業が自然に好まれるのと同じ理由で、貿易より製造業が自然に好まれる。地主や農業経営者の資本の方が製造業者の資本より安全なように、製造業者の資本もいつも直接に監視し監督できるため、貿易商人の資本より安全である。確かにどの時代にもどの社会でも、土地生産物と製造業製品のうち余った部分、つまり国内に需要がない部分は、海外に送って、国内に需要がある商品と交換しなければならない。しかし、国内で余った生産物を海外に運ぶために使われるのが外国資本なのか、自国の資本なのかは、ほとんど問題ではない。その社会で土地をすべて耕作し、土地生産物をすべて完全に加工するには資

本が不足しているのであれば、土地生産物が外国資本によって輸出されていて、国内の全資本をもっと役立つ目的に使えるようになっているのは、きわめて有利だとすらいえる。古代エジプトや、中国、インドの富をみれば、輸出の大部分を外国人が行っていても、きわめて豊かになれることが十分に分かる。北アメリカと西インド諸島のイギリス植民地の発展は、余った生産物の輸出に使われる資本が植民地住民のもの以外になかったとすれば、はるかに遅くなっていただろう。

以上のように、ものごとの自然な順序に従うなら、発展を続けている社会では、資本の大部分がまず農業に向けられ、つぎに製造業に向けられ、最後に貿易に向けられる。この順序はきわめて自然なので、ある程度の領土をもつ国ならどこでも、程度の差はあってもかならずこうなるとわたしは確信している。土地の耕作がある程度まで進んでからでなければ、規模の大きな都市はできないし、こうした都市で素朴な製造業がある程度まで確立されていなければ、みずから貿易に乗り出そうと考えることはできない。

どの社会でもある程度までこの自然の順序に従った動きが起こっているはずだが、近代ヨーロッパのどの国でも、さまざまな面でこの順序が逆転している。いくつかの都市が行っている貿易によって、すべての高級品製造業、つまり遠く離れた市場向けに適した製造業が生まれた。そして製造業と貿易によって農業の主要な改良が生まれた。ヨーロッパ各

国では当初の政策の性質から生じた慣習が、政策が大きく変わった後にも残っていて、順序が自然なものとは逆にならざるをえなくなっている。

第二章　ローマ帝国の崩壊後に生まれたヨーロッパの旧秩序と農業への障害

　ゲルマン民族とスキタイ民族がローマ帝国の西部地域に侵入した後、この大激変による混乱が数世紀にわたって続いた。蛮族の略奪と暴力によって、古代に都市の住民と農村の住民の間で行われていた商業が中断された。都市は見捨てられ、農村の土地は耕作されなくなり、ローマ帝国時代にかなり繁栄していた西ヨーロッパが、貧困と野蛮のどん底に陥るまでになった。この混乱の時期に、蛮族の首長や実力者が土地の大部分を獲得し強奪した。土地のかなりの部分は耕作されていなかった。だが、耕作されていてもいなくても、所有されていない土地はまったくなくなった。土地はすべて私有され、しかも大部分が少数の大地主に所有されるようになった。

　こうして未耕作地が私有されるようになったことは、確かに大きな弊害をもたらしたが、一時的な問題にすぎなくなる可能性もあった。相続か売却によってすぐに分割され、小さ

な区画に分けられていく可能性もあったからだ。だが、長子相続制のために、相続による分割が妨げられた。相続した不動産の処分を禁止する限定付き相続制度（限嗣相続法）が作られて、売却による分割が妨げられた。

土地が動産と同じように生活と楽しみだけのための手段だとみられていれば、土地も動産と同じように子供たち全員に分けるのが、自然な相続法である。父親は、子供たち全員に分け隔てなく、生活と楽しみの手段を与えることを望むものだと考えられるからだ。この自然な相続法を古代ローマ人は使っていて、土地でも動産と同じように長幼や男女で相続に差をつけていなかった。だが、土地が生活の手段というだけでなく、権力と保護の手段でもあるとみられるようになると、分割しないまま一人に伝える方がいいと考えられるようになった。秩序が確立していなかったこの時代には、大地主はみな領主であり、小国の国王のような立場であった。借地人は臣下だった。領主は借地人にとって裁判官だし、ある意味で平時には法律制定者であり、戦時には総司令官であった。自分の判断で戦《いくさ》を起こし、周囲の領主と頻繁に戦い、ときには国王と戦うこともあった。このため、ある領地の安全、つまり土地の所有者である領主が住民に与えられる保護の度合いは、領地の大きさに左右された。領地の分割は破滅への道であり、周囲の領主に攻め込まれて、そここを奪われ呑み込まれかねなくする道であった。そこで、すぐにではなかったが、やがて土

地の相続にあたって長子相続の方法がとられるようになった。これは王家で長子相続が一般的なのと同じ理由によるものである。王家でも、建国当初から長子相続の制度があったとはかぎらないが、相続による分割で王国の力を弱め、国の安全を脅かすわけにはいかないので、国王は子供のうち一人に跡を継がせるしかない。子供のうち一人をそこまで優遇するのだから、個人の能力といった疑わしい基準ではなく、議論の余地を残さないほど簡単で明瞭な原則に基づいて跡継ぎを決めるしかない。一家の子供の間では、男女と年齢ほど議論の余地のない基準はありえない。一般に女性より男性が優先される。他の条件が同じであれば、年上の子が年下の子より優先される。これが長子相続の起源であり、いわゆる直系相続の起源である。

法律はいったん作られると、そのときに背景になった状況、その法律が合理的であるために不可欠な状況がなくなった後も、長く効力をもちつづけることが少なくない。ヨーロッパの現状では、わずか一エーカー（約四十アール）の土地の所有者も、十万エーカーの大地主と同じように、まったく安全に土地を所有しつづけることができる。ところが長子相続権はいまだに尊重されており、あらゆる制度のなかで、家系の誇りを支えるのにもっとも都合の良いものなので、今後も何世紀にもわたって尊重される可能性が高い。家系の誇り以外の点では、子供のうち一人を富ませるために他の子供を全員貧乏にする制度ほど、

子供の多い家族にとって真の利益に反するものはない。

限定付き相続制度は長子相続の自然な結果である。長子相続から生まれた考え方である直系相続を維持するために作られたものだ。相続の順序をあらかじめ決めておき、その後代々の相続者が愚かでも運が悪くても、決められた相続者以外のものに当初の土地がわずかでも贈与・遺贈・売却されるのを防ぐ仕組みになっている。古代ローマにはこのような制度はまったくなかった。フランスには、ローマ時代に使われた代替相続や信託遺贈の言葉や装いによって、この制度を権威付けるべきだとする法律家もいるが、これらは限定付き相続と何の類似点もない。

大規模な所有地が一種の国のようになっていた時代には、限定付き相続は不合理ではなかったともいえよう。いくつかの王国にあるいわゆる基本法のように、この制度によって一人の気まぐれや浪費のために何万人もの安全が脅かされる事態が幾度となく防げた可能性もある。だがヨーロッパの現状では、小規模な所有地も大規模な所有地も、国の法律によって安全が保たれているのだから、これほど馬鹿げた制度はない。これ以上はありえないほど馬鹿げた見方に基づいているのだ。土地に対して、土地にあるすべてのものに対して、どの世代でも各人が平等に権利をもつことはなく、おそらくは五百年も前に死んだ人の思いつきによって、現在の世代の各人が所有する資産が制約され決められるべきだとす

る見方である。それでもヨーロッパの大部分で限定付き相続がいまだに守られている。貴族でなければ政府や軍の高官になれない国ではとくにそうだ。高位高官を独占する貴族の特権を維持するには、限定付き相続が必要だと考えられている。貴族は他の階層に対する不当な特権をすでに一つ力ずくで奪っているのだから、貧乏になってこの特権が笑い物にされないように、もう一つの特権を確保するのが当然だと考えられている。イングランドの慣習法は永代所有権を嫌うといわれており、ヨーロッパの他国とくらべて、限定付き相続に対する制限が厳しい。それでも、この制度が使われていないわけではない。スコットランドでは少なくとも五分の一以上、おそらくは三分の一以上の土地に厳格な限定付き相続権がついているといわれている。

　このようにして、大量の未耕作地が少数の貴族によって独占されたうえ、所有地が分割される可能性も永久にできるかぎり排除された。だが、大地主が土地の開発と改良で偉大な実績を残すことはめったにない。これらの野蛮な制度が生まれた混乱の時代には、大地主は領地を守るか、周辺にまで支配を広げるのに忙しかった。土地の耕作と改良に時間を使うゆとりはなかった。法律ができ、秩序が確立されてゆとりができても、土地の耕作と改良には興味を示さないことが多かったし、それに必要な能力をたいていはもっていなかった。大地主の家計では、一家と個人の支出が収入に等しいか、収入を上回ることが多

く、その場合には土地改良に使える資本は残らない。大地主が倹約家であっても、年々の貯蓄を古くからの所有地の改良に使うより、土地の購入に使う方が有利であることに気づくのが一般的である。土地の改良で利益をあげるには、どのような事業計画でもそうであるように、小さな節約と小さな利益に細かく気を配る必要があり、生まれつきの倹約家であっても大資産家の息子として育ったものにはまずその能力がない。そうした家で育てば自然に、ほとんど必要としていない利益よりも、自分の好みにあった装飾に気を配るようになる。衣服や馬車や屋敷や家具が優雅かどうかに注意するのが、子供のころからの習慣になっている。土地改良を計画するときにも、この習慣によって自然に生まれる考え方から離れられない。たぶん、屋敷の周囲の四百～五百エーカー（百五十～二百ヘクタール）の土地を飾りたて、改良を終えた土地の価値の十倍にもなる経費をそれにかける。そして所有地全体を同じように改良していけば、十分の一も終わらないうちに破産することに気づくが、他の方法で改良しようという気持ちにはなれない。イングランドにもスコットランドにも、無秩序だった封建制の時代から同じ名家がもちつづけている大所有地がいまだに残っている。こうした土地を周囲にある小規模な地主の土地とくらべてみれば、大規模な土地所有が土地改良にきわめて不利な条件であることを、議論の必要すらなく納得できるだろう。

土地の開発と改良を大地主に期待できないのであれば、大地主の土地を耕す農民にはまして期待できない。ヨーロッパでは以前、農民はすべて地主がいつでも追い出せる任意終了借地人であり、全員かほぼ全員が奴隷であった。もっとも古代ギリシャや古代ローマの奴隷制度と比較して、西インド諸島のイギリス植民地でみられる奴隷制度と比較してすら、条件が緩かった。土地とともに売られることはあるが、土地と切り離して売られることはなかった。領主に所有されているというより、直接には土地に属する農奴であった。領主の同意があれば結婚できる。夫と妻が別の人物に売られて、夫婦が引き離されることはない。領主は奴隷を身体障害者にするか殺した場合、一般に軽いものではあるが、刑罰を受ける。だが、奴隷は資産を所有できない。奴隷が取得したものはすべて領主のものになり、領主はいつでもとりあげることができる。こうした奴隷による土地の耕作と改良はすべて、実際には領主が行ったものだといえる。経費はすべて領主が負担する。種子も家畜も農具もすべて、領主のものだし、利益を得るのは領主だ。奴隷はその日その日の生活に必要なものしか得られない。したがって、この場合、土地を耕作しているのは実際には領主であり、農奴を使って自分の土地を耕作しているのである。この種の農奴制度は現在でもロシア、ポーランド、ハンガリー、ボヘミア、モラビアに残っており、ドイツの一部にも残っている。西ヨーロッパと南西ヨーロッパで徐々になくなって、十八世紀末の現在では完全

になくなっただけである。

　大地主が偉大な土地改良家になるとは期待しにくいとするなら、奴隷を使っている大地主にはなおさら期待できない。どの時代のどの国でも、奴隷を使った生産は、奴隷の生活費だけを負担すればいいと思えるが、結局はもっとも高くつくことが示されていると思われる。資産をもてない人は、できるだけたくさん食べ、できるだけ働かないようにすること以外には関心をもてない。自分の利益のために働くことはないので、力ずくで強制しないかぎり、自分の生活を支えるのに必要な程度しか働かない。古代のイタリアで奴隷に農業の管理を任せるようになったとき、穀物生産がどれほど荒廃し、どれほど収益性が低くなったかは、博物学者のプリニウスと農学者のコルメラが論じている。古代ギリシャのアリストテレスの時代にも、これと変わらない状況があった。アリストテレスは『政治学』で、プラトンの『法律』に描かれた理想的共和国について論じ、防衛のために必要だとされて労働をしない五千人の戦士とその妻子、召使を養うには、バビロニアほどの広さがある肥沃な土地が必要だと述べている。

　人は高慢なので、他人を支配したがり、目下のものを説得するために謙虚な態度をとらなければならないのは最大の屈辱だと感じる。このため、法律で禁止されておらず、仕事の性格上、それが可能であれば、自由人を雇うより奴隷を使うのを好むのが一般的だ。砂

糖とタバコの場合には、奴隷を使って耕作しても採算がとれる。穀物の場合、現在では採算がとれないようだ。イギリスの植民地のうち、主に穀物を生産しているところでは、仕事の大部分が自由人によって行われている。最近、ペンシルベニアのクエーカー教徒が黒人奴隷をすべて解放すると決議したことをみれば、奴隷の数はそれほど多くないといえるはずである。奴隷が資産のうちかなりの部分を占めているのであれば、このような決議に同意が得られるはずがない。これに対して砂糖植民地では、仕事はすべて奴隷によって行われており、タバコ植民地でも仕事の大部分が奴隷によって行われている。西インド諸島のイギリス植民地にある砂糖農園は一般に、ヨーロッパやアメリカで知られているどのような種類の農業よりも利益率が高いし、タバコ農場も、砂糖農場には劣るものの、穀物農場より利益率が高く、この点は第一編第十一章で説明した。どちらも奴隷を使った耕作の費用を負担でき、砂糖の場合にはタバコ以上に余裕をもって負担できる。このため、白人住民に対する黒人住民の比率をみると、タバコ植民地より砂糖植民地の方がかなり高い。

　ヨーロッパの旧体制のもとでは、農奴に代わって、現在のフランスで分益小作人と呼ばれている種類の農民が徐々に増えていった。古代ローマにも同様の制度があった。イングランドでははるか昔に使われなくなっているので、分益小作人が何と呼ばれていたかは分からない。この制度のもとでは、地主が小作人に種子、家畜、農具など、耕作用の資財を

すべて支給する。生産物は、耕作用の資財を維持するのに必要だと判断されたものを除いて、地主と小作人の間で半分ずつに分ける。耕作用の資財は、小作人が耕作をやめるか、農場から追い出された際に地主に戻される。

分益小作人に貸している土地も、実際には奴隷を使う場合と同様に、地主が費用を負担して耕作されているといえる。だが、奴隷と分益小作人の間には基本的な違いが一つある。小作人は自由人なので、資産を取得することができ、土地生産物のある部分に対する権利をもっているので、自分の取り分を増やすために、生産物をできるかぎり増やすことに明らかに関心をもっている。これに対して奴隷は、生活の必需品を得られるだけなので、自分が食べていくのに必要なもの以上には土地の生産物を増やさないようにして、楽をしようとする。この点が一因になり、さらには大領主の力を快く思わない国王が農奴を励まして領主の力に対抗させるようになったために、最終的には農奴を使った耕作がきわめて不便になったことも一因になって、ヨーロッパの大部分で農奴制が徐々に消えていったと考えられる。だが、これほど重要な変化がいつ、どのようにして起こったのかは、最近の歴史のなかでもとくに不明確な点の一つである。ローマ教会はこの変化で大きな役割を果たしたと主張しており、確かに十二世紀に早くも、アレクサンデル三世（在位一一五九～八一年）が奴隷解放を求める教書をだしている。だが、この教書は厳格に従うよう信者に義務

づける法律ではなく、宗教的な勧告にすぎなかったようだ。その後も何世紀かにわたって農奴制がほぼどこでも続いていたが、やがて上述の二つの利害によって、つまり一方では地主の利害、他方では国王の利害によって徐々に廃止されていった。農奴は解放され、同時に土地を引き続き耕作できることになったが、自分では資財をもっていなかったので、地主から貸し与えられる資財を使うしかなく、フランスにいまでも残る分益小作人になるしかなかった。

　だが、農奴に代わって登場した分益小作人も、生産物のうち自分の取り分を節約して蓄積したわずかな資財を、土地の一層の改良のために使うことには関心をもちえない。土地改良で増えた生産物のうち半分は、何も負担しない地主の取り分になるからだ。生産物の十分の一にすぎない十分の一税すら、土地改良を妨げる点で大きな障害になることが分かっている。生産物の半分にものぼる小作料では、事実上、土地改良は不可能になったはずである。分益小作人は、地主から支給された資財を使って、土地生産物をなるべく多くすることに関心をもつかもしれない。だが、自分の資財を少しでも使うことには関心をもてるはずがない。フランスでは現在も、農地の六分の五が分益小作人によって耕作されているといわれているが、支給した家畜をなるべく運送の仕事に使おうとし、耕作を怠けると地主がこぼしている。運送の仕事なら利益をすべて自分のものにできるが、耕作に使えば

作物を地主と分け合わなければならないからだ。スコットランドの一部にはいまでも分益小作人がおり、スティール・バウ小作人と呼ばれている。イングランドの昔の借地人のうち、財務裁判所主席裁判官だったジェフリー・ギルバートと法学者のウィリアム・ブラックストンが小作人と呼ぶより地主の雇われと呼ぶにふさわしいと論じた人たちはおそらく、分益小作人だったのだろう。

分益小作人に代わって、借地農民と呼べる階層、自分の資本で土地を耕作し、地主に確定地代を支払う農民が徐々にではあるが登場してきた。農民が何年かにわたる契約で土地を借りる場合、自分の資本を農場の一層の改良に投じれば自分の利益になると考えることもある。借地契約がきれる前に資本を回収して大きな利益を確保できると予想する場合があるからだ。だが、農民の借地権は長い間、きわめて不安定だったし、ヨーロッパの多くの地域でいまでも不安定である。借地契約がきれる前でも、地主が土地を売れば、新しい地主は借地人に退去を求める法的な権利をもっていた。イングランドでは限定付き相続権を単純不動産権に転換するために使われる馴れ合いの不動産回復訴訟によってすら、借地人が退去を求められた。地主が法律に違反して、暴力的に借地人を追い出した場合すら、借地人が訴訟を起こしても、きわめて不十分な救済しか得られなかった。土地を取り戻せるとはかぎらず、損害賠償金を受け取れるだけで、それも実際の損失額に達することはな

かった。ヨーロッパでおそらく、イングランドはいつの時代にも自営農民《ヨーマン》の地位がもっとも高い国だが、それでも、ヘンリー七世治世の一四九八年ごろになってようやく賃借不動産占有回復訴訟が考えだされ、借地人が損害賠償だけではなく土地の回復を求められるようになり、どのような結果になるかが不確かな一回の巡回裁判だけで判決が確定するとはかぎらなくなった。賃借不動産占有回復訴訟は救済を求める手段として便利なことから、現在では地主が土地を取り戻すために訴える場合にも、地主の立場で本来の方法である不動産所有権訴訟、所有不動産占有回復訴訟をめったに使わなくなり、借地人を形式上の原告として賃借不動産占有回復訴訟を起こすようになっている。このためイングランドでは、借地権は所有権と変わらないほど安全になった。そのうえイングランドでは、年間地代が四十シリング（二ポンド）を超える終身借地権は自由土地保有権の一種であり、借地人は議会議員の選挙権を与えられる。自営農民にはこの種の自由土地保有権をもつ人が多いので、自営農民の階層全体が有権者として政治力をもっており、地主に敬意を払われている。借地人が借地権のない土地に建物を立てても、地主には体面があるので、建物ほど重要なものを取り上げるはずがないと安心していられるのは、ヨーロッパでもイングランドだけだろう。このように法律と慣行が自営農民にきわめて有利になっている点の方がおそらく、自慢の商業法規をすべてあわせたよりも、イングランドの現在の繁栄に大きく寄与

しているといえよう。

土地の所有者がどのような理由で変わっても超長期の借地権を保障する法律は、調べたかぎりではイギリスに特有のものである。スコットランドは早くも一四四九年に、ジェームズ二世治世の法律によって、これをとりいれている。だが、限定付き相続制度のためにその好影響があらわれにくくなっている。限定付き相続制のもとで相続した土地は一般に長期の賃貸借契約を禁止されており、一年以上の賃貸ができない場合も少なくない。この制約は最近の法律である程度緩められたが、いまでもかなり厳しい。そのうえ、スコットランドでは借地権によって選挙権を与えられることがなく、このためイングランドにくらべて借地人は地主にあまり敬意を払われていない。

ヨーロッパの他国では、相続か売買によって土地の所有者が変わったときに借地人の権利を保障する方が良いことが分かった後も、保障される期間が限定されている。たとえばフランスでは借りた時点から最長九年間だった。最近に二十七年に延長されたが、それでも借地人がとくに大きな開発を行うには短すぎる。ヨーロッパのどの地域でも、昔は土地の所有者が法律を制定していた。このため、土地に関する法律はすべて、所有者が自分たちの利害を考えて制定したものである。そして土地所有者は、祖先が取り決めた賃貸借契約によって何年もの間、所有地の全価値を享受できなくなる事態を避けるのが、自分たち

にとって利益になると考えた。貪欲な人、不正を働く人はつねに目先の利害にとらわれるものだが、土地の所有者もこの法規が土地の改良を妨げ、長期的にみて自分たちの真の利益をどれほど損なうのかを見抜けなかった。

農民は昔、地代を払うだけでなく、地主にさまざまな役務《えきむ》を提供する義務を負っていた。どのような役務をどれだけ提供するかは、賃貸借契約や詳細な規則で決まっていることはまずなく、領地ごとに慣習によって決まっていた。このため、役務はまったく恣意《しい》的なものであり、小作人にとって悩みの種になっていた。スコットランドでは最近の法律で、賃貸借契約に規定されていない役務がすべて廃止され、数年のうちに自営農民の状況が大幅に向上した。

国が自営農民に義務づけている賦役も、地主によるものと変わらないほど恣意的である。幹線道路を建設し維持するための賦役は、国によって厳しさに違いがあってもいまでも各国に残っているとみられるが、賦役はこれだけではなかった。国王の軍や、王族、官吏が国内を旅行する際には、自営農民は徴発官が定めた料金で、馬、馬車、食料を提供する義務を負っていた。知りえたかぎり、ヨーロッパの王国のうち徴発という抑圧がすべて廃止されたのは、イギリスだけである。フランスやドイツにはいまでも徴発の制度がある。

国税も賦役と変わらないほど不規則で抑圧的だった。昔の領主は国王に金銭を貢納する

のを極端に嫌ったが、国王による小作課税《タリッジ》にはとくに抵抗しなかった。この課税によって自分の収入にどれほどの影響が及ぶのかを予想できるだけの知識をもっていなかったのだ。フランスでいまでも使われているタイユは、昔の小作課税の一種だともいえる。タイユは農民の推定利益に対する税であり、農業に投じた資本から利益を推定して課税する。このため、農民にとって資本をできるかぎり少なくみせることが利益になり、耕作に使う資本を最小限に抑え、土地の改良にはまったく使わないようにするのが賢明な方法になっている。フランスの農民はある程度の資本を蓄積したとしても、タイユによって事実上、土地に資本を投じることを禁じられているようなものである。そのうえ、タイユを課されるのは不名誉だとされており、地主はもちろん、都市の住民よりも地位が低くなるとされている。そして、土地を借りれば誰でも、タイユを課税される。地主はもちろんだが、資本をもつ都市の住民すら、この屈辱を受け入れようとは思わない。このためタイユは、農業で蓄積された資本が土地改良に投じられるのを妨げているだけでなく、農業以外で蓄積された資本が農業に投じられるのも妨げている。昔のイングランドで一般的だった十分の一税や十五分の一税も、農業への影響という点でタイユと同じ性格のものだったようだ。

　以上のようにさまざまな障害があったのだから、農民が土地を改良するとはほとんど期待できなかった。農民は法律によって最大限の自由と安全が保障されても、土地の改良に

あたってかならず、条件がかなり不利になっている。農民と地主の違いは、借りた金で商売をする商人と自分の資本で商売をする商人の違いに似ている。どちらの商人も資本を増やしていくだろうが、同じように経営しているのであれば、金を借りている商人の方が増え方が遅いはずである。利益のうちかなりの部分を借金の利子で食われるからだ。同様に、農民が耕作している土地は、同じように経営しているのであれば、地主が耕作している土地より改良が遅れるはずである。農民の場合には生産物のうちかなりの部分が地代にあてられ、土地を所有していれば、この部分を土地の一層の改良に投じることができるからだ。それに、農民はものごとの性格上、地主よりも地位が低い。自営農民はヨーロッパの大部分で中堅の商人や製造工とくらべてすら地位が低いとされており、大商人や製造業の事業主とくらべれば、ヨーロッパのどこでも地位が低いとされている。このため、かなりの資本をもつ人が地位の高い職業から地位の低い職業に移ろうとすることは、まずありえない。ヨーロッパの現状ですら、他の職業の人が土地を借りて農民になるという形で土地の改良に投じられる資本はほとんどないだろう。イギリスではおそらく、他国とくらべてそうした資本が多いが、それでもいくつかの地域で借地による農業経営に投じられている大資本は一般に農業によって獲得されたものだ。そして、おそらく農業経営はどのような事業とくらべても、資本の蓄積のペースがとくに遅いのが一般的である。とはいえどの国でも、

小地主以外では、裕福な大借地農民が土地改良の中心になっている。イングランドには、ヨーロッパのどの王国とくらべてもおそらく、裕福な大借地農民が多い。共和国制のオランダとスイスのベルンでは、農民がイングランドに劣らず農業を発展させているという。

ヨーロッパの旧体制のもとでは、以上の点に加えて、地主によるものでも借地農民によるものでも、土地の改良と耕作に不利な政策がとられていた。第一に、穀物の輸出は原則として禁止され、特別の許可が必要だった。これはきわめて一般的な規則だったようだ。第二に、穀物にかぎらず、ほとんどすべての農産品で国内取引が規制されていた。各種の卸売り取引と買い占めを規制する馬鹿げた法律があったし、市《いち》に特権が与えられていたからだ。第一編第十一章で論じたように、古代ローマ時代のイタリアでは、穀物の輸出禁止と輸入奨励によって耕作が妨げられていた。ヨーロッパで土地がもっとも肥沃であり、世界に冠たる大帝国の本拠地であったイタリアですら、そうなった。穀物の国内取引が制約され、輸出が原則として禁止されれば、イタリアほど肥沃ではなく、好条件にも恵まれていない国で、耕作がどれほど阻害されたかは、たぶん簡単には想像もできないほどだろう。

第三章　ローマ帝国崩壊後の都市の発生と発展

ローマ帝国が崩壊した後、都市の住民も農村の住民より恵まれていたわけではない。この時代の都市の住民は、古代ギリシャや古代ローマの共和国で都市にまず住みついた住民とは階層がまったく違っていた。古代のギリシャやローマでは、都市の住民は主に土地の所有者だった。共和国の国土を当初に分け合った住民であり、利便性を考えて一つの場所に集まって住み、周囲に城壁を作って敵に備える方法をとったのだ。これに対してローマ帝国が崩壊した後には、土地の所有者は通常、領地に要塞のような城を作り、借地人や家臣に囲まれて住んでいたようだ。都会に住むのは主に商人や手工業者であり、当時は奴隷か、奴隷に近い身分だったとみられる。ヨーロッパの主要な都市の住民に古い特許状によって与えられた特権をみると、特権を得る前に都市の住民がどのような状況にあったのかがよく分かる。領主の同意を得ることなく自分の娘を嫁がせる特権、死んだときに家財を領主に取り上げられるのではなく子供に相続させる特権、遺言によって家財の相続者を決

める特権を与えられているのだから、それ以前には農民と同様に、奴隷であったか、奴隷に近かったはずだ。

都市の住民はきわめて貧しく卑しい身分で、現在の行商人のように、商品をもって集落や市《いち》を渡り歩いていたようだ。当時はヨーロッパの各国も、現在のアジアにある遊牧民族の国のように、旅人が領地を通るとき、橋をわたるとき、市に商品を持ち込むとき、市で店を出すときに、旅人と商品に税金を課していた。イングランドではこれらの税金が、通行税、橋利用税、市場税、出店税などと呼ばれていた。ときには国王が、ときにはある場合に課税の権限をもつ大領主が、領土や領地に住む個々の商人にこれらの税金をすべて免除することがあった。こうした商人は、他の面では奴隷か、奴隷に近い状態にあったのだが、それでも税金を免除されたことから、自由商人と呼ばれた。自由商人はこの特権の見返りとして、毎年、一種の人頭税を保護者に支払った。当時、国王や領主が特別の保護を与えるときに対価を要求しないことはまずなかったので、人頭税はおそらく、保護者が他の税を免除して失う収入を補塡するものだとされていたのだろう。当初は人頭税も他の税の免除も個人を対象とするものであり、終身の特権としてか、保護者が一方的に打ち切れる特権として個人に与えられていた。征服王ウィリアム（在位一〇六六～八七年）の命令で作られた土地台帳に基づいて、ロバート・ブレイディが不完全にではあるがイングランドの

都市の歴史を論じた本にも、都市の住民がこの種の保護の見返りとして、国王か大領主に個々人で支払っていた税金の話が繰り返しでてくるし、ときにはこうした税金の総額だけが記載されている。

だが、都市の住民は当初、奴隷に近かったとしても、農民よりもはるかに早い時期に自由になり独立したのは明らかだと思える。国王は各都市の人頭税の徴収を、年数と請負金額を定めて、ときには州知事に、ときには他の人物に請け負わせるのが通常であった。そして都市の住民自身が十分な信用を得て、自分の都市で人頭税の徴収を請け負い、総額の支払いに対して連帯責任を負うことも多かった。このように徴税を請け負わせるのは、ヨーロッパのどの国の国王にとってもごく普通の領地経営方法だったとみられる。国王は農村の直轄領地の地代についても、領地ごとに借地人に徴収を請け負わせ、領地の全借地人に地代の総額に対する連帯責任を負わせることが多かった。もっともその見返りとして、借地人は自分たちが選んだ方法で地代を集め、自分たちの管理人の手で王家に収めることを許され、官吏の横暴から完全に解放された。当時、これはきわめて重要なことだと考えられていた。

当初はおそらく、他の徴税請負人の場合と同様に、都市住民による都市の徴税請負も何年かの期間が定められていたのだろう。やがて、無期限の徴税請負権が与えられるのが一

般的になり、請負金額が定額になって引き上げられなくなった。支払いが無期限になったので、当然ながら、見返りに与えられる免税特権も無期限になった。このため、特権は個人に対するもの、一人ずつの個人に与えられたものだとはみられなくなり、都市ごとに住民全員に与えられたものだとされるようになった。住民がそれまで自由市民、自由商人と呼ばれていたのと同じ理由で、こうした都市は自由都市と呼ばれるようになった。

　これと同時に、前述のように、領主の同意を得ることなく自分の娘を嫁がせる特権、死んだときに子供に家財を相続させる特権、遺言によって家財の相続者を決める特権が、自由都市の住民全員に与えられた。それ以前に通常、これらの特権が取引の自由とともに、個人としての都市住民に個別に与えられていたかどうかは分からない。与えられていたとしても不思議ではないが、それを証拠だてる資料を示すことはできない。いずれにせよ、都市住民は奴隷としての最大の束縛から解放され、現在と同じ意味で自由になった。

　それだけではない。都市住民は通常、同時に自治都市、組合を作り、市長を選んで議会をもち、自治のための条例を制定し、自衛のために城壁を作り、全住民に自警を義務づけて、一種の軍隊として組織化する特権を得た。自警とは当時、昼夜をわかたず城壁を守り、敵の攻撃に備え、攻撃されれば撃退することを意味した。イングランドでは都市住民は通常、州や郡の裁判所の管轄から除外され、都市住民間の訴訟は刑事裁判を除いて、市

長の判断に任された。ヨーロッパの他国では、はるかに広範囲な権限が都市に認められることが多かった。

おそらく、徴税請負権を認めた都市には、住民に対して支払いを強制できる司法権を与える必要があったのだろう。当時は混乱の時代だったので、支払いを求めて他の裁判所に訴えるのはきわめて不便だったと思われる。しかし、ヨーロッパのすべての国で国王が都市にこうした特権を認めたのは、じつに不思議だと思えるはずである。将来にわたって増額できない定額の徴税請負と引き換えに、収入のうち一部門を放棄したが、この部門はどの部門とくらべても、国王がとくに費用を負担せず、関心を払わなくても、ものごとの自然の動きとして、税収が増加していく可能性が高い。そのうえ、この結果、国王は領土の中心に一種の独立共和国を作る動きをみずから認めたことになるのだ。

なぜこのような特権を認めたのかを理解するには、当時のヨーロッパではどの国の国王も、領土の全体で力の弱い臣下を大領主による圧迫から保護できるほどの力をもっていなかった点を思い起こすべきである。このため住民は、法律によって保護されるとは期待できないし、かといって自衛するほどの力をもたない場合、大領主の保護を受けて奴隷か臣下になるか、そうでなければ互いに協力して相互防衛体制を築くしかなかった。都市の住民は個人としてみた場合、自衛の力はもたなかった。しかし近隣の住民で相互防衛体制を

築けば、侮りがたい抵抗力をもつことができた。領主は都市の住民を見下していた。階級が違うと考えていただけでなく、解放奴隷の集まりにすぎず、自分とは人種が違うとすら考えていた。都市住民が豊かになれば、領主はかならず妬み憤慨し、機会をとらえて容赦なく収奪した。都市の住民は当然、領主を憎み恐れていた。国王も領主を憎み恐れていたが、都市の住民については見下してはいただろうが、憎み恐れる理由はなかった。このため両者の利害が一致して、都市住民は国王を支持し、国王は領主と対立する都市住民を支持した。国王にとって、都市の住民は敵の敵であり、領主という敵から独立し安全を確保できるように最大限支援することが利益になった。自分たちで市長を選び、自治のための条例を制定し、自衛のために城壁を作り、全住民を一種の軍隊として組織化する特権を都市に与えることで、国王は自分の権限が及ぶ範囲で最大限、領主から独立し安全を確保できるようにする手段を都市の住民に与えたのだ。このように一種の自治政府を確立しなければ、そして住民に対してある計画や方式にしたがって行動するよう強制できる権限がなければ、相互防衛のための有志の集まりでは長期にわたって安全を確保することはできなかっただろうし、国王をまともに支援することもできなかっただろう。国王は都市の住民に無期限の徴税請負権を与えることで、味方にしたい階層、こういってもよければ同盟相手にしたい階層に、請負金額を引き上げるか、他の請負人に権利を与えて抑圧することは

将来にわたってないと保証し、警戒感や疑いをもたれる可能性をすべて取り除いたのである。

このため、国内の大領主との関係がとくに悪かった国王が、都市にこの種の特権をとくに気前よく与えたようだ。たとえばイングランド王ジョン（在位一一九九～一二一六年）は大領主に反発されてマグナ・カルタへの署名を強制されたことで有名だが、都市にとくに寛大だったようだ。フランスではフィリップ一世（在位一〇六〇～一一〇八年）が大領主に対する権威をまったく失った。ガブリエル・ダニエル神父の『フランス史』によれば、その治世の末期にルイ王子（後のルイ肥満王）が王家直轄領地の司教に、大領主の横暴を抑える最適の方法を諮問し、二つの助言を受けている。第一は、領地内の大都市のすべてに市長と議会を設けて、新たな司法・行政区域を作ることであった。第二は、都市の住民による民兵を作り、市長が司令官になって、必要なときに国王を支援して戦うようにすることであった。フランスの歴史家によれば、フランスの市長と議会はこのときにはじまったという。ドイツでは王権が弱かったホーエンシュタウフェン朝の時代（十二～十三世紀）に、その後の自由都市の大部分がはじめての特権を与えられており、有名なハンザ同盟がきわめて強力になっている。

都市の民兵はこの時代、農村の兵とくらべて弱かったわけではなく、緊急の際に招集す

るのが容易なため、近隣の領主との紛争で優位にたつことが少なくなかった。イタリア、スイスなどの国では、政治の中心から遠く離れていたため、地方の力がもともと強かったためなどの理由で、国王が権威をすべて失い、都市が一般に独立した共和国になって、近隣の領主をすべて征服していった。そして農村にある城を壊して、他の平和な住民とともに都市に住むよう、領主に命じた。ベルンなどのスイスの都市はこのような経緯をたどっている。イタリアでも、少し違った道筋をたどったベネツィアを除けば、すべての大都市がこのような経緯をたどっている。十二世紀末から十六世紀初めにかけて、イタリアでは多数の都市国家が勃興し没落している。

フランスやイングランドでは、国王の権威はきわめて弱い時期も少なくなかったが、完全になくなることはなく、都市が独立する機会はなかった。それでも都市の力は強くなり、国王も決められた徴税請負額を超える税金を課す場合には、都市の同意を得なければならなくなった。このため、国の議会に都市の代表が出席を求められるようになり、緊急の場合には国王への追加支援の提供を、聖職者、大領主とともに協議できるようになった。都市の代表は一般に国王の権力に好意的だったので、議会で大領主の力に対抗する勢力として国王に利用されることもあったようだ。ヨーロッパの主要な王国で議会に都市の代表が出席するようになった起源はここにある。

こうして、都市では秩序と善政が確立し、個人が自由と安全を保証されるようになったが、農村では農民があらゆる種類の暴虐にさらされていた。自分の身を守る術のない状態におかれている人は、生活必需品だけを確保して満足するしかない。それ以上のものを得れば、抑圧者の不正を誘うだけになるからだ。これに対して自分の労働の成果を安心して享受できる人は、自然に自分の生活を改善するために働き、生活の必需品だけでなく、利便品や贅沢品も入手しようと努力する。このため、生活に不可欠なもの以外の生産を目的とする産業は、農民の間で一般的になるよりはるか以前に都市で確立した。農奴として賦役に苦しんでいる貧しい農民がわずかでも資本を蓄積した場合、資本は領主のものということになっているので、当然ながら領主に見つからないように必死になって隠しておき、機会が見つかりしだい、都市に逃げる。当時の法律は都市の住民に寛大で、農村の住民に対する領主の力をできるかぎり弱めようとするものだったので、都市に逃げ込んだ農奴が一年間、領主の追及を逃れることができれば、その後は生涯にわたって自由人になれた。このため、農村の住民のうち勤勉な人が資本を蓄積すると、資本を安全に保有できる唯一の聖域である都市に逃げていくことになった。

都市の住民は確かに、食料や産業用の原材料をすべて、最終的には農村から供給されなければならない。だが、海岸や航行可能な河川の近くにある都市の場合には、食料や原材

料をかならずしも近隣の農村から得なければならないわけではない。もっと広範囲な農村から得ることができ、世界のなかのもっとも遠い地域からすら、自分たちの労働で生産した製品と交換するか、遠方の国の間で生産物を交換する中継貿易を行って、食料や原材料を入手できる。都市がこのようにして巨額の富を築き、輝かしく繁栄する一方で、近隣の農村も、取引相手の農村もすべて貧困と悲惨に苦しんでいることがありうる。その都市が取引している農村は、個々にみれば食料の供給源としても製品の市場としてもごく小さいかもしれない。だが全体としては、大量の食料を供給でき、大量の製品を販売できる市場になりうる。当時、貿易の対象地域は狭かったが、そのなかにも繁栄し産業が発達している国がいくつかあった。たとえばビザンチン帝国は十五世紀に滅亡するまでそうだったし、サラセン帝国もアッバース朝（七五〇～一二五八年）のもとで繁栄していた。十六世紀にオスマン・トルコに征服される以前のエジプトや、北アフリカの一部もそうだし、スペインもムーア人が支配していた時代にはすべての地域が繁栄していた。

イタリアの都市がヨーロッパではもっとも早い時期に、貿易によってかなりの繁栄を達成したようだ。イタリアは当時、世界のなかで文明が発達した地域の中央に位置している。十字軍は大量の資財を無駄遣いし、大量の戦死者をだしたため、ヨーロッパの大部分で進歩を遅らせる要因になったはずだが、イタリアのいくつかの都市にとっては繁栄をもたら

す大きな要因になった。聖地の征服のためにヨーロッパの各地から大規模な軍隊が派遣されたことから、ベネツィア、ジェノバ、ピサの海運業がときには軍隊の輸送に使われ、大量の食料の輸送にはつねに使われて、きわめて大きな刺激を受けた。イタリアの都市はいうならば、十字軍の兵站《へいたん》部門であった。そしてヨーロッパに起こったもののなかで最悪の破壊的な熱狂が、イタリアのこれら共和国にとって繁栄の源泉になった。

貿易都市の住民は、豊かな国から優れた製品や高価な贅沢品を輸入し、大地主の虚栄心をある程度満足させた。大地主はこうした商品に飛びついて、所有地で生産される大量の生産物と交換する。当時のヨーロッパの大部分では、土地生産物をもっと文明の発達した国の製品と交換する取引が、商業の中心になっていた。ポーランドの穀物が現在、フランスのワインやブランデー、フランスやイタリアの絹織物やビロードと交換されているように、イングランドの羊毛が当時、フランスのワインやフランドル地方の高級毛織物と交換された。

貿易によって、高級で進んだ製品に対する嗜好が、そうした製品を製造していなかった国に持ち込まれた。この嗜好が一般的になってかなりの需要が生まれると、商人は運送にかかる費用を節約するために、当然の動きとして同じ種類の製造業を自国に確立しようと努める。これが起源になって、ローマ帝国の崩壊後、西ヨーロッパではじめて、遠く離れ

た市場向けの製造業が生まれた。

ここで注意しておくべき点をあげるなら、製造業がまったくない大国はなかったし、あるはずがない。ある国には製造業がないといわれるとき、高級で進んだ製品を作る製造業、遠く離れた市場向けの製造業がないにすぎないと解釈しなければならない。規模の大きな国はどの国でも、住民の大部分が使う衣料と家具は自国で生産されている。製造業がないといわれている貧しい国の方が、製造業が盛んだといわれる豊かな国よりも、はるかにそうなっている。豊かな国では貧しい国より、最下層が使う衣料や家具で、外国製品の比率がはるかに高いのが一般的である。

遠く離れた市場向けの製造業がはじまるときの道筋には、二つの種類があるようだ。

ときには前述のように、いうならば資本の乱暴な作用によって、一部の商人や事業主が外国の製造業をまねて同種の製造業をはじめる。こうした製造業は貿易から生まれたものであり、十三世紀にイタリア中部のルッカで繁栄した絹織物、ビロード、錦織《ブロケード》の製造業がそうだったようだ。ルッカの産業はその後、マキャベリが論じた武将の一人、カストルッキオ・カストラカーニの暴政によって追放された。一三一〇年に九百の家族がルッカから追放され、そのうち三十一家族がベネツィアに逃れ、絹織物業をはじめたいと提案した。この提案が受け入れられ、いくつもの特権を与えられて、三百人の労働者を雇って絹織物

の製造を開始している。昔のフランドル地方に栄え、エリザベス一世の時代（一五五八～一六〇三年）の初めにイングランドに導入された高級毛織物業や、フランスのリヨンとロンドンのスピタルフィールズで現在盛んな絹織物業も貿易から生まれた。こうした道筋で生まれた製造業は、外国の製造業をまねたものであり、通常、外国の原材料を使っている。ベネツィアに絹織物業が導入されたとき、原料はすべてシチリア島と地中海東部沿岸地域から輸入された。それより古いルッカの絹織物業も、外国産の原料を使っていた。桑の栽培と養蚕がイタリア北部ではじまったのは、十六世紀からのようだ。フランスで養蚕がはじまったのは、シャルル九世の時代（一五六〇～七四年）からである。フランドル地方の高級毛織物業は主に、スペインとイングランドの羊毛を使っていた。イングランドでは、当初の毛織物業はスペイン産羊毛を使わなかったが、遠く離れた市場向けの毛織物業がはじまると、当初からこれを原料にしている。リヨンの絹織物業では現在、原料の生糸の半分以上が外国産であり、当初は原料のすべてかほとんどが外国産であった。スピタルフィールズでも、イングランド産の原料が使われたことはないとみられる。これらの製造業は一般に少数の個人が計画してはじめるものなので、事業家の利害、判断、気まぐれによって、港湾都市に立地することもあれば、内陸の都市に立地することもある。

　もう一つの道筋として、遠く離れた市場向けの製造業が自然に、いわば自力で生まれる

場合がある。素朴な家内工業はとくに貧しく未開の国にすらいつの時代にもかならずあり、これが徐々に発達して遠隔市場向けの製造業が生まれるのである。こうした製造業は通常、国内産の原材料を使う。そして、沿海部から極端にではなくてもかなり離れた内陸部で、ときには航行可能な河川からすら離れた内陸部でまず発達することが少なくないようだ。内陸部のうち土地が肥沃で耕作が容易な地域では、農民の維持に必要な量を大きく超える食料を生産しても、陸上輸送には経費がかかるし、河川を使った水運も不便なので、余った生産物を他の地域に売るのは難しい場合が少なくない。このため食料が豊富で安く、多数の手工業者や製造業者が住みつくようになる。他の地域に住むよりも、働いて得られる生活の必需品や利便品の量が多いからだ。土地生産物を加工し、生産した製品かその対価によって、他の地域でよりも大量の食料と原材料を入手できるのだ。こうした人が購入するので、土地生産物のうち余った部分を港や航行可能な河川まで、あるいは遠く離れた市場まで運送する経費が不要になり、余った生産物の価値が高まる。そして、手工業者や製造業者は余った生産物と交換して、以前よりも好条件で農民が必要とするものや役立つものを供給する。農民は余った生産物を以前より高い価格で売れるようになり、必要とする利便品を以前より安い価格で買えるようになる。この結果、土地をさらに開発し、さらに耕作して生産量を増やそうとするし、増やせるようになる。土地が肥沃なことから

製造業が生まれ、製造業の発達が土地に影響を与えて、土地がさらに肥沃になる。製造業者は当初、近隣の市場に製品を供給するが、製品が進歩して高級になると、遠方の市場にも供給するようになる。土地生産物も、低価格の製品すらも、遠方までの陸上輸送の経費を負担するのはきわめて難しいが、高級な製品なら、その経費を負担できる場合もある。高級な製品なら少量でも、大量の土地生産物の価格を含んでいることが多い。たとえば高級毛織物であれば、重さがわずか八十ポンドでも、重さ八十ポンドの羊毛だけでなく、さまざまな労働者とその直接の雇い主の生活を支える重さ数千ポンドの穀物の価格を含んでいるものもある。そのままの形で輸送するのは難しい穀物を、こうした製品の形で事実上輸出でき、世界のもっとも遠い地域にすら容易に運送できるようになる。リーズ、ハリファックス、シェフィールド、バーミンガム、ウルバーハンプトンの製造業はこのようにして自然に、いわばみずからの力で成長してきた。これらの製造業は農業から生まれたものである。ヨーロッパの近代の歴史では、これらの製造業は一般に、貿易から生まれた製造業より発達と進歩が遅れている。イングランドはまずスペイン産羊毛を原料とする高級毛織物で有名になり、その後一世紀以上がたってはじめて、リーズなどの都市で繁栄している製造業が輸出に適したものになった。これらの製造業の発達と進歩は、農業の発達と進歩の結果としてでなければ起こりえなかった。そして、農業の発達と進歩は、貿易と貿易

から生まれた製造業がもたらした最大で最後の成果である。次章ではこの点について説明する。

第四章　農村の発展に対する都市の商業の寄与

商工業を担う都市が発展し、豊かになったために、その国の農村の改良と耕作が三つの点で刺激を受けてきた。

第一に、土地生産物を販売できる大市場が近くにあるため、耕作と一層の改良を促す要因になった。この好影響は、自国だけでなく、程度の違いはあっても、その都市と取引のあるすべての国にも及んでいる。取引のあるどの国にとっても、都市は土地生産物か製品の一部を販売できる市場になり、ある程度まで産業と開発を促す要因になる。とくに自国の農村は都市から近い場所にあるので、都市の市場から受ける好影響がかならずもっとも大きくなる。自国の農村では、土地生産物を市場に運ぶための費用が少なくてすむので、商人は農民に高めの価格を支払っても、遠くの国から供給される土地生産物と変わらない価格で消費者に売ることができる。

第二に、都市の住民は獲得した富を売りに出された土地の購入に使うことが多く、購入

する土地の多くは未耕作のものである。商人はたいてい、農村の地主になる夢をもっており、地主になった場合には通常、土地をうまく開発する。商人は自分の資金を主に事業に使って収益をあげることに慣れている。一方、もともとの大地主は収入を主に消費に使ってきている。商人は、使った資金がやがて戻ってきて利益を生むのを見慣れている。地主は、使った資金が戻ってくると期待することはめったにない。このように習慣が違っているので、事業を行うときにも、気質や性格が自然に違っている。商人は一般に大胆だが、地主は臆病だ。商人は費用をかけた分、土地の価値を高められる見込みが十分にあれば、土地の開発に巨額の資本を一挙に投じるのを恐れない。地主は資本をもっているとはかぎらないし、もっていても大胆に使おうとすることはまずない。土地を開発するとしても、資本を投じるのではなく、毎年の収入のうち節約できた部分を使うのが普通だ。周囲に未開の土地がある商業都市に住んだことがある人なら、大地主にくらべて、商人がどれほど活発に土地を開発するかを何度もみてきたはずだ。それに、商人は商業を行うなかで秩序だて、倹約し、事業に注意を払う習慣を自然に身につけるので、土地開発の事業を成功させ、利益をあげられるようにするのにはるかに適している。

　第三に最後の点として、商工業が発達すれば、秩序と善政が徐々に確立し、それとともに個人が自由と安全を得られるようになって、農村の住民もほぼいつも近隣の農村と争っ

ている状態、領主に隷属していた状態から抜け出せるようになる。この点はほとんど指摘されてこなかったが、都市の発達がもたらした好影響のなかで、飛び抜けて重要である。わたしが知るかぎり、この点に注目した著者はデービッド・ヒュームだけである。

貿易が行われておらず、高級品を作る製造業もない国では、領主は所有地の生産物のうち、農民の生活に必要な量を超える部分と交換して手に入れるものがないので、その大部分を田舎風に気前よく食事などをふるまうのに使う。百人や一千人が食べていけるほどの生産物が余っていても、百人や一千人を養っていくこと以外に使い道がない。そこで領主はいつも多数の家来や従者に囲まれている。家来や従者は領主の好意だけに頼って生活しており、その見返りに領主に提供できるものをもっていないので、兵士が自分を雇った国王にしたがわなければならないのと同じ理由で、領主にしたがわなければならない。ヨーロッパで商工業が発達する以前には、金持ちと権力者は国王から小領主にいたるまで、現在では想像もつかないほど気前がよかった。ウェストミンスター・ホールはウィリアム二世（治世一〇八七～一一〇〇年）が食堂として使っていた部屋であり、おそらく、会食者が入りきれないことも多かったとみられる。十二世紀のカンタベリー大司教、トマス・ベケットはホールの床にその季節のきれいな干し草をしいて、席につけなかった騎士や従者が床に座って食事をするときに上等な服が汚れないようにしたという。バラ戦争（一四五五～八

五年）で活躍したウォリック伯リチャード・ネビルは、各地の領地で毎日、三万人に食事をふるまっていたといわれている。三万人というのは誇張だとしても、ここまで誇張できるほど多かったはずである。スコットランド高地地方の各地では、ごく最近までこれに近い習慣があった。そしてこのような習慣は、商工業が発達していない国に共通するもののようだ。旅行家のリチャード・ポーコックは、アラビアの族長が家畜を売りにきた都市の街角で食事をする様子をみたが、通りかかった人たちに座って一緒に食べるように勧め、物乞いにまで食事を勧めていたと伝えている。

　農民もあらゆる面で家来や従者と変わらないほど領主に依存していた。農奴ではなくても、領主の意向しだいで土地から追い出される借地人であり、借りた土地で得られる食料とはどうみても釣り合わないほどわずかな地代を支払うだけであった。一クラウン（五シリング）か半クラウン、羊一頭か子羊一頭が、何年か前までスコットランドの高地地方で一家が食べていける土地の一般的な地代であった。いまでもこれが普通になっている地域がある。だがその地域で、ものが特別安いわけではない。領地で余った生産物は領地内で使うしかない農村では、領主にとって、余った生産物が自分の屋敷以外のところで消費される方が都合がいい場合もある。消費する人が家来や従者と変わらないほど領主に頼っているのであれば、屋敷以外の場所で消費されている方が、会食者が多すぎたり、一族が多す

ぎたりして困る事態になりにくいからだ。賦役を金納する場合とほとんど変わらない地代を支払って一家がようやく生活できる土地を借りている農民は、家来や従者と変わらないほど領主に頼っており、領主の命令にほとんど無条件にしたがわなければならない。こうした領主は、自分の屋敷で家来や従者に食事をだすのと同様に、借地人が各人の家で食事をとれるようにしている。家来や従者も借地人も、領主の気前の良さにすがって生活しているのであり、領主の機嫌を損ねれば食べていけなくなる。

　このような状況で大地主が借地人や家来に対してかならずもつ権威が、昔の領主がもっていた権力の基礎であった。領主はこの権威によって、領地内の住民にとって、平時には裁判官であり、戦時には総司令官になった。領地内の秩序を維持し、法律を守らせることができた。領地内の誰かが法を破ったとき、全住民の力を集めて処罰できたからだ。領主以外には、これができるほどの権威をもつものはいなかった。国王にはそこまでの権威はなかった。当時の国王は国内で最大の大領主というだけであって、共通の敵に対する集団防衛のために、大領主のなかである程度の敬意を払われていたにすぎない。大領主の所有地では住民がみな武器をもっていて、いつも助け合っているので、少額の負債を債権者に支払うよう住民の誰かに命じるだけでも、国王がみずからの権限で行おうとすれば、領主同士の戦いを止めさせるのと変わらないほどの努力が必要になった。このため国王は、国

内の大部分の地域で秩序の維持をその能力をもつ領主に任せ、同じ理由で農村の兵の指揮を、兵が指揮にしたがう領主に任せるしかなかった。

このような地域統治の仕組みの起源が封建法にあると考えるのは間違いである。民事と刑事の最終的な裁判権だけでなく、徴兵の権限や通貨発行の権限も、さらには領地内の住民を統治するための法律を制定する権限すらもすべて、ヨーロッパで封建法の名前が知られるようになる時期より数世紀も前から、大地主が土地の完全所有に伴う権利としてもっていた。イングランドではサクソン時代の領主がノルマン人の征服（一〇六六年）以前に、それ以降のノルマン人領主と同様の権威と統治権をもっていたようだ。そして、封建法がイングランドで一般的になったのは、ノルマン人の征服の後だとされている。フランスでも封建法が導入されるはるか以前に、大領主が土地の完全所有に伴って広範囲な権威と統治権をもっていたことは、疑う余地のない事実である。こうした権威と統治権は、前述の所有と慣習の状態から必然的に生まれたものである。フランスやイングランドのはるか昔の状況を調べるまでもなく、ごく最近の動きをみても、こうした原因からこうした結果がかならず生まれることを示す事実をいくつも探し出せる。三十年ほど前、スコットランドのロッホアーバー地方の地主、ロッホイールのカメロンは何の法的な権限ももたず、国王から行政権限を与えられていなかったし、国王の直臣ですらなく、アーガイル公の家臣に

すぎなかったが、治安判事の地位すら得ないまま、所有地内の犯罪を裁いていた。裁判の正式な手続きはまったくとらなかったが、きわめて公平な裁きを行っていたという。その地域では当時、治安を維持するには地主が裁判官としての役割を担わなければならない状況があった可能性が十分にある。カメロンは地代収入が年に五百ポンドを超えたことがないほど小規模な地主にすぎなかったが、一七四五年のジャコバイトの反乱に配下の八百人を率いて参加している。

封建法の確立は、土地の完全所有に伴って大領主がもっていた権限を拡大するどころか、制限する試みだったとも考えられる。封建法によって、上は国王から下は最小の土地所有者まで、支配と服従の関係が確立し、それぞれの役務と義務が規定された。地主が未成年の間は、直接の主君が土地の地代を受け取り、所有地を管理する。大領主が未成年の場合には当然、国王がこの役割を担い、幼少の大領主の生活と教育に責任を負って、後見人という立場から、本人の地位にふさわしい相手を見つけて結婚させる権限をもつとされていた。この制度によって国王の権限が強化され、大領主の権限が弱まることになったが、それでも農村の住民の間に秩序と善政が確立するほどの効果はなかった。無秩序の原因になった所有と慣習の状態を十分に変えるほどではなかったからだ。それまでと同様に、国王の統治権が弱すぎ、領主の統治権が強すぎた。領主の力が強すぎることが、国王の力

が弱すぎることの原因になっていた。封建制による主従関係が確立しても、国王はそれ以前と同様に大領主の暴力を抑えることができなかった。大領主はそれ以前と同じように自分の判断で戦を起こし、周囲の領主とほとんどいつも戦っていたし、国王とも頻繁に戦った。城壁のない農村は暴力と略奪と無秩序から抜け出せなかった。

しかし、封建制度の力では達成できなかったことを、貿易と製造業が静かに、気づかれない間に、徐々になしとげた。領地で余った生産物と交換できるもの、借地人や家来に分けなくても自分だけで消費できるものを、少しずつ領主に供給するようになったのだ。「すべては自分のために、何一つ他人には与えない」というのが、どの国どの時代にも支配者に共通する浅ましい考え方のようだ。そこで、地代をすべて自分で消費する方法が見つかると、他人に分け与える度量はもたなくなった。たとえばダイヤモンドをちりばめたバックルなど、何の役にも立たないつまらないものに目が眩んで、一千人を一年間養える食料かその対価を手放し、それとともに一千人を養うことで得られる力と権威を手放すようになった。バックルなら自分一人のものになり、誰にも分け与える必要はないが、昔ながらの方法で地代を使っていれば、少なくとも一千人に分け与えなければならないのだ。どちらを選ぶのかを決めようとするとき、この違いは決定的であった。こうして、領主は何とも子供染み、卑しく、浅ましい虚栄心を満足させるために、自分の力と権威を徐々に売り

わたしていった。

貿易を行っておらず、高級品を作る製造業もない国では、年に一万ポンドの収入があればおそらく、一千の家族を養うこと以外に収入の使い道がなく、一千家族の全員を命令で動かせる。ヨーロッパの現状では、年に一万ポンドの収入があっても、直接には二十人も養わないまま、指揮するに値しない従者すら十名も抱えないまま、全収入を使うことができるし、一般に使っている。おそらく間接的には、昔の方法で養えたのと変わらない人数、あるいはそれ以上の人数すら養っている。全収入をつぎ込んで手に入れる貴重な生産物は量がごく少ないが、それを生産し加工するために雇われている労働者の数はきわめて多いはずである。貴重な生産物の価格が高いのは通常、これらの労働の賃金と、直接の雇い主の利益とによるものである。貴重な生産物の対価を支払うことで、間接的にこの賃金と利益とを支払っており、したがって間接的に多数の労働者と雇い主を維持している。だが通常、一人の大地主の支出では、労働者や雇い主の年間の生活のうちごく一部を支えているにすぎない。おそらく十分の一にあたることはめったになく、たいていは百分の一にもあたらず、一千分の一、一万分の一にもあたらない場合もあるだろう。このため、多数の人が大地主に頼って生活しているのは確かでも、全員が多かれ少なかれ大地主から独立している。一人の大地主の支出がなくても生活していけるのが通常だからだ。

大地主が地代収入を借地人や家来を養うのに使っているときには、大地主はそれぞれの借地人と家来の全員を自分一人で維持している。地代収入を商人や手工業者への支払いに使う場合には、大地主の階層全体としてはおそらく、維持している人の数が以前と変わらないだろうし、田舎風に気前よく食事をふるまうときには無駄がつきものなので、以前より多いかもしれない。だが、大地主は個々にみた場合、この多数の人の生活のうち、ごく一部を支えているにすぎない場合が多い。商人や手工業者はそれぞれ、一人の顧客に依存しているわけではなく、百人、ときには一千人もの顧客から仕事を得ている。だから、顧客のそれぞれに恩義を感じているだろうが、顧客のうちの一人に頼りきることはない。

　こうして大地主が自分だけのための消費を徐々に増やしていくと、家来の数を徐々に減らしていくしかなくなり、やがて一人も抱えなくなった。同じ原因から、借地人のうち不必要な部分も徐々に減らすようになった。個々の小作地の規模を拡大し、農村の人口が減っていると非難の声があがっても、耕作と改良が不完全だった当時の状況で耕作に必要不可欠な数まで借地人の数を減らしていった。こうして、所有地全体で口減らしにつとめ、地代を引き上げて借地農から農場の価値を最大限に引き出すことで、余剰生産物かその対価として地主が得られる収入を増やした。そしてこの増加分についてもやはり、地主が自分のためだけに消費する方法を、商人と製造業者がすぐに用意した。同じ原因が作用しつ

づけて、大地主は所有地の改良の現状で可能な水準以上に、地代収入を増やしたいと望むようになった。借地人がそこまでの地代引き上げに同意できるのは、一つの条件が受け入れられたときだけであった。土地をさらに改良するのに必要な資本を回収し利益を確保できる年数にわたって、借地権が保証されることだ。地主は虚栄心を満たすために収入を増やしたがっていたので、この条件を受け入れた。これが長期借地契約の起源である。

長期契約ではない任意終了借地人であっても、土地の価値に見合った地代を支払っていれば、地主に完全に頼っているわけではない。地主と借地人は金銭的な利益を対等に与え合う関係にあるので、借地人は生命や財産を投げ出してまで地主につかえようとはしない。そのうえ長期の借地契約を結んでいれば、借地人は完全に独立している。契約に明記されているか、その国で周知の慣習法によって義務づけられていないかぎり、地主はごくつまらない点ですら、借地人が賦役に応じるとは期待できない。

こうして借地人が独立し、家来もいなくなって、大地主は独自に裁判を行う力も、農村の平和を乱す力ももたなくなった。『旧約聖書』創世記によれば、エサウは飢えと必要に迫られて一杯の粥《かゆ》と引き換えに家督を売りわたしたというが、地主は金持ちの気まぐれから、装身具や金ぴかの安物など、子供の玩具にはふわさしくても、いい歳の大人が真剣に欲しがるとは思えないものと引き換えに家督を売りわたして、都市の裕福な住民や商人と変わ

らぬ力しかもたない立場になった。都市と同様に農村にも政府の支配が浸透し、農村にも都市にも政府の支配を妨げるほどの力をもった実力者はいなくなった。

脱線にはなるが、ここで触れておきたい点がある。大所有地を代々受け継いできたような旧家は、商業国にはほとんどない。これに対してウェールズやスコットランドの高地地方のように、商業がほとんど発達していない地域には、旧家がごく普通に残っている。アラブの歴史は系図の話ばかりだと思えるし、タタールのある汗《かん》が書いた歴史書がヨーロッパの各国語に翻訳されているが、系図以外にはほとんど何も書かれていない。これは、アラブやタタールに旧家がごく普通にある証拠である。養えるだけの人を養っていくこと以外に収入を使う方法がない地域では、金持ちが先祖伝来の財産を食いつぶしてしまう危険はまずなく、収入で養える以上の数を養おうとするほど気前良くなることはまずないようだ。しかし収入の大部分を自分だけの消費に使える国では、支出に際限がなくなることが少なくない。虚栄心や自己愛には際限がなくなることが少なくないからだ。このため商業国では、富の分散を防ぐためにきわめて厳しい法律があるのに、富が代々伝えられることはほとんどない。これに対して商業が発達していない国では、富が代々伝えられていくことが少なくない。タタールやアラブなどの遊牧民族では、資産は耐久性がないものなので、富の分散を禁止する法律は意味をもたず、制定されていないのだが。

社会が良くなるうえでとくに重要だった変化がこのようにして、社会のためという意図をまったくもたない二つの階層によってもたらされた。大地主は、何とも子供染みた虚栄心を満たそうとしただけである。商人と手工業者はそこまで子供染みてはいないが、自分の利害だけを考えて行動し、いかにも行商人らしく、稼げるときにわずかでも稼ごうとしただけである。大地主は自分の愚行によって、商人や手工業者は自分の労働によって、大規模な変化が徐々に起こることを知っていたわけでも、予想していたわけでもない。

したがってヨーロッパの大部分では、都市の商業と製造業の発達は農村の開発と耕作が進んだ結果ではなく、その原因、それをもたらすものであった。

だがこの順序はものごとの自然な道筋とは逆なので、遅くて不確実にならざるをえない。ヨーロッパ各国では富が主に商業と製造業に依存しており、進歩が遅いが、北アメリカの植民地では富がすべて農業に基づいており、進歩が速い。ヨーロッパの大部分では人口が二倍になるのに五百年以上かかるとみられるが、イギリスの北アメリカ植民地のいくつかでは、二十年から二十五年で人口が二倍になっている。ヨーロッパでは長子相続制や各種の永代所有権によって大所有地の分割が妨げられているので、小規模な地主が増えにくい。ところが小地主は所有地を隅々まで知っているし、自分の所有地には、とくに小さな所有地には誰でも自然に愛着をもつので、喜んで耕作するだけでなく、所有地を飾ること

も楽しみの一つにする。このため小地主は通常、とくに勤勉に、とくに賢明に、とくにうまく土地を開発し改良する。また、大所有地の分割を妨げる制度のために、大量の土地が売買の対象にならなくなっており、土地の購入に向けられる資本とくらべて、売りにだされている土地がいつも少ないので、土地はいつも独占価格で売られることになる。地代は土地の購入代金の金利に見合わないし、土地を買った場合には、資金を貸し出して金利収入を得るときと違って、手入れや修繕などの臨時の経費がかかる。ヨーロッパではどこでも、小資本の使い道のなかで土地の購入はもっとも不利である。土地はとくに安全なので、小金をためて事業から引退しようとする人が、わずかな資本で土地を買う方法を選ぶこともある。専門職の人も本業での収入とは別に、貯蓄の安全な使い道として、土地を買う方法を好むことがある。しかし、若者が商工業の事業主や専門家になるのではなく、二千ポンドから三千ポンドの資本を小さな土地の購入にあてた場合、幸せで独立した生活を期待できるかもしれないが、巨額の資産を築いたり有名になったりする夢はすっかり諦めるしかない。同じ資本を別の用途に使えば、他の人と同じように、この夢を実現できる可能性もあるのだが。こうした若者は地主としては多くを望めないのに、たいていは借地農民になるのを嫌がる。こうして、売りにだされる土地が少なく高いために、本来なら土地の耕作と改良に投じられるはずの資本のうちかなりの部分が、土地に投じられなくなって

いる。これに対して北アメリカでは、五十ポンドか六十ポンドあれば農業をはじめるのに十分なことが多い。未開の原野を買って開墾するのが、小資本の使い道としても大資本の使い道としてももっとも有利であり、植民地で得られる富と名声への最短の道になっている。北アメリカでは未開の原野はただ同然の価格で、その土地にある自然の生産物の価値すら大幅に下回る価格で購入できる。ヨーロッパではこのような価格で土地を買うのは不可能だし、土地がすべてはるか昔から私有されている国ではどこでも不可能である。だが、土地の所有者に子供がたくさんいて、土地が子供たち全員に平等に相続されるのであれば、相続した土地を売るのがごく普通になるだろう。売りに出される土地が多くなり、独占価格で売るわけにはいかなくなる。そうなれば土地の地代は土地代金の金利を支払える水準にもっと近くなり、他の用途と変わらないほど有利な使い道として、少額の資本が土地の購入に向けられるようになるだろう。

イングランドは、土地がもともと肥えており、国土のうち沿海部が多いうえ、航行可能な河川がいくつかあって、かなりの内陸部まで水運が使える地域がある。このため、ヨーロッパのどの大国とくらべても遜色がないほど、貿易と遠く離れた市場向けの製造業に、そして貿易と製造業がもたらす社会の発達に適した自然条件に恵まれている。また、エリザベス一世の時代（一五五八～一六〇三年）の初めから、イングランドの議会は商工業の利害

ているにとくに気を配ってきた。ヨーロッパには法律が全体として商工業にこれほど有利になっている国はなく、オランダすら例外ではない。このため商工業がこの時代に発展をつづけてきた。土地の耕作と改良も徐々に進んできたのは疑う余地がないが、商工業の発展が急速なのと比較すると、そのペースははるかに遅いようだ。エリザベス一世の時代より前にすでに、国土のかなりの部分が耕作されていたはずである。ところが現在でも、未耕作の土地はかなり多いし、それ以上に多くの土地が不十分にしか耕作されていない。だがイングランドの法律は、商業を保護して間接的に農業を優遇しているうえ、さまざまな形で直接にも農業を奨励している。不作の年以外には、穀物の輸出は自由なだけでなく、奨励金まで支給されている。平年作の年には、外国からの穀物輸入は関税によって事実上禁止されている。生きた家畜の輸入は、アイルランドからのものを除いて、つねに禁止されている。アイルランドからの輸入も、ごく最近になってようやく許可されたにすぎない。このため土地を耕作する農民は、土地生産物のうちとくに重要で規模が大きいパンと食肉で、国内市場を独占している。これらの奨励策は後に第四編で論じるように、おそらく実際にはまったく効果のないものだろうが、少なくとも議会が農業を優遇する意図をもっていることを十分に示している。だが、これらすべてよりはるかに重要な点は、イングランドの法律で自営農民が最大限に安全と独立、敬意をもたれる地位を保証されていることであ

る。したがって、長子相続制度があり、十分の一税があり、法の精神には反しているが永代所有権が認められる場合がある国では、イングランド以上に農業を奨励することはできない。それでも耕作の現状は十分だとはいえないのである。商業の発展による間接的な刺激以外に農業を奨励する法律がなく、自営農民がヨーロッパの大部分の国と同様の状態に放置されていたとするなら、耕作の現状はどうなっていただろうか。エリザベス一世治世の初めから現在までにすでに二百年以上が経過しており、二百年といえば、繁栄が通常続く期間としてはすでにかなり長いのである。

フランスは、イングランドが商業国として有名になるより一世紀近くも前から、貿易でかなりの地位を占めていた。シャルル八世によるナポリ遠征（一四九四年）の以前、フランスの商船隊は当時としては大規模であった。だが、土地の耕作と改良は全体として、イギリスに後れを取っている。フランスでは、法律による農業への直接の刺激がイギリスほど強くはない。

スペインとポルトガルでは、ヨーロッパの他国との貿易は主に外国の商船によって行われているが、規模は大きい。自国の植民地との貿易は自国船で行われており、植民地がきわめて豊かで広大なことから、ヨーロッパの他国との貿易よりはるかに規模が大きい。だが、両国では遠隔市場向けにみるべき製造業が確立されたことはなく、かなりの土地が耕

作されていない。ポルトガルはヨーロッパの大国のなかではイタリアを除いて、貿易の歴史がとくに長い。

イタリアはヨーロッパの大国のなかでは唯一、貿易と遠隔市場向け製造業から刺激を受けて、全土にわたって土地が耕作され改良されてきたとみられる。フランチェスコ・グイッチャルディーニ（一四八三～一五四〇年）の『イタリア史』によれば、シャルル八世が侵攻する以前のイタリアでは、痩せた山岳地域も、とくに肥沃な平野地域と変わらないほどよく耕作されていたという。イタリアは有利な位置にあるうえ、当時は多数の独立国に分かれていた点がおそらく少なからず寄与して、国全体が耕作されるようになったのだろう。近代の歴史家のなかでもとくに賢明で慎重なグイッチャルディーニがこのようにまとめてはいるが、当時のイタリアが現在のイングランドより耕作が進んでいなかった可能性もないわけではない。

しかし、ある国が商業と製造業によって獲得した資本は、その一部が土地の耕作と改良に投じられて具体化するまで、きわめて不安定で不確かである。商人は一つの国の国民であるとはかぎらないという言葉があるが、まさにそうだ。商人にとって、どこで商売をしているかはたいした問題ではない。ごく小さくても不快な点があれば、資本を一つの国から他国に移し、それとともにその資本で支えている産業もすべて他国に移してしまう。商

人の資本のうち、ある国に属しているといえるのは、建物の形で、あるいは土地改良の成果の形で、いわばその国の国土に定着したものだけである。ハンザ同盟の都市は巨額の富を築いたといわれているが、大部分は十三世紀と十四世紀の忘れられかけた歴史にその名を残しているだけで、いまではかつての繁栄の痕跡すら残っていない。いくつかの都市はどこにあったのかすら分からなくなるか、当時のラテン名が現在のヨーロッパのどの都市につけられたものなのかが分からなくなっている。これに対してイタリアでは、十五世紀末から十六世紀初めにかけての混乱によって、北部のロンバルディア地方や中部のトスカナ地方の都市で商工業が極端に衰退したが、これらの地方はいまでもヨーロッパでとくに人口が多く、耕作が進んでいる。フランドル地方でも、内乱とその後のスペイン王国の弾圧によってアントワープ、ヘント、ブルッヘで盛んだった商業が駆逐された。それでもヨーロッパでもとくに豊かで耕作が進み、人口が多い地域であることに変わりはない。戦争や政治によるごく普通の変化でも、商業だけに依存する富の源泉は簡単に枯渇する。農業の進歩というもっと着実な基盤があれば富ははるかに長続きする。西ヨーロッパでローマ帝国滅亡の前後に続いたように、敵対的で野蛮な民族が一世紀から二世紀にもわたって略奪を続けるといったはるかに激烈な変動がないかぎり、破壊されることはない。

第四編

経済政策の考え方

はじめに

経済政策を扱う政治経済学は、政治家や立法者のための学の一部門としてみたとき、二つの目的をもっている。第一は、国民に収入と生活必需品を豊富に提供すること、もっと適切に表現するなら、国民がみずからの力で、収入と生活必需品を豊富に確保できるようにすることである。第二は、国が公共サービスを提供するのに必要な歳入を確保できるようにすることである。国民と国が豊かになるようにすることが、政治経済学の目的である。

時代によって国によって、豊かさへの道筋が違っていることから、国民が豊かになるようにする方法について、経済政策の二つの考え方が生まれた。一つは商業中心の考え方、もう一つは農業中心の考え方と呼べる。以下でこの二つの考え方についてできるかぎり完全に、詳細に説明していく。まずは商業中心の考え方について説明する。この考え方は近代のものであり、とくに現在のイギリスで普及している。

第一章　商業中心の考え方、重商主義の原理

富とは通貨、つまり金《きん》と銀にあるとする見方が一般的だが、この通俗的な見方は通貨が二つの機能、つまり取引の手段としての機能と価値の尺度としての機能をあわせもつことから自然に生まれたものである。通貨は取引の手段なので、通貨をもっていれば、どのような商品をもっているときよりも簡単に、必要とするものを入手できる。いつでも、難しいのは金銭を手に入れることなのだ。金銭が手に入れば、その後に必要な商品を買うのは簡単である。また、通貨は価値の尺度として使われているので、あらゆるものの価値が、それと交換される通貨の量によって評価される。資産と交換して得られる通貨の量が多ければ金持ちだし、ほとんどなければ貧乏人である。倹約にはげむ人や裕福になろうと必死になっている人は、金《かね》が好きだといわれる。節約しない人、気前がよい人、浪費する人は金《かね》に無頓着だといわれる。豊かになるとは、金持ちになることである。要するに日常の言葉では、「富」と「金《かね》」はあらゆる面で同じ意味の言葉だと考えられている。

豊かな国とは、豊かな人と同じように、金《かね》がたくさんある国だと考えられている。そこでどの国にとっても、金銀を蓄えることが豊かになるための最短の道だと考えられている。一四九二年のアメリカ大陸発見の後かなりの期間にわたって、スペイン人ははじめての土地に着くとかならず、このあたりに金か銀があるかどうかを真っ先に質問した。答えを聞いて、そこに植民地を作る価値があるかどうか、その国を征服する価値があるかどうかを判断していた。有名なチンギス・ハンの息子の国に大使として派遣された修道士のピアン・カルピーニによれば、フランスには羊と牛がたくさんいるかと何度も聞かれたという。この質問はスペイン人の質問と同じ目的のものであった。征服する価値があるほど豊かな国かどうかを知りたかったのだ。遊牧民族の例にもれず、タタール人も一般に通貨を使わず、家畜を取引の手段、価値の尺度として使っている。したがってスペイン人にとって富とは金銀であったように、タタール人にとって、富とは家畜だったのだ。この二つをくらべると、おそらくタタール人の見方の方が真実に近い。

哲学者のジョン・ロックが、通貨とそれ以外の動産の違いについて論じている。ロックによれば、通貨以外の動産は簡単に消耗するので、動産による富はあまりあてにならず、ある年にこれらを大量にもっている国が、輸出をしていないのに、国内で無駄にし浪費しただけで、翌年には大幅な不足に苦しむことがある。これに対して通貨は安定しており、

国内では持ち主がつぎつぎに変わっても、国外に送られないようにすることができれば、浪費され消える可能性は低い。したがって金銀は国が動産の形でもつ富のうち、とくに安定し、とくに重要な部分であり、この点を根拠に、金銀を蓄積することが経済政策の大きな目標だとロックは考えた。

こういう意見もある。ある国が世界から完全に切り離されていれば、国内で流通している通貨の量がどれほど多くても、どれほど少なくても影響はない。消費財が通貨を使って取引されるときに、商品と交換される通貨の量が少なくなるか多くなるだけだ。そして、その国が豊かか貧しいかは、消費財が豊富にあるか乏しいかだけによって決まる。だが、外国との関係がある国では事情が違うと主張する。外国と戦争しなければならず、遠くの国に陸軍や海軍を派遣しなければならない。これは、外国に金や銀を送らなければ不可能であり、そして、国内に大量に通貨がなければ、外国に送ることはできない。このためこうした国は、平時に金銀を蓄積するよう努力し、必要があれば外国との戦争を遂行できるようにしておかなければならないと主張されている。

こうした見方が一般的なことから、ヨーロッパのすべての国が金銀を国内に蓄積するために、考えられるかぎりの方法を試してきたが、ほとんど効果はなかった。スペインとポルトガルは、ヨーロッパに金銀を供給する主要な鉱山を所有しており、金銀の輸出を禁止

して極端に厳しい罰則を設けるか、輸出に重い関税をかけた。同様の輸出禁止政策が以前にはヨーロッパのほとんどの国で採用されていたようだ。そのような政策をとるとは考えにくいスコットランドですら、昔の法律のいくつかで、金銀を王国の外に持ち出すことを禁止し、違反者に厳しい罰則を科すと定められていた。同様の政策がフランスとイングランドでも以前にとられていた。

　ヨーロッパ各国で商業が盛んになると、金銀の輸出を禁止されていては不都合な場合が多いことに商人が気づくようになった。自国への輸入や中継貿易のために外国製品を買うとき、どの商品を使うより金銀を使う方が有利なことが少なくない。このため、商人は金銀の輸出禁止が貿易の障害になっていると抗議するようになった。

　商人はこう主張した。第一に、外国から商品を購入するために金銀を輸出しても、国内の金銀の量が減るとはかぎらない。逆に、増える場合も少なくない。金銀の輸出を解禁しても国内で外国商品の消費量が増えないとすれば、購入した外国商品を他国に再輸出して大きな利益をあげ、当初の購入のために持ち出した以上の量の金銀を持ち帰ることができる場合もある。トマス・マンは『貿易によるイングランドの財宝』で、貿易のこの動きを農業の種まきと収穫のようなものだと論じた。「農民の仕事を種まきの時期にだけみていると、良質の穀物を地中にばらまいているのだから、まともだとは思えないはずだ。しかし

努力を重ねて、最後に収穫期に働くのをみれば、農民の仕事は価値が高く、穀物が大幅に増えたことが分かるだろう」

第二にこう主張した。金銀は法律で禁止しても輸出を妨げることはできず、価値の割に容積が小さいので、簡単に密輸出できる。金銀の輸出を防ぐには、いわゆる貿易収支に適切に注意するしかない。輸入総額より輸出総額が多ければ、その差額が外国から自国に支払われることになり、支払いにはかならず金銀が使われるので、国内の金銀の量が増える。逆に、輸入総額が輸出総額より多ければ、その差額を外国に支払うことになり、支払いにはかならず金銀が使われるので、国内の金銀の量が減る。その場合に金銀の輸出を禁止しても流出を防ぐことはできず、輸出が一層危険になって費用が高くなるだけになる。その結果、差額を支払わなければならない国にとって為替相場が一層不利になる。商人は外国を支払い地とする手形を銀行から買う際に、外国への送金に伴う自然なリスク、手間、費用だけでなく、金銀の輸出禁止による特別なリスクに見合う金額も負担しなければならなくなる。そして、為替が自国に不利になるほど、貿易収支がかならずさらに悪化する。差額の支払い先の国の通貨に対して、自国の通貨の価値がかならず低くなるからだ。たとえばイングランドとオランダの間の為替がイングランド側に五パーセント不利になっていると、オランダに銀百オンスを支払うには、イングランドで銀百五オンスが必要になる。し

たがって、イングランドでの銀百五オンスは、オランダでは銀百オンスの価値しかなく、銀百オンス分のオランダ商品しか買えない。これに対してオランダで銀百オンスを持っていれば、イングランドでは銀百五オンスの価値があり、銀百五オンス分のイングランド商品を購入できる。為替相場の差だけ、イングランドの商品はオランダで安くなり、オランダの商品はイングランドで高くなる。この差によって、イングランドではオランダから流入する金銀が少なくなり、流出する金銀が多くなる。このため貿易収支がますます悪化し、オランダに輸出しなければならない金銀の量が増える。こう商人は主張した。

この主張には正しい部分もあるが、詭弁の部分もある。金銀を輸出した方が有利な場合が少なくないとした部分は正しい。また、輸出する方が有利だと民間人が考えているのであれば、法律で禁止しても輸出を防げないとした部分も正しい。しかし、金銀については他の有益な商品よりも、国内の保有量を維持するか増やすために政府が配慮するべきだとした点は根拠がない。どの商品も貿易が自由であれば、政府が配慮するまでもなく、適切な量がかならず供給されるからだ。また、為替相場が不利な場合にいわゆる貿易収支がかならず一層不利になり、金銀の輸出量が増えるとした部分もおそらく根拠がない。為替相場が不利であれば、商人が外国への支払いを行うときに不利になる。外国への支払いのために銀行が振り出す手形に、その分だけ高い価格を支払わなければならない。しかし、金

銀の輸出禁止によって、銀行にとっては送金に余分な費用がかかるとしても、そのために通貨が海外に余分に流出するとはかぎらない。通常、この経費はすべて金や銀を密輸出するために国内で発生するのであって、手形の額面通りの金額以外には、六ペンス銀貨一枚すら余分に輸出されることはまずない。また、為替が高ければ、商人は当然に輸出額を輸入額にほぼ均衡させて、高い為替での支払いをできるかぎり少なくしようとする。それに、為替が高い点が一種の税金になって、外国商品はかならず価格が高くなり、消費量が減る。このため、いわゆる貿易収支の不均衡が拡大するどころか縮小し、金銀の輸出も減少するだろう。

商人の主張はこの程度のものであったが、それでも相手を説得できた。この主張は商人が議会に、枢密院に、貴族に、農村の地主に向けて行ったものだ。貿易を理解しているはずの人が、貿易に関しては何も知らないことを自覚している人に向けて行ったものだ。貿易で国が豊かになることは、貴族や地主も、そしてもちろん商人も、現実をみれば理解できる。だが、どのようにして、どのような経路をたどって豊かになるのかは、誰も十分には理解していなかった。商人は貿易を行うことで、どのようにして自分が豊かになるのかは完全に理解していた。それを理解するのが仕事だからだ。だが、貿易を行うことで、どのようにして国が豊かになるのかを理解するのは仕事ではない。商人はこの点を考えよう

としたことはなかったが、貿易に関する法律の改正を政府に求める必要が生じて、事情が変わった。貿易が国にもたらす利点について、その利点を実現する際に既存の法律が障害になっている理由について、何かを発言する必要に迫られた。法改正について判断する立場のものにとって、貿易によって金銀を獲得できるのに、問題の法律のために獲得できる量が少なくなっているとの説明は、とくに説得力があるように思えた。このため、この主張は望み通りの効果をもたらした。金銀の輸出禁止はフランスでもイングランドでも、自国の硬貨だけに対象を限定された。外国の硬貨と地金は自由に輸出できるようになった。オランダなどのいくつかの国では、自国硬貨の輸出も解禁されている。各国政府は金銀の輸出禁止には関心をもたなくなり、金銀の保有量の増加や減少をもたらす唯一の要因として、貿易収支に注目するようになった。こうして、政府は無意味な点から、はるかに複雑で厄介だが、同じように無意味な点に関心を移した。トマス・マンの著書『貿易によるイングランドの財宝』のタイトルがイングランドだけでなく、すべての商業国で経済政策の基本原理になったのである。国内の商業は商業のなかでとくに重要であり、同額の資本で最大の収入を獲得できるし、国内で生み出す雇用ももっとも多いのだが、貿易を補助する役割を果たすにすぎないとされた。国内商業では金銀が流入することも流出することもない。だから、国内商業だけでは国が豊かになることも貧しくなることもなく、国内商業が

繁栄しているか衰退しているかが間接的に貿易の状態に影響を与えることがあるだけだとされた。

鉱山をもたない国はいうまでもなく、金や銀を外国から得なければならない。これは、国内に葡萄園がない国がワインを外国から入手しなければならないのと同じである。だが、政府がワインより金銀に関心を向ける必要があるとは思えない。ワインを買う手段をもっている国なら、いつでも必要とするワインを入手できる。そして金銀を買う手段をもっている国なら、金銀が不足することはない。金や銀は他のすべての商品と同じようにある価格で買えるものであり、金銀が他のどの商品を買うときにも対価になるように、他のすべての商品が金銀を買うときの対価になる。貿易の自由があれば、政府がまったく注意しなくても、必要とするワインがかならず供給されると完全に安心していられる。同様に金銀も、それを買う手段をもち、商品の流通などの用途があるのであれば、かならず供給されると完全に安心していられる。

どの商品でも、国内の労働で購入・生産できる商品の量は、有効需要によって自然に決まる。つまり、その商品を生産し市場に運ぶために必要な地代、賃金、利益の総額を支払う意思のある人の需要によって自然に決まる。そして金銀ほど購入量が簡単に正確にこの有効需要に見合ったものになる商品はない。金銀は容積の割に価値が高いので、どの商品

よりも簡単に、ある地域から別の地域に、価格の安い地域から高い地域に、有効需要を上回る量がある地域から下回る量しかない地域に輸送できるからだ。たとえばイングランドで金の量が有効需要に満たない場合、郵便船一隻でリスボンなどの金が余っている地域から五十トンの金を輸送でき、五百万枚以上の一ギニー硬貨を鋳造できる。だが、同じ金額の穀物に対する有効需要があった場合、これを輸入するには、穀物価格が一トン当たり五ギニーとすると、百万トンの船腹が必要になり、一千トンの船が一千隻必要になる。イギリス海軍を総動員しても不足する。

　ある国が輸入した金銀の量が有効需要を上回った場合、政府がいくら監視しても輸出を防ぐことはできない。スペインとポルトガルは死刑を科すほど厳しい法律を制定しているが、それでも金銀の密輸出を防止できていない。両国ではペルーとブラジルからたえず金銀を輸入しているために保有量が有効需要を上回っており、価格が近隣諸国より低くなっている。逆に、ある国で金銀の量が有効需要を下回った場合、価格が近隣諸国より高くなるので、政府が輸入のために努力する必要はない。また、何らかの理由で政府が金銀の輸入を防ごうとしても、効果はないだろう。スパルタは金銀の流入を嫌ったが、国民が金銀を買う手段をもつようになると、法律の壁を築いても流入を阻止できなかった。イギリスは現在、オランダとスウェーデンの東インド会社を通した紅茶の輸入を厳しい法律で禁止

しているが、それでも密輸入を阻止できていない。自国の東インド会社が輸入するものより価格が若干低いからである。紅茶はとくに高いもので重量一ポンド当たり十六シリングするが、これでも同じ金額の金銀と容積を比較すると、銀の約百倍、金の二千倍以上になるので、密輸入はそれだけ難しい。

金銀は余っている地域から不足している地域への輸送が簡単なことが一因になって、大部分の商品と違い、価格がつねに変動する状態にはなっていない。大部分の商品では、容積の大きさが障害になって、市場で過剰になっているか不足していても、簡単に輸送するわけにはいかない。金銀も価格がまったく変動しないわけではない。しかし変動する場合にも、一方向にゆっくりと、一様に動く。たとえばヨーロッパでは、スペイン領西インドからの輸入によって十七世紀と十八世紀に価格が穏やかな低下を続けているとみられている（おそらく、たいした根拠はないのだが）。そして、金銀の価格が急激に変動して、他の商品の金銭価格が一時期に目に見えて上昇するか下落するのは、アメリカの発見によって引き起こされたような商業の大激変があったときだけである。

さらに金銀の場合には、以上のような性格があるので考えにくいことではあるが、それを購入する手段を十分にもつ国で不足する事態に陥ったとしても、代替品を使う方法がほとんどの商品よりもたくさんある。製造業の原材料が不足した場合には生産を止めるしか

ない。食料が不足した場合には、国民が飢えに苦しむ。だが通貨が不足しても、かなり不便な方法ではあるが、物々交換で代用できる。また、信用で売買し、月に一回か年に一回、多数の商人の間で決済する方法をとれば、それほど不便ではない。適切な規制のもとで紙幣を使えば、不便ではないし、ある場合には逆に有利ですらある。したがってどのような点からみても、自国内の金銀の量を維持し増やすために政府が監視の目を光らせることほど無駄な努力はない。

　ところが、通貨が不足しているとの苦情ほどよく耳にする苦情はない。通貨もワインと同じで、買う手段をもっておらず、借りられるほどの信用のないものにとっては、いつも不足しているはずである。どちらかがあれば、必要とする通貨やワインが不足して困ることはまずない。だが、通貨が不足していると抗議するのは見境のない浪費家だけではない。ときには一つの商工業都市と周囲の農村の住民が一斉に抗議することもある。事業の拡大しすぎが、このような抗議がでてくる共通した原因になっている。真面目な人でも、資本に見合わないほど事業を拡大すれば、通貨を入手する手段が不足し、借りるには信用が不足することになり、浪費家が収入に見合わないほど支出したときと同じ状態になりかねない。事業が実を結ぶ前に資本を使い果たし、それとともに信用も失う。八方手を尽くして借りようとするが、どこに行っても貸せるほどの金《かね》をもっていないと断られる。このよう

に通貨が不足しているとの苦情が一般的になっても、金貨と銀貨の流通量が通常より減っていることを示しているとはかぎらない。通貨を求めている人の多くが、それを入手する手段をもっていないことを示しているにすぎない。取引で得られる利益率が通常より高くなると、大商人でも零細な商人でも、事業を拡大しすぎる間違いが多くなる。通常より国外に送る金銀の量を増やしているとはかぎらないが、国外、国内の取引先から信用で買う商品の量を通常よりはるかに増やし、それをどこか遠方の市場に送って、支払い期限がくる前に代金が入ってくると期待する。だが代金が入ってくる前に支払いを求められ、手元には売却して通貨を得られるか、借り入れにあたって確実な担保になるものは何もない。通貨が不足しているとの苦情が一般的になるのは、金や銀が不足しているからではなく、事業を拡大しすぎた商人にとって借り入れが難しくなっており、こうした商人への貸し手にとって返済を受けるのが難しくなっているからである。

富とは通貨、つまり金や銀ではなく、通貨で買えるものにあり、ものを買えるからこそ通貨に価値があることを真剣に証明しようとするのは馬鹿げている。通貨はもちろん、国内の資本の一部ではあるが、すでに論じたように、一般にはごく小さな部分を占めるにすぎないし、つねにもっとも収益性の低い部分にすぎない。

商人にとって通常、通貨で財貨を買う方が財貨で通貨を買うより簡単なのは、富が基本

的に財貨より通貨にあるからではない。そうではなく、通貨が取引の手段として定着しており、通貨との交換であればすべての財貨がすぐに手に入るが、財貨との交換で通貨を手に入れるのはそれほど簡単だとはかぎらないからである。それに、財貨の大部分は金銀よりも耐久性に乏しく、保存している間に失われていくことが多い。また、財貨をもっているときの方が、財貨を売った代金を金庫にいれている場合より、支払いの請求に応じられなくなる可能性が高い。以上の点に加えて、利益は直接には財貨の購入より販売から生まれるので、商人は一般に自分の通貨を財貨と交換する取引より、自分の財貨を通貨と交換する取引にはるかに熱心である。しかし、商人なら倉庫に財貨を大量に抱えていても、それを早く販売できないために破産する場合があるが、国が同じ問題にぶつかることはない。商人であれば、通貨と交換するための腐りやすい商品に資本をすべて振り向けていることが少なくない。しかし国の場合、土地と労働による年間の生産物のうち、近隣の国から金や銀を買うのに振り向けられるのは、ごく小さな部分にしかなりえない。はるかに大きな部分が、国内で取引され消費される。そして国内で余って国外に送られる生産物も、大部分が外国から財貨を買うのにあてられるのが一般的である。このため、金銀がその購入に振り向けられた商品との交換によっても入手できない場合にも、国が破滅することはない。金銀を購入できなければ、ある程度の損失と不便を被るし、金貨や銀貨の代わりに何らか

の方法に頼らなければならなくなるかもしれない。だが、土地と労働による年間生産物の量は、それまでと同じかほとんど変わらない。生産を維持するために使われる資本は、それまでと同じかほとんど変わらないからだ。財貨で通貨を引きつけるのは、通貨で財貨を引きつけるほど簡単だとはかぎらないが、長期的にみればかならず、通貨が財貨を引きつける以上に、財貨は通貨をひきつける。財貨は通貨を買うこと以外にさまざまな用途に使えるが、通貨は財貨の購入以外の目的には使えない。したがって通貨はかならず財貨を追いかけるが、財貨は通貨を追いかけるとはかぎらない。財貨を買う人は、それを売ろうとしているとはかぎらず、それを使い、消費しようとしていることも多いが、財貨を売った人はかならず、ふたたび財貨を買おうとする。財貨を買った人にとっては、それで取引が終わることが少なくないが、財貨を売った人にとっては取引は半分しか終わっていない。人が通貨をほしがるのは通貨自体を求めているからではなく、通貨で買えるものを求めているからである。

こういう主張がある。耐久性のない商品はすぐになくなるが、金銀は耐久性があるので、輸出しつづけることがなければ長年にわたって蓄積し、国の真の富が信じがたいほど増えていくだろう。このためどの国にとっても、金銀のように長持ちする商品を簡単になくなる商品と交換する貿易ほど不利なものはないという。しかし、イングランドの金物をフラ

ンスのワインと交換する貿易が、イングランドにとって不利だとは誰も考えていない。金物も耐久性がある商品だが、輸出しつづけることがなければ長年にわたって蓄積し、イングランドには鍋釜が信じがたいほど増えていくのだろうか。誰でもすぐに気づくように、鍋釜はどの国でも料理に必要な量以上に増えるはずがない。国内で通常消費される食べ物を料理するのに必要な量以上に鍋釜を蓄積するのは馬鹿げている。そして国内で消費される食料の量が増えれば、それに伴って鍋釜の量も増えていく。増加した食料の一部が鍋釜を買うのに使われるか、鍋釜を製造する労働者の数を増やすのに使われるからだ。これと同じように、誰でもすぐに気づくべき点だが、金銀もどの国でも国内で使われる量以上に増えるはずがない。国内で使われる金銀には、硬貨として国内取引に使われる部分と、金器と銀器として調度品の一種になる部分とがある。硬貨の量はどの国でも、それによって取引される商品の価値によって決まる。そして、国内で取引される商品の価値が増加すれば、その一部がすぐに国外に送られ、購入できる国から金銀を購入し、商品の取引に必要なだけ硬貨の量を増やすのに使われる。金器や銀器の量は、この種の贅沢に金《かね》を使うことを選ぶ家族の数と富によって決まる。そうした家族の数と富が増えれば、増えた富の一部がまず確実に、それを購入できるところから金器や銀器を買い増すのに使われる。国の富を増やすために、金銀を必要量以上に輸入しようとしたり、国内に止めておこうとしたり

するのは、各家庭のご馳走を増やすために、必要量以上の鍋釜をもつよう義務づけるのと変わらないほど馬鹿げたことである。必要量以上の鍋釜を買うのに費用がかかった分だけ、家族が買える食料の量が減るか質が下がるように、必要量以上の金銀を買うのに費用がかかった分だけ、国民の生活を維持し労働者を雇うために衣食住に使える富が減少する。金銀は硬貨として使われていても、金器や銀器として使われていても、台所にある鍋釜と同じように道具にすぎないことを忘れてはならない。金銀の使用が増え、金銀を使って取引され管理され生産される消費財の量が増えれば、金銀の量はかならず増える。だが、金銀の量を増やそうとして強引な手段を使えば、金銀の使用がかならず減り、量すらも減る。金銀の量は使用に必要なもの以上に増えることはないのだから。必要量以上に増えた場合には、輸送は簡単だし、使われないままおいておくことに伴う損失が大きいので、どのような法律で禁止しても、すぐに国外に送られるのを防ぐことはできないだろう。

国外で戦争し、遠く離れた国に海軍と陸軍を派遣できるようにするために、金銀を蓄積しておく必要があるとはかぎらない。海軍と陸軍は直接には金銀ではなく、消費財によって維持されている。だから、国内産業の年間生産物によって、国内の土地、労働、資本が生み出す年間の収入によって、遠く離れた国で消費財を買えるのであれば、外国で戦争することができる。

遠く離れた国に派遣した軍隊の給与と食料を賄う方法は三つある。第一に、蓄積していた金銀の一部を送る方法がある。第二に、年間の製造業生産物のうち一部を送る方法がある。第三に、年間の土地生産物のうち一部を送る方法がある。

ある国に蓄積されているとみなせる金銀は、三つの部分に分かれると考えられる。その一は流通している通貨、その二は民間の家庭にある金器や銀器、その三は国王が長年にわたる倹約で集め蓄えた金銀である。

国内で流通している通貨から大量の金銀を引き揚げられることはめったにない。通貨が大量に余っていることはめったにないからだ。国内で年間に売買される商品の価値によって、商品の流通と適切な消費者への分配に必要な通貨の量が決まり、それ以上の通貨を使うことはできない。流通の水路はかならず、水路を満たすのに必要な量の通貨を引きつけるが、それ以上の量の流入は受け付けない。もっとも外国で戦争する場合には通常、この水路からある程度の金銀を引き揚げることができる。国外に派遣される人が増えるので、国内で生活する人が減る。国内で取引される商品が減って、取引に必要な通貨の量が減る。戦争の際には通常、イングランドで大蔵証券、海軍証券、銀行手形などの紙幣の発行量が大幅に増え、金貨や銀貨の代わりに使われるようになって、国外に送る金銀の量を増やせるようになる。しかし、巨額の費用がかかる戦争を何年にもわたって外国で行うため

の資源としては、まったく貧弱なものでしかない。

民間の家庭にある金器や銀器の溶解はいつでも、さらにわずかな資源にしかなっていない。最近の七年戦争（一七五六〜六三年）がはじまったとき、フランスはこの方法ではたいした利点を得られず、生活を地味《じみ》にした甲斐があったといえるほどではなかった。

昔は、国王が蓄えた金銀がもっと大きく安定した資源であった。現在ではプロイセンを除けば、ヨーロッパのどの国でも、国王は金銀を蓄積する政策をとっていないようだ。

十八世紀の何回かの戦争では、歴史上おそらくかつてなかったほど戦費がかかっているが、流通通貨、民間の家庭にある金器や銀器、国王が蓄積した金銀のいずれの輸出にもほとんど頼ることなく、戦費を賄ってきたようだ。最近の七年戦争でイギリスは九千万ポンドを超える戦費を負担し、これを七千五百万ポンドの国債発行、土地税の十パーセントの付加税、減債基金からの毎年の借り入れなどで賄った。この戦費のうち三分の二以上は、ドイツ、ポルトガル、アメリカ、地中海の港、東インドと西インドなど、遠く離れた国で使われている。イギリス国王は金銀を蓄積してこなかった。金器や銀器が大量に溶解されたという話も聞かなかった。国内で流通していた金貨と銀貨は合計一千八百万ポンド以下だと推定されていた。もっとも一七七四年の金貨改鋳以降、この推定はかなり低めだったとみられるようになった。そこで、これまで見聞きしたなかで最大の推定にしたがって、

金貨と銀貨の流通量が合計三千万ポンドであったと想定しよう。七年戦争が国内の通貨を使って遂行されたのであれば、この極端な推定に基づいても、国内の硬貨の全量が国外に送られて戻ってくるサイクルが、六年か七年の間に少なくとも二回繰り返されたことになる。これが事実だと考えるのであれば、金銀を国内に維持するために政府が監視する必要などないことを示す決定的な論拠になる。これほど短い期間に、誰も気づかないまま、国内に流通する金貨と銀貨が二回にわたって国外にすべて流出し、戻ってきたことになるからだ。しかし、戦争中のどの時期にも、流通の水路の流れが通常より減っていたとは思えない。通貨を入手する手段をもっているのに、手に入れられない人はほとんどいなかった。もっとも、貿易の利益率は戦争の間、通常より高かったし、とくに戦争の末期には高かった。このため、貿易の利益率が通常より高くなるとかならずそうなるように、イギリスの港ではどこでも、事業を拡大しすぎる傾向が広まった。そして事業を拡大しすぎた後にいつもそうなるように、通貨が不足しているとの苦情がだされるようになった。通貨が不足した人は多かったが、通貨を入手する手段をもたないか、借りるには信用がないからであった。債務者は借り入れが難しくなったので、債権者は返済を受けるのが難しくなった。しかし金も銀も一般に、対価を支払える人なら、価値に見合った対価で入手できたのである。

したがって、七年戦争の巨額の戦費は主に、金銀の輸出によってではなく、何らかのイギリス商品の輸出によって支払われたはずだ。商人は政府か政府の代理人から外国への送金を請け負った場合、手形を引き受けた外国の取引先への支払いにあたって、当然ながら金や銀ではなく、商品を送ろうとつとめる。イギリス商品に対する需要がその国になければ、他国に商品を輸出して、送金先の国を支払い地とする手形を買おうとする。相手国の市場に適した商品を輸出すれば、かならずかなりの利益を確保できるが、金や銀を輸送した場合には利益がまずでない。外国の商品を購入するために金銀を輸出する場合には、外国商品を買う取引ではなく、輸入した外国商品を売る取引で利益を確保する。だが、債務を返済するためだけに金銀を輸出した場合、それで輸入する商品はないので、利益が得られない。このため商人は当然ながら、外国の取引先への債務を金や銀の輸出によってではなく、商品の輸出によって返済しようと工夫する。ウィリアム・ノックスが『国の現状』で、七年戦争の間、イギリス商品を輸出するだけで、外国商品を持ち帰らない取引がきわめて多かったと指摘しているのは、このためだ。

商業国には上記の三種類の金銀以外にかなりの量の地金があり、貿易のために輸入され輸出されている。金銀の地金は、各国の硬貨がそれぞれの国の中で流通しているのと同様に、商業国の間で流通しているので、大きな商業圏の通貨だと考えることもできる。各国

の硬貨は、国内の商品の流れによって運動と方向が決まる。大商業圏の通貨は、各国間の商品の流れによって運動と方向が決まる。どちらも取引を容易にするために使われるが、硬貨は国内の個人間の取引に使われ、地金は違った国の個人間の取引に使われる。大商業圏の通貨の一部が七年戦争の遂行のために使われた可能性があり、おそらく実際に使われているはずである。多数の国が参戦する戦争の際には、地金の運動と方向が平時と違っていて、戦場の近くに送られ、戦場になった国か近隣諸国で、各国の軍隊の給与支払いや食料の調達に使われる地金が多くなると考えるのが当然である。しかし、大商業圏の通貨のうちイギリスが年間にこのような方法で使った部分は、イギリス商品か、イギリス商品を使って買ったものかによって毎年購入しなければならない。したがってこの場合にもやはり、戦争の遂行を可能にする資源は結局のところ、自国の商品、自国の土地と労働による年間生産物なのである。いずれにせよ、年にここまで巨額の戦費がかかっている以上、大量の年間生産物から支払われていると考えるのが当然である。たとえば一七六一年だけで、一千九百万ポンドの戦費がかかった。一年にここまでの金額を支出しているのだから、どれほどの蓄積があっても支えられない。金銀の年間生産高ですら、支えられない。スペインとポルトガルが植民地から輸入する金銀は、信頼性の高い資料によれば、通常、年に六百万ポンドを大きくは超えておらず、七年戦争の際にはこの全量でも、戦費を四か月分賄

えるかどうかという年があった。

遠方の国に輸送して軍隊への給与支払いや食料の調達に使うか、大商業圏の通貨を購入してこれらの支払いにあてるのにもっとも適した商品は、改良が進んだ高級な製造業製品だとみられる。こうした製品は容積の割に価値が高いので、遠方の国に輸出する際の輸送費が少なくてすむ。こうした製品を国内需要を大きく上回るほど生産していて、余った部分を通常、外国に輸出している国は、大量の金銀を輸出しなくても、輸出できる金や銀がまったくなくても、巨額の戦費のかかる戦争を何年にもわたって外国で遂行できる。この場合、年間に生産される製品の余剰のうちかなりの部分は、商人にとってはともかく、国全体にとっては外国商品を持ち帰らない形で輸出しなければならない。政府が外国を支払い地とする手形を商人から買って、外国に派遣した軍隊の給与支払いと食料の調達に使うからだ。それでも輸出の一部は、外国商品を輸入するのに使われる。このため戦争中、製造業には二重に需要がある。第一に、軍隊の給与支払いと食料の調達に使われる外国あての手形の支払いのために、外国に送る製品を生産するよう求められる。第二に、通常、国内で消費される外国商品を購入するのに必要な製品を生産するよう求められる。このため、とくに破壊的な戦争の間、製造業のかなりの部分が好景気になることが少なくないが、平和になると逆に衰退することもある。製造業は自国が荒廃しているときに好景気になり、

自国が繁栄を取り戻すと衰退しはじめる場合があるのだ。七年戦争の時期と平和になった後何年かについて、イギリス製造業のさまざまな部門の状態をみれば、この点を示す好例だといえるだろう。

　巨額の戦費がかかるか、何年にもわたる国外での戦争を、土地生産物の輸出によって遂行するのは容易ではない。軍隊の給与支払いと食料の調達に必要な資金を賄えるほど、土地生産物を大量に輸出すると、輸送費がかかりすぎる。それに、自国の住民の食料として必要な量を大幅に上回るほど、土地生産物を大量に生産している国はほとんどない。このため、土地生産物を大量に輸出する場合には、住民の食料として必要なものの一部を輸出にまわすことになる。製造業の製品を輸出する場合には、そうはならない。生産にあたる労働者に必要な食料は国内で消費し、生産した製品のうち余った部分だけを外国に輸出する。イングランドの王は外国で長期にわたって休みなく戦争を遂行する能力をもたなかったと、デービッド・ヒュームが何度か指摘している。当時、外国に派遣した軍の給与支払いと食料の調達のための手段として使えたのは、土地生産物といくつかのごく素朴な製品だけだったが、土地生産物は国内消費を減らしてもたいした量は輸出できないし、素朴な製品も土地生産物も輸送費がかかりすぎる。外国での戦争を継続できなかったのは、金銀が不足していたからではなく、改良が進んだ高級な製品がなかったからである。国内での

売買は当時も現在も、硬貨を使って行われている。流通している硬貨の量は、通常行われる売買の回数と総額に対する比率でみて、当時も現在と変わらなかったはずである。いや、当時は紙幣がなく、いまでは金貨や銀貨で行われてきた取引のうちかなりの部分が紙幣を使って行われているので、当時の方がこの比率が高かったはずだ。また、商業や製造業がほとんどない国では、国王は後に第五編で説明する理由で、非常時に臣下から大きな支援を受けられることはまずない。したがってこうした国では、国王は非常時に頼れる唯一の資源として、金銀を蓄積しようとつとめるのが一般的である。この必要とは別に、こうした国では国王が金銀の蓄積に不可欠な倹約の姿勢を自然に身につける状況になっている。単純な社会では、国王すらも、宮廷の派手な装飾を喜ぶ虚栄心を満たすためにではなく、農民に恩恵をほどこし、家臣に食事などをふるまうために経費を使う。そして、施しやふるまいが度を超えることはめったにないが、虚栄心はかならず度を超える。このため、遊牧民族の族長はみな、金銀を蓄えている。十七世紀にウクライナのコサックを率いていたマゼパは、スウェーデン王カール十二世（在位一六九七～一七一八年）の同盟者として有名だが、巨額の金銀をもっていたといわれている。フランク王国メロビング朝（四八一～七五一年）の国王もみな金銀をもっていた。子供たちに国を分割して相続させるときには、金銀も分けている。サクソン王国（五世紀から十一世紀）の国王や、ノルマン人の征服（一〇六六

年）の後の何代かの国王もやはり金銀を蓄積した。新しい国王が即位したとき、最初の仕事は普通、前国王が蓄積した金銀をおさえることであり、これが王位を確実に継承するために不可欠であった。社会が発達した商業国では、国王は金や銀を蓄積する必要に迫られていない。非常時には通常、国民から特別な支援を引き出せるからである。また、金銀を蓄積しようとする姿勢ももっていない。国王は自然に、そしておそらくは必然的に時代の風潮をとりいれ、王国内の大領主がみなそうしているように、度を超した虚栄心に突き動かされて経費を使うようになる。宮廷の無意味な装飾が日に日に派手になり、そのための支出で金銀を蓄積できなくなるだけでなく、必要経費にあてていた資金にすら食い込むことが少なくない。ペルシャの宮廷は華美ではあるが力強さに欠け、召使は多いが兵士はほとんどいなかったという話をクセノフォンが伝えているが、ヨーロッパ各国の宮廷も同じ状況にあるといえそうだ。

　金銀の輸入は、貿易によって国が得られる利点のうち主要なものではないし、まして唯一のものではない。どの国も貿易を行えば、二つの利点が得られる。第一に、自国の土地と労働による生産物のうち、国内に需要がなく余った部分を外国に運び、それと交換して国内に需要のある別の商品を持ち帰る。自国で不足している商品と交換することで、余った生産物が価値をもつようになるとともに、国内の生活が豊かになる。第二に、貿易によ

って、製造業のある部門で可能なかぎり分業を進めるうえで、国内市場の狭さが障害にならなくなる。貿易で大きな市場が開かれ、自国の労働による生産量が国内消費量を大幅に超えても吸収できるようになるので、生産性を向上させて年間の生産量を最大限に増やすようになり、その結果、社会の真の収入と富が増加する。貿易はそれを行うすべての国に、この重要で大きな利点をつねにもたらしている。すべての貿易国がこの利点を得ているが、貿易を担う商人が居住している国は通常、とくに大きな利点が得られる。商人は一般に、どの国よりも自国の不足を満たし、自国の余った生産物を輸出する仕事を行うからである。鉱山のない国で不足している金銀の輸入も、もちろん貿易の一つの部門である。だが、きわめて小さな部門でしかない。金銀の輸入だけのために貿易を行うのであれば、一世紀に一隻の船を運航させる必要もないだろう。

十五世紀末のアメリカ大陸の発見によってヨーロッパが豊かになったのは、金銀を輸入したからではない。アメリカ大陸の鉱山が豊かなために、金銀の価格は下落した。金銀の食器一揃いが十八世紀後半のいまでは十五世紀とくらべて、三分の一の量の穀物で、三分の一の量の労働で購入できるようになった。金や銀の食器を購入するのに使われる商品と労働の量が同じであれば、いまでは当時とくらべて三倍の量の食器を買えるようになった。そしてある商品の価格が以前の三分の一になれば、以前にその商品を買っていた人が三倍

の量を買えるだけでなく、その商品を買える人の数もはるかに多くなる。おそらく以前の十倍以上になっており、二十倍以上になっているかもしれない。このためいまのヨーロッパには、アメリカ大陸の鉱山が発見されないまま社会が現在と同じ状態にまで発達したと想定した場合と比較して、金銀の食器の数が三倍ではなく、二十倍か三十倍あるとも思える。この点では確かに、ヨーロッパにとって便利になったわけだが、これはきわめて些細なことにすぎない。半面、金銀は価格が下がったために、以前より硬貨に適さなくなった。同じものを買うにも、以前より大量の硬貨をもっていかなければならず、以前なら四ペンス銀貨でよかった買い物にも一シリング銀貨をポケットに入れておかなければならなくなった。この不便さと前述の便利さのうち、どちらの方が些細なのかは決めがたい。どちらも、ヨーロッパの状況を大きく変えるほどのものではない。しかし、アメリカ大陸の発見はもっと基本的な変化をもたらした。ヨーロッパの商品に無限ともいえる新しい市場が開かれたことで、分業がさらに進み製造業が進歩するようになった。以前には商業圏が狭い地域にかぎられていたため、大量の生産物を吸収する市場が不足していて、分業の深化と産業の進歩に限度があったのである。市場が拡大した結果、ヨーロッパのどの国でも労働の生産性が向上し、生産量が増加して、住民の真の収入と富が増加した。ヨーロッパの商品はほぼすべて、アメリカにはなかったものだったし、アメリカの商品の多くもヨーロッ

パにはなかったものである。このため、それ以前には考えられなかった交換がはじまり、旧大陸にとって明らかに利点があったように、新大陸にとっても当然に利点があったはずだ。だが、ヨーロッパ人が野蛮で非道な行動をとったために、誰にとっても有益になるはずだったアメリカ大陸の発見によって、多数の不幸な国が荒廃と破壊に苦しむ結果になった。

喜望峰を経由するアジア航路が十五世紀末のほぼ同じ時期に発見されており、距離はあるが、おそらくアメリカ大陸との間よりもはるかに広範囲に貿易を行う機会が開かれたといえるはずである。アメリカ大陸には何らかの点で未開の状態から脱していた国は二つしかなかったが、どちらもスペイン人が発見の直後に滅ぼしている。この二国以外には未開人が住んでいただけであった。これに対してアジアには中国、インド、日本などいくつもの帝国があり、金銀の鉱山の豊かさではメキシコとペルーに劣っているが、それ以外のすべての点でははるかに豊かであり、耕作が進み、産業が進んでいた。メキシコとペルーの昔の状態についてはスペイン人の著者がまったく信じるには足りない大げさな話を伝えているが、こうした話を信じるとしてもそういえる。そして豊かな文明国は、他の文明国との間の方が未開で野蛮な民族との間より、はるかに巨額の取引を行える。しかしヨーロッパはこれまでのところ、アジアとの貿易ではアメリカ大陸との貿易にくらべて、はるかに小

さな利点しか引き出せていない。当初ほぼ一世紀にわたってポルトガルがアジア貿易を独占し、ヨーロッパの他国はポルトガルを経由した間接的な形でしか、アジアに商品を送ることも、アジアからの商品を入手することもできなかった。十七世紀初めにオランダがポルトガルの独占を侵食するようになったが、アジア貿易をすべて独占企業の手に委ねた。イギリス、フランス、スウェーデン、デンマークもこれに習ったので、ヨーロッパの大国はすべてアジアとの間では自由貿易の利点を得ていない。これに対してアメリカ大陸では、ヨーロッパのほぼすべての国で、植民地との間の貿易を自国民が誰でも自由に行えるようになっており、この違い以外には、アジアとの貿易がアメリカ大陸との貿易ほど有利になっていない理由をあげる必要はないだろう。アジア貿易を独占する各国東インド会社については、排他的な特権、巨額の富、富を使って自国政府から獲得した優遇と保護を妬む声が強い。その際に、東インド会社による貿易は毎年、自国から大量の銀を輸出するので、まったく有害だと主張されることが少なくない。この主張に対して東インド会社の関係者は、この貿易で確かに銀を輸出しつづけるのでヨーロッパ全体が貧しくなるとしても、貿易を行っている国が貧しくなることはないと反論している。アジアからの輸入品の一部をヨーロッパの他国に再輸出して、毎年、持ち出した以上の銀を持ち帰っているからだという。この批判と反論はどちらも、この章で検討してきた通俗的見方に基づいている。した

がって、どちらについてもこれ以上検討する必要はないだろう。毎年、アジアに銀を輸出しているために、銀の輸出がなかった場合とくらべて、おそらくヨーロッパで銀器の価格が若干高くなり、銀貨で買える労働と商品の量が若干多くなっている。銀器の価格上昇はごく小さな損失であり、銀貨の価値上昇はごく小さな利益である。どちらもきわめて些細なので、社会が関心をもたなければならないようなものではない。アジア貿易はヨーロッパ商品の新たな市場を切り開き、ほぼ同じことだが、ヨーロッパ商品で購入される金銀の新たな市場を切り開き、その結果、ヨーロッパ商品の年間生産高の増加をもたらす要因になり、ヨーロッパの真の富と収入の増加をもたらす要因になるはずである。これまでのところ、この好影響がごく小さいのは、おそらくどの国でもアジア貿易に制約を設けているためであろう。

　富とは通貨、つまり金銀にあるとする通俗的な見方について、冗長になる恐れはあっても、十分に検討する必要があるとわたしは考えた。前述のように、日常の言葉では、「金《かね》」は「富」を意味することが多い。「金」という言葉の意味がこのように曖昧なことから、富とは金《かね》だとする俗説がなじみやすくなっており、この俗説は馬鹿げていると確信している人でも、議論を進めていくとともに自分の基本的な考えを忘れ、この俗説を否定のしようのない確実な真実であるかのように扱うことになりやすい。商業について論じたイギリス

の優れた著者のうち何人かは、国の富とは金銀だけにあるのではなく、土地、建物、各種の消費財にあるとの見方から出発しながら、議論を進めていくうちに土地、建物、消費財のことは忘れて、富とは金銀であり、金銀を増やすことが国の商工業にとって最大の目的だと考えているかのような主張に往々にして陥っている。

だが、富とは金銀であるとする考え方と、鉱山をもたない国は貿易収支の黒字によってしか、つまり輸入総額よりも輸出総額を多くすることによってしか金銀を入手できないとする考え方が確立すると、その必然的な結果として、国内消費用の外国商品の輸入をできるかぎり減らすとともに、国内産業の生産物の輸出をできるかぎり増やすことが経済政策の大目標になった。国を豊かにする方法は、輸入の規制と輸出の奨励の二つになった。

輸入規制策には二つの種類がある。

第一は、国内で生産できる商品の国内消費用輸入を、どの国からのものでも規制する政策である。

第二は、二国間の貿易収支が自国に不利になっているとみられた国からの輸入を、ほぼすべての商品にわたって規制する政策である。

この二種類の規制策として、ときには高率の関税が使われ、ときには完全な輸入禁止が使われる。

輸出奨励策には、戻し税、輸出奨励金、外国と結ぶ有利な通商条約、遠く離れた国での植民地建設がある。

戻し税は、二つの場合に与えられる。国内の商品に物品税が課されている場合、輸出にあたって、その全部か一部が払い戻されることが多い。また、関税がかかる商品を再輸出のために輸入した場合、再輸出にあたって輸入関税の全部か一部が払い戻されることがある。

輸出奨励金は、幼稚産業の奨励のためか、特別に優遇する必要があるとされた産業の奨励のために与えられる。

有利な通商条約では、相手国で自国の商品や商人が、どの国の商品や商人よりも大きな特権を獲得する。

遠く離れた国での植民地建設では、本国の商品と商人は個々の特権にとどまらず、独占権を与えられることが多い。

商業中心の考え方ではこの二種類の輸入規制策と四種類の輸出奨励策を主要な手段として、貿易収支を黒字にし国内の金銀の量を増やすよう提案している。以下ではこの六つの手段にそれぞれ一つの章を割り当てて検討していくが、それぞれの政策が金銀を増やす要因になるとする見方について深く検討することは避け、主に産業の年間生産物に与える影

響を検討していく。これらの政策は年間生産物の増加か減少をもたらすことによって、国の真の富と収入を増加させるか減少させる要因になるはずである。

第二章　国内で生産できる商品の輸入規制

国内で生産できる商品の輸入を高関税か完全な輸入禁止で規制すれば、その商品を生産する国内産業は、国内市場をほぼ独占できるようになる。たとえば生きた家畜や塩漬け食肉の輸入禁止によって、イギリスの畜産業は食肉の国内市場を独占できている。穀物の輸入に高関税が課されていて、平年作の年には輸入が事実上不可能になっているため、穀物の生産者が同様の利益を得ている。毛織物の輸入禁止で、毛織物生産者が有利になっている。絹織物業は外国産の原料だけを使っているが、最近になって同様の独占を認められた。亜麻布産業はまだこの独占を獲得していないが、獲得に向けて努力している。その他にも多数の製造業が、イギリス国内市場の完全な独占を認められるか、それに近い奨励策を獲得している。イギリスで輸入が完全に禁止されているか、ある状況で禁止されている商品はきわめて多く、関税法に精通していない人には想像もつかないほど多種多様である。

国内市場の独占によって、それを認められた産業は大きな刺激を受け、社会の労働と資

本のうちその産業に使われる部分の比率は、本来よりも高くなることが多い。この点を疑う余地はない。だが、そのために社会全体で産業活動が盛んになるのかどうか、産業活動がほんとうに有利な方向に向けられるのかどうかは、おそらくそれほどはっきりしていない。

社会の労働の総量が、社会全体の資本で雇用できる総量を上回ることはありえない。雇い主が雇える労働者の数は雇い主の資本の総額に比例するはずである。したがって社会全体で継続して雇える労働者の数は、社会の総資本に比例するはずであり、この比率で決まる数を上回ることはできない。商業のどのような規制でも、社会の資本で維持できる以上に社会全体の労働の量を増やすことはできない。規制によってできるのは、労働の一部を本来のものとは違う方向に振り向けることだけである。そして、この人為的な方向が自然にまかせたときにとられる方向よりも社会にとって有利なのかどうかは、まったく明らかではない。

人はみな、自分が使える資本でもっとも有利な使い道を見つけ出そうと、いつも努力している。その際に考えているのは、自分にとって何が有利なのかであって、社会にとって何が有利かではない。だが、自分にとって何が有利かを検討すれば自然に、というより必然的に、社会にとってももっとも有利な使い道を選ぶようになる。

第一に、誰でも自分の資本をできるかぎり近い場所で使おうとし、その結果、国内の労働を最大限に支える形で使おうとする。資本で通常の利益率、少なくとも通常の水準よりそれほど低くない利益率を確保できるのであれば、そうする。

このため、利益率が同じかあまり変わらないのであれば、卸売り商人はみな自然に、国内消費用の貿易より国内取引を選び、中継貿易より国内消費用貿易を選ぶ。国内取引であれば国内消費用貿易とは違って、自分の資本が長期にわたって目の届かないところにある状態が頻繁に起こるわけではない。それに、信用を供与した取引先の性格や状況を十分に知ることができるし、だまされるようなことがあっても、熟知している法律で救済を求めることができる。中継貿易の場合には、商人は資本をいうならば二つの外国に投じており、その一部を母国に持ち帰るとはかぎらないし、みずから監視し管理する機会があるとはかぎらない。アムステルダムの商人がバルト海沿岸のケーニヒスベルグからポルトガルのリスボンに穀物を輸出し、リスボンからケーニヒスベルグに果物とワインを輸出する中継貿易を行うとき、商人の資本である商品のうち半分はケーニヒスベルグにあり、残り半分はリスボンにあるのが通常になるはずである。アムステルダムにその一部がある必要はない。この貿易を行う商人にとってケーニヒスベルグかリスボンに住むのが自然であり、アムステルダムに住むのが好ましいと考えるのは、何か特別な事情がある場合だけである。しか

し、商人は自分の資本が遠くにあるのを不安に感じるので、通常、リスボン市場向けに購入したケーニヒスベルグの商品とケーニヒスベルグ市場向けに購入したリスボンの商品の一部を、アムステルダムに取り寄せようとする。そうすれば貨物の積み下ろしの経費が二重にかかるし、ある程度の関税も支払わなければならなくなるが、自分の資本の一部をつねに監視し管理できるようにするために、商人はこの追加経費を喜んで負担する。このため、中継貿易でかなりの地位を占めている国はかならず、さまざまな貿易相手国から商品が集まる一大集散地になる。商人は貨物の積み下ろしの経費を二重に負担しなくてすむように、各国から集めた商品をできるかぎり国内で売ろうとし、したがって中継貿易をできるかぎり国内消費用の貿易に転換しようとする。同様に、国内消費用の貿易を行っている商人も、外国市場向けに商品を集めたとき、利益率が同じかあまり変わらないのであれば、なるべく国内で売ろうとする。こうして貿易をできるかぎり国内取引に転換することで、輸出の手間とリスクを軽減する。このように、どの国の居住者の資本もいわば自国を中心に循環し、かならず自国に引き寄せられるのであり、特別の要因があったときに、遠くの国に追いやられることがあるだけである。そして前述のように、国内取引に使われる資本は国内消費用の貿易に使われる同じ量の資本よりも、国内の労働を支える力が強く、収入と仕事を得る国内居住者の数が多い。また、国内消費用の貿易に使われる資本は中継貿易

に使われる同じ量の資本とくらべて、同じ利点をもっている。このため、利益率が同じかあまり変わらないのであれば、誰でも自然に、国内の労働を支える力がとくに強く、収入と仕事を得る国内居住者の数が多くなる方法で自分の資本を使おうとする。

第二に、国内の労働を支えるために自分の資本を使う人は誰でも、できるかぎり価値の高い生産物の生産に労働を振り向けようとする。

労働の生産物とは、労働によって対象物、原材料に付け加えられたものである。この生産物の価値が高いか低いかに比例して、雇い主の利益が多いか少ないかが決まる。雇い主が自分の資本を使って労働を支えるのは、利益を得る目的だけのためである。そこで誰でも生産物の価値がもっとも高くなると予想される労働を、言い換えれば生産物をもっとも多くの金銭か他の商品と交換できると予想される労働を支えようと努力する。

ところで、どの社会でも年間の総収入はつねに、労働による年間の総生産物の交換価値に正確に一致する。というより、この交換価値とまったく同じものである。このため、各人が自分の資本をできるかぎり国内の労働を支えるために使い、しかも労働を生産物の価値がもっとも高くなるものに振り向けようと努力するのだから、各人はかならず、社会の年間の収入ができるかぎり多くなるように努力することになる。もっとも、各人が社会全体の利益のために努力しようと考えているわけではないし、自分の努力がどれほど社会の

ためになっているかを知っているわけでもない。外国の労働よりも自国の労働を支えるのを選ぶのは、自分が安全に利益をあげられるようにするためにすぎない。生産物の価値がもっとも高くなるように労働を振り向けるのは、自分の利益を増やすことを意図しているからにすぎない。だがそれによって、その他の多くの場合と同じように、見えざる手に導かれて、自分がまったく意図していなかった目的を達成する動きを促進することになる。そして、この目的を各人がまったく意図していないのは、社会にとって悪いことだとはかぎらない。自分の利益を追求する方が、実際にそう意図している場合よりも効率的に、社会の利益を高められることが多いからだ。社会のために事業を行っている人が実際に大いに社会の役に立った話は、いまだかつて聞いたことがない。もっとも社会のためという考え方は、商人の間ではあまりみられないものなので、そのように考えるのをやめるべきだと説得するために言葉をつくす必要はない。

　国内産業のうちどの部分に資本を使うべきか、どの部門であれば生産物の価値がもっとも高くなるのかは明らかに、政治家や立法者に判断してもらうまでもなく、各人がそれぞれの状況に応じてはるかに的確に判断できる。政治家にとって、資本をどのように使うべきかを民間人に指示しようとすれば、配慮する必要などまったくない点に配慮する結果になるだけでなく、一人の人に任せることなどできないし、どのような協議会や議会にも安

心して任せることができない権限、自分こそがそれを行使する適任者だと思い込むほど愚かで身の程を知らない人物が握れば危険このうえない権限を引き受ける結果になる。

何らかの製造業で国内の生産物に国内市場の独占権を与えると、ある意味で、各人の資本をどのように使うべきかを民間人に指示することになるので、ほとんどすべての場合に無益か有害な規制になるはずである。国内の生産物が外国の生産物と変わらないほど安い価格で国内市場に供給できるのであれば、この規則は明らかに無益である。それほど安くは供給できないのであれば、一般に有害であるはずだ。賢明な家長なら、買う方が安くつくものは自分の家で作らないようにするのが当然である。仕立て屋は靴を自分で作ろうとせず、靴屋で買う。靴屋は服を自分で作ろうとせず、仕立て屋に注文する。農民は靴も服も自分では作らず、それぞれの職人に注文する。みな、近隣の人たちより多少とも優位に立っている仕事に専念し、生産物の一部かその対価で、必要とするものを買うのが自分の利益になることを知っている。

民間のどの家庭にとっても賢明な行動が、大国にとって愚かな行動であることはめったにない。自国で生産するより安い価格で外国から買える商品があれば、自国の労働は自国が多少とも優位にある産業に投じ、自国の生産物の一部でその商品を外国から買う方がいい。国全体の労働の総量は、それを雇用する資本にかならず比例するので、前述の仕立て

屋や靴屋の場合と同じように、この方法をとっても減ることはなく、とくに有利な方法を探して自由に使えるようになるだけである。これに対して、自国で生産するより安く外国から買える商品に労働を振り向けるよう指示した場合には、労働をもっとも有利な方法で使うことにはならない。この場合、指示された商品の生産には、明らかにもっと価値が高い商品の生産から労働が振り向けられるので、年間生産物の価値は、多少なりとも確実に減少する。ここでの想定で生産されるようになるのは、自国で生産するより安い価格で外国から買える商品なのである。したがって自然の動きに任せた場合には、同じ量の資本で雇用される労働の生産物かその対価のうち一部だけで、その商品を外国から購入できる。このような商品を国内で生産すれば、国内の労働は有利な用途から不利な用途に振り向けられることになり、年間生産物の交換価値は立法者の意図の通りに増えるどころか、規制のそれぞれによってかならず減少する。

輸入規制によって、ある製造業の確立を早められる場合も確かにあり、一定の期間がたてば、外国と変わらないか、もっと安く商品を生産できるようになる場合もあるだろう。その結果、社会の労働が自然の動きに任せた場合より早く、有利な形でその製造業に振り向けられるとしても、社会の労働の総量も、収入の総額もそうした規制によって増やせるわけではまったくない。社会全体の労働は、社会全体の資本の増加に比例してしか増える

ことはなく、資本は収入のなかから少しずつ蓄えることができる部分に比例してしか増えない。ところが輸入規制は、直接には社会の収入を減らす要因になるので、資本と労働の用途が自然に決まるに任せた場合と比較して、資本の増加が速くなるとは考えにくい。

輸入規制がないために、自国の社会がその製造業を確立できなくなるとしても、そのために社会がどの時期にもかならず貧しくなるということはできない。どの時期にも、社会全体の資本と労働は、意図した方法とは違っていても、その時点でもっとも有利な方法で使われうる。どの時期にも、資本で獲得できる上限まで収入を増やすことができ、資本と収入がともに最大限に速く増加することができるだろう。

ある商品の生産に関して、一つの国が他の国よりも圧倒的に有利な自然条件に恵まれていて、その国と競争するのは無駄な努力だと世界中が認めている場合がある。たとえばスコットランドでも、温室を使い、床や壁を温めれば、上質の葡萄《ぶどう》を収穫でき、高級なワインを生産できるだろうが、外国から同じような品質のワインを買うより三十倍ほどの経費がかかるだろう。スコットランドでボルドー産やブルゴーニュ産に匹敵するワインを生産するよう促すためだけに、外国産ワインの輸入を禁止するのは適切な法律だといえるだろうか。だが、外国から同じ量の商品を買うのに必要な量の三十倍もの資本と労働を一つの商品の生産に振り向けるのが明らかに馬鹿げているとするなら、三十分の一でも、三百分

の一ですらも余分に振り向けるのは、それほど明白ではないにしろ、やはりまったく同じ種類の馬鹿げた行為だといえるはずである。ある国の優位が自然条件によるものでも、社会的なもの、習い覚えたものでも、この点に違いはない。ある国が優位にあり、別の国が優位にないのであれば、優位にない国にとってつねに、自国で生産するより優位にある国から買う方が有利になる。職種が違う手工業者の間では、各人の優位はすべて習い覚えたものだが、それでも自分の職種の仕事ではないものは自分で作るよりも、他の手工業者から買う方が有利であることを知っている。

自国市場の独占によってとくに有利になるのは、商工業者である。家畜と塩漬け食肉の輸入が禁止され、穀物には高率の輸入関税が課され、平年作の年には輸入が事実上不可能になっているが、同様の規制で商工業者が有利になっているほどには、イギリスの畜産業や農業の経営者が有利になっているわけではない。製造業の製品、とくに高級品は、穀物や家畜よりもはるかに容易に一国から他国に輸送できる。このため、貿易は主に製品を集め運ぶものになっている。製品であれば、外国の製造業の方がごくわずかに優位にあるだけでも、国内市場ですら、国内の製造業のものより安い価格で外国製品が販売される。土地生産物では、外国の優位がきわめて大きくなければ、こうはならない。外国製品の輸入を自由にした場合、国内製造業のうちいくつかがおそらく打撃を受け、一部は壊滅して、

現在これらに使われている資本と労働のうちかなりの部分は、他の仕事を探さざるをえなくなるだろう。しかし土地生産物の場合には、輸入を完全に自由にしても、イギリスの農業にそこまでの影響が及ぶことはありえない。

たとえば、外国の家畜を自由に輸入できるようにしても、ごく少量を輸入できるだけなので、イギリスの畜産業はほとんど影響を受けないだろう。家畜はおそらく、陸上輸送よりも海上輸送の方がコストがかかる唯一の商品だろう。陸上なら、市場まで歩かせることができる。海上では、家畜だけでなく、飼料と水を同時に運ばなければならず、費用と手間が少なからずかかる。アイルランドからはイギリスまでの海上輸送路がごく短いので、家畜の輸送はそれほど難しくない。それでも、最近、期間を限って実施された輸入自由化が恒久的になっても、イギリスの畜産業に大きな影響を与えることはないだろう。イギリスのうちアイリッシュ海の沿岸地域はすべて、放牧地帯である。アイルランドの家畜を輸入しても、この地域の需要を満たすものにはならず、広大な放牧地帯を通り、その間に少なからず費用と手間をかけて、需要のある市場まで歩かせるしかない。太った家畜はそれほどの距離を歩かせるわけにはいかない。そこで痩《や》せた家畜しか輸入できない。痩せた家畜の輸入は飼育と肥育を行っている地域にとって不利にならず、痩せた家畜の価格が下がるので、逆に有利になる。打撃を受けるのは繁殖地域だけである。しかし、輸入が解禁さ

れた後、アイルランドから輸入された家畜は少なく、痩せた家畜はいまでも高い価格で売られているので、アイルランドからの家畜輸入の自由化によっても、繁殖地域すら大きな影響は受けないことが示されているように思える。アイルランドでは庶民が家畜の輸出に激しく反対することがあるという。だが、輸出商人が家畜輸出の継続に大きな利点があるとみているのであれば、法律を後ろ楯にできるのだから、暴力的な反対を簡単に克服できるだろう。

また、飼育・肥育地域はかならず土地改良が進んでいるはずであり、繁殖は一般に未耕作地で行われる。痩せた家畜の価格が高いと未耕作地の価値が高まり、土地改良を妨げる補助金のように作用する。国土全体で開発が進んでいる国では、家畜を繁殖するより、痩せた家畜を輸入する方が有利である。オランダは現在、その方法をとっているという。スコットランドとウェールズ、そしてイングランド北部のノーサンバーランドの山岳地帯は、土地をそれほど開発できず、自然条件を考えれば、イギリスの家畜繁殖地域になるしかないようだ。家畜の輸入を完全に自由化しても、これら地域が国内の他地域での人口増加と土地改良の進展を利用して、繁殖した家畜の価格を法外な水準に引き上げ、改良と耕作が進んだ地域に実質的な税金をかけるのを妨げること以外に、何の影響もないだろう。

塩漬け食肉の輸入を完全に自由化しても、家畜の場合と同じように、イギリスの畜産業

にはほとんど影響がないだろう。塩漬け食肉は嵩《かさ》張るだけでなく、生の食肉と比較して品質が低いうえ、余分な労働と経費をかけるので、価格も高い。このため、国内で生産される塩漬け食肉とは競争しても、生の食肉と競争することはない。遠洋航海の船などでは食料として使われるが、一般的な食料として大量に使われるようになることはありえない。アイルランドからの輸入が可能になって、少量の塩漬け食肉が輸入されたが、国内の畜産業が輸入を懸念する理由がないことが実証される結果になった。塩漬け食肉の輸入によっても、食肉価格は目に見えるほどの影響を受けなかったようだ。

穀物の輸入を自由化しても、イギリスの農業経営者の利益にはほとんど影響を与えないだろう。穀物は食肉以上に嵩張る商品である。重量一ポンドの小麦が一ペニーであれば、重量一ポンドの食肉が四倍の四ペンスのときと変わらないほど高値である。大凶作の年にすら穀物の輸入量が少ない点をみれば、穀物の完全自由化を恐れる理由がないことを農業経営者は納得できるかもしれない。きわめて豊富な知識に基づいて穀物貿易に関する論文を書いたチャールズ・スミスによれば、年平均の輸入量はすべての種類の穀物を合計しても二万三七二八クォーターにすぎず、年間消費量の五百七十一分の一にすぎない。だが、穀物の輸出奨励金のために豊作の年の輸出量が多くなるので、不作の年の輸入量も農業の現状で自然な水準より多くなる。輸出奨励金のために、豊作の年に穀物が余っても、別の

年の不足を補うためには使われないので、平均輸出量がかならず多くなり、したがって、農業の現状で自然な水準より、平均輸入量も多くなるはずである。輸出奨励金制度がなければ、穀物の輸出量は少なくなり、したがって平均輸入量もおそらく少なくなる。穀物商人、つまりイギリスと外国の間で穀物を取引する商人は仕事がかなり少なくなり、大きな打撃を受けるだろう。しかし農村の大地主と農業経営者は、ほとんど打撃を受けないだろう。このため輸出奨励金制度の更新と継続にとくに熱心なのは、知りえたかぎり、農村の大地主や農業経営者ではなく穀物商人である。

　農村の大地主と農業経営者には大いに名誉とすべき点があり、どの階層とくらべても、独占を追求する浅ましい精神をもつことが少ない。製造業で大がかりな事業を行う事業主は、同じ種類の製造所が二十マイル以内にできると、大いに警戒することがある。オランダ人のある実業家はフランス北部のアベビルで毛織物業をはじめるにあたって、同市から三十リーグ（約百五十キロ）以内には同種の製造所を作らせないことを条件とした。これに対して農業経営者や大地主は一般に、近隣の農場や地所の改良と耕作を妨げようとするのではなく、逆に助けようとする。製造業者の大部分は有利な方法が見つかったときにそれを秘密にするが、農業経営者や大地主は逆に隣人に話し、できるかぎり新しい方法を広げようとする。ローマの政治家、大カトーは「農民は生活がとくに安定しており、嫉妬され

ることがとくに少なく、同業者同士が悪意をもつことがとくに少ない」と論じている。農村の大地主と農業経営者は国内各地に分散して住んでいるので、簡単には団結できない。これに対して商工業者は都市に集まって住んでおり、都市に一般的な排他的同業組合の精神に慣れ親しんでいるので、それぞれの都市の住民に対して一般にもっているのと同じ排他的特権を、国民すべてに対しても獲得しようと自然に努力する。したがって、外国製品の輸入を規制し、国内市場の独占を確保する制度を考えだしたのは商工業者だと思われる。イギリスの大地主と農業経営者が自分たちの状況から自然にもつ寛大さを忘れ、穀物と食肉を国民に独占的に供給する権利を要求するまでになったのはおそらく、商工業者の真似をし、自分たちを抑圧しようとしている相手と対等の立場に立つためであったとみられる。自分たちの場合には手本にした商工業者とくらべて、貿易を自由化したときの利害への影響がいかに小さいかを、おそらくじっくり考えることがなかったのだろう。

穀物と食肉の輸入を法律で無期限に禁止すれば、事実上、国内の人口と労働を将来にわたって、国内の土地生産物で支えられる範囲に限定することになる。

しかし、外国の商品に負担を課して国内産業を奨励するのが一般に有利になる場合が二つあると思える。

第一の場合は、ある種の産業が国防のために必要なときである。たとえばイギリスを防

衛するにあたって、船員と船舶の数はきわめて重要だ。航海法は自国の貿易に外国の船舶を使うことをある部分では完全に禁止し、別の部分では重い負担を課して、イギリスの船舶と船員に独占権を与えており、その点できわめて適切な試みである。航海法の主要な規定は以下の通りである。

第一に、船主と船長、そして船員の四分の三以上がイギリス国民でないかぎり、どのような船舶もイギリス植民地向けの貿易とイギリスの沿岸商業に使用してはならず、これに違反した場合には、船舶と積み荷が没収される。

第二に、多数の品目の嵩張る商品をイギリスに輸入するにあたっては、第一項に記した意味でのイギリス船か、商品の生産国に所属していて、船主と船長、そして船員の四分の三以上が生産国の国民である船舶のいずれかを使わなければならない。生産国の船舶を使って輸入された場合にも、二倍の外国人関税を課す。その他の国の船舶を使って輸入された場合には、船舶と積み荷が没収される。現在でもそうだが、航海法が制定されたとき、オランダが海運大国であり、この規定によってオランダ船はイギリスの貿易から完全に締め出され、ヨーロッパの他国の商品をイギリスに運ぶことができなくなった。

第三に、多数の品目の嵩張る商品を輸入するにあたって、イギリスの船舶を使った場合ですら、生産国以外の国からの輸入が禁止され、これに違反した場合には、船舶と積み荷

が没収される。この規則もおそらく、オランダを標的にしたものである。オランダは当時もいまもヨーロッパのすべての商品が集まる一大集散地であり、この規則によってイギリス船がオランダで、ヨーロッパの他国の生産物を積み込むことができなくなった。

第四に、すべての種類の塩漬け魚、鯨の髭《ひげ》、鯨の骨、鯨油、鯨脂はイギリス船で捕獲され処理されたものを除き、イギリスに輸入した場合に二倍の外国人関税を課す。オランダはいまでも水産物の主要な輸出国だが、当時はヨーロッパで唯一の輸出国であった。この規則によって、イギリスへの水産物輸出に重い負担が課された。

航海法が制定されたとき、イングランドとオランダは戦争をしていたわけではないが、対立がきわめて激しくなっていた。清教徒革命（一六四二年）の長期議会の時期に両国の対立がはじまり、一六五一年に航海法が制定され、その後間もなくクロムウェル護民官（一六五三～五八年）とチャールズ二世（治世一六六〇～八五年）の時代に三回にわたるイギリス・オランダ戦争になって爆発した。したがって、有名な航海法の規定のうちいくつかは、オランダへの敵意によるものだと考えられなくもない。しかし、同法の規定はきわめて慎重に考え抜かれて制定されたかのように、賢明である。当時、オランダへの反感が、きわめて慎重に考え抜かれた助言に従ったかのように、イングランドの安全を脅かしうる唯一の海軍国、オランダの海軍力を弱めることに向けられていたのである。

航海法は、貿易のためには好ましくないし、貿易で国を一層豊かにするためにも好ましくない。商人にとって取引相手との関係でそうであるように、国にとっても外国との通商関係でできるかぎり安く買い、できるかぎり高く売ることが利益になる。そして、安く買える可能性がとくに高くなるのは、貿易を完全に自由にして、自国が買いたい商品を各国が売りにくるのを奨励しているときである。同じ理由で、高く売れる可能性がとくに高くなるのは、市場に多数の買い手が集まるときである。航海法は確かに、イギリス産業の生産物を買うために入港する外国船には負担を課していない。昔の外国人関税すら、以前には外国人が輸出入するすべての商品にかけられていたが、その後のいくつもの法律によって、大部分の輸出品で撤廃されている。しかし、外国人の商人は、輸入の禁止か高関税によって商品をイギリスで売るのが妨げられていれば、イギリスの商品を買いにくることができるとはかぎらなくなる。空荷でくれば、自国からイギリスまでの輸送料を得られないからだ。このため、売り手の数が減るので買い手の数も減ることになり、貿易が完全に自由である場合とくらべて外国商品を高く買う結果になるうえ、自国商品を安く売る結果にもなる可能性が高い。しかし、国防は豊かさよりもはるかに重要であり、航海法はおそらく、イングランドの商業法のなかでもっとも賢明なものだといえるだろう。

外国の商品に負担を課して国内産業を奨励するのが一般に有利になる第二の場合は、国

内産業の生産物に国内で税金がかかっているときである。この場合、外国の同様の商品にも同じように税金をかけるのが適切だと思える。このような税金では、国内産業に国内市場の独占権を与えることはないし、自然に任せた場合より高い比率で国内の資本と労働をその産業に振り向けることもない。国内の資本と労働の一部が税金のために、自然な用途からそれほど自然ではない用途に振り向けられるのを防ぐだけであり、税金をかけた後にも、税金をかける前とできるかぎり同じ条件で国内産業と外国産業が競争できるようにするだけである。イギリスで国内産業の生産物に課税する場合、国内市場で外国商品との価格競争に負けると商工業者が騒ぎ立てるのを防ぐために、同じ種類の外国商品のすべてにもっと重い関税を同時にかけるのが通常である。

　この第二の場合、関税による貿易の自由の制限は、課税対象の国内商品と直接に競合する外国商品だけでなく、もっと広範囲に実施するべきだとする意見もある。生活必需品に税金をかけた場合、他国から輸入される同様の生活必需品だけではなく、国内産業の生産物と競合しうるすべての外国商品に関税をかけるのが適切だと主張されている。国内産の生活必需品に税金をかけると、生活費がかならず高くなり、労働者の生活費が高くなった分、かならず労働の価格が上昇する。したがって、税金の対象になっていない商品も含めて、国内産業の生産物のすべてで、それを生産する労働の価格が上昇するので、商品価格

も上昇する。このため、生活必需品に課税すれば、実際には国内で生産されるすべての商品に課税したことになる。国内産業が外国の産業と対等に競争できるようにするには、国内産商品の価格上昇に見合って、それと競合するすべての外国商品に関税をかける必要がある。そう主張されているのだ。

イギリスでは石鹼、塩、皮革、蠟燭《ろうそく》などの生活必需品に税金をかけているが、それによってかならず労働の価格が上昇し、その結果、すべての商品の価格が上昇するかどうかは、後に第五編で税金を扱う際に検討する。しかしさしあたってこのような影響があると想定しても（その点に疑問の余地があるわけではないが）、労働価格の上昇による商品全体の価格上昇は、直接に税金を課された商品での価格上昇とは、二つの点で事情が違っている。

第一に、直接に課税された商品の場合、税金によってどれほど価格が上昇するのかは、つねにきわめて正確に分かる。だが、労働の価格が全体的に上昇した結果、労働によって生産された各種商品の価格にどれほどの影響が及ぶかをある程度正確に知ることはできない。このため、外国商品に対する関税をある程度正確に国内産商品の価格上昇に合わせることは不可能であろう。

第二に、生活必需品に対する課税は、土壌が痩《や》せ、気象条件が悪い場合とほぼ同じ影響を国民の生活条件に与える。その結果、農業に通常以上の労働と費用が必要になった場合

と同じように、食料品の価格が高くなる。土壌と気候という自然環境のために食料品が不足しているときに、資本と労働をどのように使うべきかを国民に指示するのが馬鹿げているように、税金によって生じた人為的な不足の際にも、このような指示を行うのは馬鹿げている。各人が状況にできるかぎり適応する形で労働を使い、状況が厳しいなかで国内市場か外国市場で何らかの優位を確保できる仕事を自由に探せるようにするのが、どちらの場合にも国民にとって明らかにもっとも有利になる。税金の負担が重いから新しい税金をかけ、生活必需品に重い税がかかっているから他の商品の大部分についても重い税金をかけるというのは、どうみてもとんでもなく馬鹿げている。

　そうした税金がある水準まで高くなると、不毛な土地、大荒れの気候と変わらないほどの災いになるが、そうした税金がとくに一般的に課されているのは、とくに裕福で勤勉な国である。それ以外の国では、そこまでの非道に耐えられない。とくに頑強な人だけが間違った健康法にも耐えて健康を維持できるように、自然条件か社会的条件によって、各種の産業で強力な優位を確保している国だけが、そうした税金のもとでも存続でき繁栄できる。オランダはヨーロッパでそうした税金がもっとも多い国だが、特別な環境があるために、これらの税金があるにもかかわらず繁栄しているのであり、これらの税金があるから繁栄していると考えるのはまったく馬鹿げている。

以上のように、外国の商品に負担を課して国内産業を奨励するのが一般に有利になる場合は二つあるが、ときには検討の対象になりうる点もやはり二つある。第一は、ある種の外国商品の自由な輸入をどこまで続けるのが適切なのかである。第二は、ある程度の期間にわたって中断されてきた自由な輸入を、どこまで、どのような方法で回復するのが適切かである。

ある種の外国製品の自由な輸入をどこまで続けるのが適切なのかが検討の対象になるのは、外国が高関税をかけるか輸入を禁止したために、自国の製造業製品の一部をその国に輸出するのが制約されたときである。このような場合には、報復のために対抗措置をとろうと考えるのが自然であり、同様の高関税か輸入禁止によって、その国の製造業製品の一部か全部の輸入を規制すべきだと主張される。このため、どの国でもそのような対抗措置が取られないことはめったにない。フランスはとくに、自国の商品と競合しうる外国商品の輸入を規制して、自国の製造業を熱心に優遇してきた。コルベール財務総監（在任一六六一〜八三年）はこれを政策の柱としており、きわめて有能な政治家ではあるが、この政策では自国市場での独占権をつねに求める商工業者の詭弁に乗せられていたようだ。現在では、フランスでもとくに優秀な論者の多くは、この種の政策が自国の利益になるものではなかったと考えているようだ。コルベールは一六六七年の関税法によって、多数の外国製

品にきわめて高率の関税を課した。オランダは関税率引き下げの要求が受け入れられなかったため、一六七一年にフランスのワイン、ブランデー、工業製品の輸入を禁止した。一六七二年のオランダ戦争は、この通商紛争を一因とするものだったようだ。一六七八年のナイメーヘン平和条約によって戦争は終わり、フランスが関税の引き下げでオランダにある程度譲歩し、オランダは輸入禁止を撤廃した。ほぼ同じ時期に、フランスとイングランドも、同様の高関税や輸入禁止によって互いに相手国の産業を抑圧するようになったが、これはフランスが先例を作ったもののようだ。それ以降、両国間の敵対が続いており、どちらの側でも高関税や輸入禁止の緩和が妨げられている。一六七九年にイングランドは、フランドル地方で生産される麻レースの輸入を禁止した。当時スペインの支配下にあったフランドル政府は、報復措置としてイングランドの毛織物の輸入を禁止した。一七〇〇年にイングランドは、フランドル地方が毛織物の輸入を以前と同様に認めることを条件に、麻レースの輸入禁止を撤廃した。

この種の報復措置は、問題の高関税や輸入禁止を撤回させる可能性が十分にあれば、適切な政策かもしれない。大規模な外国市場を回復できれば通常、短期間だけある種の商品の価格が高くなる不利益を十二分に補える。報復措置によって狙い通りの結果が得られるかどうかはおそらく、つねに同じ一般原則にたってものごとを考えるべき立法者の学で取

り扱うべき問題ではなく、その時々の状況の変化にしたがって考え方を変える狡猾《こうかつ》でしたたかな連中、俗に政治家、政治屋と呼ばれる人の技量に任せるべき問題だと思われる。相手国が撤回する見込みがないのであれば、自国民の一部の業種が被った被害を埋め合わせるために、その業種だけでなく、ほぼすべての業種にさらに打撃を与えるのは、まずい方法だと思える。近隣の国がある種のイギリス製品の輸入を禁止した場合、イギリスは、同種の製品の輸入を禁止しても相手国に打撃を与えることはまずできないので、相手国の別の製品の輸入を禁止するのが通常である。これによって、国内でその製品を製造している生産者は疑いもなく刺激を受け、競争相手の一部が排除されたことから、国内市場で製品価格を引き上げられる場合もあるだろう。しかし、近隣の国の輸入禁止によって打撃を受けた生産者は、別の製品の輸入禁止によって利益を得られるわけではない。それどころか、その業種の人にかぎらず国民のほぼすべてが、対象の製品に対してそれ以前より高い価格を支払わなければならなくなる。したがってこうした法律はいずれも、近隣国の輸入禁止で打撃を受けた業種のためにではなく、他の業種のために国民全体に事実上の税金を課すものである。

　ある程度の期間にわたって中断されてきた自由な輸入を、どこまで、どのような方法で回復するのが適切かが検討対象になりうるのは、ある製造業が競合しうる外国製品のすべ

てに対する高関税か輸入禁止によって大きく拡大し、多数の労働者を雇うようになったときである。その際には人道上の観点から、自由貿易をゆっくりと段階的に、きわめて慎重に再開すべきだろう。高関税と輸入禁止を一気に撤廃すると、同じ種類の安価な外国製品が急速に国内市場に流入して、何千人、何万人もの国民が一度に定職を失い、生計の道をたたれることになりかねない。これによる混乱は、疑いもなく大きいだろう。だが、その混乱はまず確実に、一般に想像されるよりはるかに小さいはずである。その理由は二つある。

第一に、輸出奨励金を受けることなく、製品の一部をつねに他のヨーロッパ諸国に輸出している製造業は、外国製品の輸入を完全に自由化しても、ほとんど影響を受けないだろう。そうした製造業の製品は海外市場で、同じ種類、同じ品質の外国製品と変わらないほど安い価格で販売されているはずであり、したがって国内市場では、外国製品より安い価格で販売できるはずである。このため、輸入を完全に自由化しても、国内市場を引き続き支配できるだろう。気まぐれな上流階級のなかには、輸入品だというだけの理由で外国製品を好み、もっと安いし品質も高い同じ種類の国内製品を選ばない人もいるだろうが、ものごとの性質上、こうした道楽はごく少数の人にしか広がらないので、国民の雇用には全体として目立った影響はでないだろう。イギリスでは毛織物、皮革製品、金物の各種製品

の大部分は毎年、輸出奨励金制度がないまま他のヨーロッパ諸国に輸出されており、いずれもとくに多数の労働者が働いている産業でもある。絹織物はおそらく、貿易を自由化すればとくに大きな打撃を受けるだろうし、打撃ははるかに小さいが、亜麻織物も影響を受けるだろう。

第二に、自由貿易を再開すれば、多数の人が一度にそれまでの職を失い、生計の道をたたれるはずだが、だからといって仕事がなく生活できない状態にはならないだろう。一七六三年に七年戦争が終わったとき、陸海軍の縮小で、十万人を超える陸海軍の兵士が一度に定職を失った。十万人というのは、最大級の製造業の雇用者数に等しい。だが、この十万人は間違いなく、一時的に苦労しただろうが、仕事がなく生活できない状態にはならなかった。水兵のかなりの部分はおそらく、機会を見つけて徐々に商船員として働くようになり、残りは国民大衆のなかに吸収され、種々様々な職業で雇われていった。十万人を超える兵士、それも全員が武器を使い慣れており、多くは略奪もしなれている兵士の生活が一変したのに、大きな動乱は起こらなかったし、目立つほどの混乱すら起こらなかった。どの地域でも、浮浪者が目に見えて増えることはなく、知りえたかぎりでは、商船の船員を除いて、どの職種でも労働の賃金が下がることもなかった。だが、兵士とさまざまな製造業の労働者とで習慣をくらべてみると、労働者は兵士よりも新しい職業にふさわしくな

い習慣を身につけている場合が少ないことが分かるはずだ。製造業の労働者はいつも労働だけによって生活費を稼ぐことに慣れているが、兵士は給料で食べていけると考えている。労働者は勤勉と勤労に慣れているが、兵士は怠惰と放蕩の生活に慣れている。そして、一つの種類の労働から他の種類の労働に仕事を変える方が明らかに、怠惰と放蕩の生活から勤勉に働く生活に変えるよりもはるかに容易である。それに、前述のように、製造業の大部分には性格が良く似た産業があるので、労働者は一つの産業から別の産業に容易に移ることができる。それに、ときおり農業労働者として働く人も多い。また、ある製造業で労働者を雇用していた資本は国内にとどまり、他の産業で同じ数の労働者を雇うのに使われるだろう。国内の資本の総額は変わらず、労働に対する需要も同じか、ほぼ同じであり、違った地域で違った職業に使われることがあるだけである。陸海軍の兵士は除隊になると、どの職業にもつく自由が与えられ、イギリスとアイルランドのどの地域、どの都市にも住む自由が与えられる。職業選択の自由という自然な権利を、兵士と同様に全国民が回復するようにすれば、言い換えれば、自然な自由をまともに侵害する二つの制度、同業組合の排他的特権と徒弟法を廃止し、さらに居住法を廃止して、貧しい労働者がある職種、ある地域で職を失った場合に、別の職種か別の地域で自由に職を探せるようにし、そのために訴追されたり追放されたりする恐れをなくせば、ときおり製造業のある部分で大量の職が

失われても、大量の兵士の除隊のときより、社会と個人が受ける打撃が小さくなるだろう。ただし、製造業の労働者は疑いもなく国に大きく貢献しているが、命をかけて国を守った兵士よりも貢献しているとはいえず、兵士より丁重に扱われるべきだとはいえない。

実際のところ、貿易の自由がイギリスで完全に回復されるはずだと予想するのは、オシアナやユートピアのような理想郷がイギリスに建設されるはずだと予想するのと変わらないほど馬鹿げたことである。社会の偏見があるうえ、もっと克服しがたい点として、既得権益を守ろうとして反対する人が多いからだ。製造業の事業主が自国市場で競争相手を増やすと予想されるあらゆる法律に反対するのと同じ熱心さと団結心をもって、軍隊の士官が兵員削減に反対するのであれば、そして、事業主が労働者を煽動するように、士官が兵士を煽動して、そうした法律の提案者を暴力的に攻撃させるのであれば、兵員削減の試みは、製造業者が国民の利害に反して獲得してきた独占権をわずかでも縮小するのと同じぐらいに危険なことになるだろう。この独占によって製造業のある部分では人数がきわめて多くなったため、規模が大きくなりすぎた常備軍のように、政府にとって手に負えないものになっており、議会を脅すことも多い。独占を強化する法案をすべて支持する議員は、商業を理解しているという評判を得られるだけでなく、人数と富のために重要な位置を占める階層で人気と名声が高まる。逆に、独占を強化する法案に反対すると、ましてや法案

の可決を阻む力をもっていたりすると、高潔な人柄を広く認められていても、最高の地位にあっても、国に大きな貢献をしていても、最悪の誹謗《ひぼう》と中傷、個人攻撃を避けることができず、ときには失望し怒りくるう独占主義者の相手かまわぬ暴力によって、身に危険が及ぶことすらある。

大規模な製造業の事業主は、国内市場が突然開放されて外国人との競争にさらされ、廃業せざるをえなくなれば、もちろん大きな打撃を受ける。事業主の資本のうち、原材料の購入や労働者への支払いに通常あてられている部分は、おそらくそれほどの困難もなく、別の用途を探せるだろう。しかし製造所、事業用の機器や設備に投じられた部分は、大幅な損失を被らずに売却することはまずできない。このため、事業主の利害に適正に配慮すれば、この種の変更は急激に実施するべきではなく、きわめて長期の予告期間をおいたうえで、ゆっくりと段階的に実施するべきである。議会がつねに、一部の利害に基づく騒々しい要求に動かされてではなく、国民全体の利害を徹底して検討することによって法案を審議できるのであれば、この点を考えて、この種の新たな独占権を認めないように、また、既存の独占権を拡張しないように、とくに注意するべきである。独占権を認める規則を制定するごとに、国の構造にある程度の混乱をもたらすのであり、後に別の混乱を引き起こすことなく、この混乱を解消するのは難しいからだ。

外国の商品の輸入を防ぐためではなく、政府の歳入を増やすために輸入関税をかける場合、どこまでの関税が適切なのかについては、後に第五編で税金を扱う際に検討する。輸入を防ぐ目的で関税を課す場合には、あるいは輸入を減らす目的で関税を課す場合すら、自由貿易に打撃になるのと変わらないほど、関税収入に打撃になる。

第三章　貿易収支が自国に不利とされる国からの輸入に対するほぼ全面的な規制

第一節　重商主義の原理に基づいてすらいえる規制の不合理さ

二国間の貿易収支が自国に不利になっているとされている国だけを対象に、ほぼすべての品目にわたって輸入を特別に規制する政策は、重商主義が金と銀の保有量を増やすために使う第二の方法である。このため、イギリスでは薄地の亜麻布は、オーデル川上流のシュレジエン地方で生産されたものなら、決められた関税を支払えば国内消費用に輸入できるが、フランス産のものはロンドン港で再輸出用に一時保管する場合を除いて輸入できない。フランス産のワインはポルトガル産のものより、いや、どの国のものより高い関税がかけられている。いわゆる一六九二年関税法によって、フランスからの輸入品にはすべて

評価額の二十五パーセントの関税がかけられた。他国からの輸入品に対する関税率は、ほとんどの場合、これよりはるかに低く、五パーセントを超えることはめったになかった。フランスからの輸入品のうち、ワイン、ブランデー、塩、酢は例外とされ、他の法律で、あるいは同じ法律の特別規定で、さらに重い関税が課されている。一六九六年には、この二十五パーセントでも輸入を抑制するには不十分だとされ、ブランデーを除くすべてのフランス商品に二十五パーセントの第二の関税が上乗せされた。フランス産のワインには一トン当たり二十五ポンド、フランス産の酢には一トン当たり十五ポンドの新関税が上乗せされた。それ以外に、五パーセントの臨時関税が関税表にある品目のすべてか大部分に課されており、フランスからの輸入品はこの臨時関税でも例外扱いはされていない。三分の一臨時関税と三分の二臨時関税を合わせて一つと考えれば、五パーセントの一般臨時関税が合計五種類あった。このため、アメリカ植民地の動乱の前には、フランス産の農産品や製品の大部分で、七十五パーセントが最低の関税率だったといえる。大部分の商品で、ここまでの高関税は輸入禁止に等しい。フランスもイギリスの農産品や製品を同じように過酷に扱ってきたのは確かだが、具体的にどのように規制してきたのか、わたしはそれほど詳しく知っているわけではない。このように両国がともに相手国からの輸入を規制してきたので、両国間では正規の貿易がほとんど止まり、いまではイギリスの商品をフランスが

輸入する際にも、フランスの商品をイギリスが輸入する際にも、主に密輸業者が扱うようになっている。前章で検討した輸入規制は、個人の利益と独占の精神に由来するものである。この章で検討する規制は、二国間の偏見と敵対心に起因している。このため十分に予想がつくように、この規制は前章で検討した規制よりもさらに不合理である。重商主義の原則に基づいてすら、不合理である。

第一に、フランスとイギリスの間の貿易を自由化した場合に、二国間の貿易収支がフランスに有利になることが確実だと想定しても、フランスとの貿易がイギリスにとって不利だとか、イギリスの全体的な貿易収支がそれによって悪化するとかの結論はまったくでてこない。ワインはフランス産の方がポルトガル産より質が高く価格が安いのであれば、また、亜麻布はフランス製の方がドイツ製より質が高く価格が安いのであれば、イギリスにとって、必要とするワインや亜麻布をフランスから買う方が、ポルトガルとドイツから買うより有利だ。その場合、フランスからの年間輸入額は確かに大幅に増えるが、ポルトガルとドイツの商品とくらべて、同じ品質のフランスの商品の方が価格が低い分、イギリスの年間輸入総額は減少する。フランスからの輸入品をすべてイギリス国内で消費すると想定した場合ですら、そういえる。

だが第二に、フランスからの輸入品のうちかなりの部分を再輸出し、他国で十分な利益

をあげて販売し、その代金で購入して持ち帰る商品の価値が、フランスから輸入した全商品の総額に等しくなることもありうる。アジア貿易に関して頻繁に主張される点が、フランスとの貿易でもいえる可能性があるのだ。アジア貿易では、輸入品の大部分を金と銀で購入するが、その一部を他国に再輸出するので、当初に持ち出した以上の金と銀を自国にもたらすと主張されている。現在、オランダの貿易のうちとくに重要な部門は、フランスの商品をヨーロッパ各国に輸出する中継貿易である。イギリスで消費されているワインの一部すら、オランダから密輸入されたものである。フランスとイギリスの間の貿易が自由化されるか、他のヨーロッパ諸国の商品と同じ関税を支払うだけでフランス商品を輸入でき、再輸出にあたって関税が払い戻されるようになれば、イギリスはオランダにとってきわめて有利になっているフランス商品の中継貿易で、ある程度のシェアを占められるとも思える。

最後に第三の点として、二国間の貿易収支がどうなっているか、どちらの方が輸出額が多いのかを判断するのに使える確かな基準はない。一部の商人が個人の利益を追求するためにいつも煽り立てていることもあって、相手国への偏見と敵対心とによって、この点に関するすべての問題が判断されているのが通常である。とはいえ、二国間の貿易収支についての議論では、二つの基準が引き合いに出されることが多い。通関資料と為替相場であ

る。このうち通関資料はいまでは、基準としての信頼性が低いことが一般に認められている。通関の際の評価額が大部分の商品で不正確だからである。為替相場もおそらく、これとあまり変わらないほど信頼性が低い。

二都市間、たとえばロンドンとパリの間の為替相場が平価であれば、ロンドンからパリに支払うべき債務が、パリからロンドンに支払うべき債務で相殺されている証拠だとされる。これに対して、ロンドンでパリを支払い地とする為替手形にプレミアムを支払っている場合には、ロンドンからの支払いがパリからの支払いで相殺しきれず、パリに差額を送金しなければならなくなっていて、金銀を輸出する際のリスク、手間、費用に対してプレミアムが請求され、支払われていることを示すとされている。そして、二都市間の債権債務が通常、どのような関係にあるのかは、二都市間の取引が通常、どのような状態にあるかによって決まるはずだとされている。輸入額と輸出額が均衡していれば、二都市間の債権債務は相殺される。だが、たとえばロンドンの輸入額が輸出額を上回っていれば、ロンドンからの支払いが、パリからの支払いよりかならず多くなる。この結果、両都市の債権債務は相殺しきれず、債務が債権より多い都市は金銀を送らなければならない。このため、通常の為替相場は、二都市間の債権債務の通常の関係を示しており、債権債務の関係はかならず輸出入の状態で決まるのだから、通常の為替相場は輸出入の通常の状態を示すはず

だと主張されている。

　だが、通常の為替相場が二都市間の債権債務の通常の状態を十分に示すと想定しても、だからといって、通常、債務より債権が多い側の都市が、貿易収支で有利になっているとはかぎらない。二都市間の債権債務の通常の状態は、二都市間の取引の通常の状態だけによって決まるとはかぎらない。他の多数の都市との取引によっても影響を受けることが多い。たとえば、イングランドの商人がドイツのハンブルク、バルト海沿岸のダンツィヒやリガで買った商品の支払いにあたって、オランダを支払い地とする手形を使うのが通常であれば、イングランドとオランダの間では債権債務の通常の関係が、両国間の取引の通常の状態だけで決まるわけではなく、イングランドと他国との貿易の状態によっても影響を受ける。オランダとの間では年間の輸出額が輸入額を大幅に上回っていて、二国間の貿易収支がイングランドに大幅に有利になっていても、イングランドが毎年、オランダに金銀を送らなければならない可能性がある。

　さらに、為替平価のこれまでの計算方法によっても、通常の為替相場が有利になっている側、有利になっているとされている側が、債権債務でも通常有利になっていることが十分に示されているとはいえない。つまり、実際の為替相場は計算上の為替相場と大きく違う可能性があるし、現実にも大きく違うことが多く、計算上の為替相場の動きからは、実

際の為替相場の動きについて、確かな結論を引き出せない場合が多いのだ。

イングランドである金額を支払い、フランスを支払地とする手形を受け取ったとき、支払った金額と手形の額面に含まれるはずの純銀の量をイングランドとフランスの造幣局の標準にしたがって計算し、両者が同じであれば、為替相場は平価だとされる。支払いがこれより多ければ、プレミアムを支払ったとされ、為替相場はイングランドに不利、フランスに有利になっているとされる。支払いがこれより少なければ、プレミアムを受け取ったとされ、為替相場はフランスに不利、イングランドに有利になっているとされる。

しかし、第一に、各国の流通通貨の価値は、それぞれの造幣局の標準によって判断できるとはかぎらない。流通している硬貨の価値が磨耗、削り取りなどのために標準を大きく下回っている国もあれば、それほど下回っていない国もある。そしてある国の流通硬貨の価値を他国の流通硬貨の価値と比較する際に基準になるのは、それぞれに含まれているはずの純銀の量ではなく、実際に含まれている純銀の量である。ウィリアム三世の時代の一六九六年に銀貨が改鋳される前は、イングランドとオランダの間の為替相場は、それぞれの造幣局の標準に基づく通常の方法で計算して、イングランド側が二十五パーセント不利になっていた。だが、当時のイングランドで流通していた硬貨は、ウィリアム・ラウンズによれば、標準よりも二十五パーセント以上軽かった。したがって、為替相場は計算上、

イングランド側に大幅に不利であったが、実際にはイングランド側に有利だったのだろう。つまり純銀の重量でみれば、イングランドで手形を買うときに実際に支払った量の方が、オランダでその手形に対して支払われる量より少なく、プレミアムを支払ったとされた側が実際には、プレムアムを受け取っていたのだろう。フランスの硬貨は、一七七四年に実施されたイギリスの金貨改鋳の前には、イングランド硬貨より磨耗が少なく、標準に二パーセントから三パーセント近かった。このため、為替相場が計算上、二パーセントから三パーセントを超えてイングランド側に不利になっているのでなければ、実際にはイングランド側に有利だったはずだ。金貨改鋳の後は、為替相場はつねにイングランド側に有利、フランス側に不利になっている。

第二に、鋳造経費は、いくつかの国では政府が負担しているが、地金を造幣局に持ち込んだ民間人が負担し、政府が鋳造からある程度の収入を得ている国もある。イングランドでは政府が負担しており、重量一ポンドの標準銀を造幣局に持ち込むと、標準銀をやはり一ポンド含む六十二シリングの銀貨を入手できる。フランスでは鋳造手数料として八パーセントが差し引かれ、これで鋳造経費を賄ったうえ、政府が少額の収入を得ている。イングランドでは鋳造経費は負担しなくてすむので、流通硬貨の価値が、そこに実際に含まれる金銀の地金の価値を大きく上回ることはありえない。フランスでは鋳造費を支払うので、

金銀の食器を加工した場合に価値が上昇するように、硬貨の価値が高い。したがって、そこに含まれる純銀の重量が同じであれば、フランスの硬貨はイングランドの硬貨よりも価値が高く、それを入手するのに必要な銀地金の量や、他の商品の量が多いはずである。このため、両国の流通硬貨は現在、それぞれの造幣局の標準に同じ程度に近いが、ある金額のイングランド硬貨では、そこに含まれる純銀の量が同じになる金額のフランス硬貨を買うことはできず、その金額をフランスで支払う手形を買うこともできない。フランスを支払地とする手形を買うときに、フランスの鋳造経費に見合ったプレミアムしか必要としないのであれば、両国間の為替相場が実際には平価になっており、両国間では債権債務が互いに相殺されているのに、計算上、フランス側が大幅に有利になっていることもありうる。また、プレミアムがこの水準を下回っていれば、為替相場が実際にはイングランドに有利なのに、計算上、フランス側が有利になっている可能性もある。

もうひとつ第三の点として、アムステルダム、ハンブルク、ベネツィアなどでは、外国為替手形はいわゆる銀行通貨で支払われるが、ロンドン、リスボン、アントワープ、イタリアのリボリノなどでは、その国の流通通貨によって支払われる。いわゆる銀行通貨はかならず、名目金額が同じ流通通貨よりも価値が高い。たとえばアムステルダム銀行の一千ギルダーは、アムステルダムの流通通貨の一千ギルダーより価値が高い。この差は銀行の

プレミアムと呼ばれており、アムステルダムでは通常五パーセント前後である。二つの国で流通通貨がそれぞれの造幣局の標準に同じ程度に近く、外国為替手形を一方が流通通貨で支払い、他方が銀行通貨で支払う場合、為替相場が実際には流通通貨で支払う国に有利であっても、計算上、逆に銀行通貨で支払う国に有利になっている可能性が明らかにある。これは、為替相場が計算上、良貨、つまり標準に近い通貨で支払う国に有利になっていても、実際には悪貨を支払う国に有利になっていることがありうるのと同じ理由によるものである。最近の金貨改鋳より前に、ロンドンでは為替相場が計算上、アムステルダム、ハンブルク、ベネツィアなど、銀行通貨で支払う都市のすべてに対して不利になっていた。だが、だからといって、為替相場が実際に不利になっているとはいえない。金貨改鋳後には、これらの都市に対してすら、ロンドンが有利になっている。ロンドンでの為替相場は通常、リスボン、アントワープ、リボリノに対して有利になっており、さらに、フランスを例外として、外国為替手形を流通通貨で支払うほぼすべてのヨーロッパの地域に対しても有利になっているようだ。為替相場が実際にも有利になっているとしても不思議ではない。

預金銀行、とくにアムステルダム銀行に関する余論

フランスやイギリスのような大国では、通貨は通常、ほぼすべて自国の硬貨で占められている。このため、磨耗や削り取りによって硬貨の価値が標準より低くなったとき、硬貨の改鋳によって、通貨の価値を本来のものにうまく戻すことが可能である。しかし、ジェノバ、ハンブルクなどの小国では、自国の硬貨だけが通貨として使われるようにするのはまず不可能であり、住民がつねに近隣諸国と取引を行っているので、これらの国の硬貨が通貨のかなりの部分を占めるのは避けられない。このため、硬貨の改鋳によっても通貨の質を高められるとはかぎらない。外国為替手形がこの通貨で支払われると、通貨の価値がもともと不確かなのだから、支払われる金額の価値が不確かであり、為替相場がつねに大幅に不利になるはずである。その国の通貨はどの国でもかならず、実際の価値すら下回るほど低く評価されるからだ。

為替相場が不利になっているために自国の商人が被る不利益を解消するために、これらの小国は貿易の利益を重視するようになると、ある金額を超える外国為替手形の支払いにあたって、流通通貨を使うのではなく、指定銀行宛ての支払い指図書か指定銀行での口座

振替を使うよう法律で義務づけることが多くなった。指定銀行は国の信用と保護のもとで設立され、国の標準通りの良質で真正な通貨でかならず支払うよう義務づけられた。ベネツィア、ジェノバ、アムステルダム、ハンブルク、ニュルンベルクの銀行はいずれも当初、このために設立されたようだ（もっともいくつかの銀行は、後に他の業務も行うようになった）。こうした銀行の通貨は国内で流通している通貨より質が高いので、かならずプレミアムがつき、プレミアムの幅は流通通貨がその国の標準よりどれほど質が低いとみられているかで決まる。たとえばハンブルク銀行のプレミアムは一般に約十四パーセントであり、この国の標準通りの良貨と、近隣諸国から流入してくる磨耗し削り取られ、質が下がった硬貨との間に、これだけの差があると推定されているのである。

アムステルダムでは一六〇九年まで、活発な貿易によってヨーロッパ各国から集まってくる硬貨の多くが磨耗し削り取られたものであったため、通貨の価値が造幣局が発行したばかりの良貨より九パーセント低くなっていた。こうした状況でかならずそうなるように、良貨は市場に出回るとすぐに溶解されるか、持ち去られた。商人は通貨を大量にもっているが、為替手形の支払いにあてる良貨を十分に探し出せるとはかぎらなかった。手形の価値が不確かになるのを防ぐためにさまざまな法規が作られたが、あまり効果がなかった。

この問題を解決するために、一六〇九年に市の保証のもとに銀行が設立された。同行は

外国の硬貨も、磨耗して軽くなった自国の硬貨も、自国の標準的な良貨を基準に算出した本来の価値で受け入れ、鋳造経費とその他の管理費として必要な金額だけをそこから差し引いた。この少額を差し引いた後の金額を、自行にある本人の預金口座に入金した。この預金は銀行通貨と呼ばれ、造幣局の標準通りの通貨を意味するものなので、真の価値がつねに一定であり、流通通貨より実質的な価値が高いものであった。同時に、アムステルダムで支払われる六百ギルダー以上の手形は銀行通貨で支払うよう義務づける法律が制定され、手形の価値が不確かな状況が一掃された。この法律の結果、アムステルダムの商人は全員、外国為替手形の支払いのために同行に口座を維持しなければならなくなり、銀行通貨に対する需要が生まれた。

銀行通貨は、流通通貨より本来優れているし、この需要から追加価値がかならず生まれるうえ、他にもいくつかの利点がある。火災や窃盗などの危険がなく、安全である。アムステルダム市が安全を保証している。また、計算の手間もなく、運送に伴う危険もなく、簡単な口座振替で支払いができる。こうした利点があるため、当初からプレミアムがついたようであり、市場でプレミアム付きで売れる債権について硬貨での支払いを求めようとするものはいないので、当初に同行に預けられた通貨はすべて預けられたままになっていると一般に信じられている。銀行に支払いを求めれば、銀行預金の所有者はプレミアムを

失う。造幣局から受け取ったばかりの硬貨を使っても、磨耗している普通の流通硬貨を使った場合より大量の商品を市場で買えるわけではない。まっさらの良貨でも同行の金庫から持ち出されて私人の手にわたると、普通の流通通貨にまじってしまうので、すぐには見分けがつかなくなり、流通通貨以上の価値はもたなくなる。同行の金庫にある間は、その価値の高さが知られているし、確認されている。だが、私人の金庫に入れられれば、価値の高さを確認するにはおそらく、その差を考えれば引き合わないほどの手間が必要になる。それに、同行の金庫から持ち出されれば、安全性が保証されていること、安全に簡単に支払いができること、外国為替手形への支払いに使えることといった銀行通貨としての利点をすべて失う。そのうえ、つぎに明らかにするように、金庫から持ち出すためにはまず、保管料を支払わなければならない。

これらの硬貨の預金、つまり同行が硬貨で払い戻す義務を負う預金が、同行の当初の資本であり、いわゆる銀行通貨の全額であった。現在では、これはごく小さな部分を占めるにすぎないとみられている。同行は地金による取引を容易にするために、金銀の地金を受け入れて預金口座に入金する業務を長年にわたってつづけてきた。これによる預金は通常、地金の鋳造価格より約五パーセント低く評価される。その際には同時に、預かり証書を発行し、六か月以内であればいつでも、地金を引き出す権利を預金者か持参者に与えて

いる。地金を引き出す際には、預け入れの際に預金口座に入金されたのと同額の銀行通貨を同行に払い戻し、銀の場合には〇・二五パーセント、金の場合には〇・五パーセントの保管料を支払わなければならない。また、保管料が支払われない場合と、六か月の期限がすぎた場合には、預け入れられた地金は受け入れ時の価格で、つまり預金口座に入金された価格で銀行の所有物になるとも預かり証書に明記されている。したがって地金の保管料は、倉庫使用料の一種だと考えられる。銀より金の方が保管料が高い理由は、いくつかあげられている。金は銀より品位の確認が難しい。価値が高い金の方が詐欺が容易だし、詐欺にあった場合の損失額が多い。そのうえ同国は銀本位制なので、金より銀の預け入れを奨励しているともいわれている。

　地金の預け入れは、価格が通常より若干低くなったときに多くなり、価格が上昇すると引き出される。オランダでは地金の市場価格は鋳造価格を上回っているのが通常であり、これは最近の金貨改鋳の前にイングランドでそうなっていたのと同じ理由によるものである。この差は一般に純銀十一と卑金属一からなる銀一マーク（八オンス）当たり〇・三〜〇・八ギルダーだといわれている。銀行価格、つまり銀の預け入れに際して同行が預金口座に入金するときの価格は、メキシコ・ドルのように品位がよく知られており、確認されている外国通貨による場合には、一マーク当たり二十二ギルダーである。鋳造価格は約二

十三ギルダーである。市場価格は二十三・三〜二十三・八ギルダーであり、鋳造価格より二〜三パーセント高い*。金地金の場合にも、銀行価格、鋳造価格、市場価格の比率はほぼ変わらない。預かり証書は通常、地金の鋳造価格と市場価格の差額に等しい価格で売買される。地金の預かり証書はほぼいつでもある程度の価値をもっているので、預かり証書を失効させて銀行価格で地金の所有権を銀行に引き渡すことはめったにない。六か月以内に引き出すか、六か月たった時点で〇・二五パーセントか〇・五パーセントの保管料を支払って、つぎの六か月の預かり証書を受け取るのが普通であって、それを怠ることはめったにない。だが、そのようなことはめったにないとはいえ、たまにはあるといわれており、価値の高い金の方が保管料が高いため、銀よりその頻度が高いという。

　地金を預け入れると、銀行預金と預かり証書が得られる。銀行預金は為替手形の期日に支払いのために使い、預かり証書は地金価格がどの方向に動くと予想するかで、売るか保管する。預かり証書と銀行預金をあわせて長く持ちつづける人はめったにいないし、そうする必要もない。預かり証書だけをもっていて地金を引き出したい場合は、銀行通貨がいつでも大量に通常の価格で売買されているし、銀行通貨だけをもっていて地金を引き出したい場合にも、預かり証書がやはり大量に出回っている。

　銀行預金の保有者と預かり証書の保有者は同行にとって、違った種類の債権者である。

＊一七七五年九月の時点では、アムステルダム銀行が地金と各種硬貨を受け入れる際の価格は次の表の通りである。

銀

メキシコ・ドル銀貨 フランス・クラウン銀貨 イングランド銀貨	1マーク当たり22ギルダー
メキシコ・ドル新硬貨	21.5ギルダー
ダカトゥン銀貨	1枚当たり　3ギルダー
レイクスダールダー銀貨	2.4ギルダー

※地金は純銀が12分の11の場合の1マーク当たり21ギルダーから、4分の1の場合の5ギルダーまで、純度に比例する。

※純銀の地金は1マーク当たり23ギルダー。

金

ポルトガル金貨 1ギニー金貨 新ルイ・ドール金貨	1マーク当たり310ギルダー
旧ルイ・ドール金貨	300ギルダー
新ダカット金貨	1枚当たり　4.975ギルダー

※地金は以上の外国金貨と純度を比較して価格を決める。純金地金は1マーク当たり340ギルダーである。しかし一般的には、純度が分かっている硬貨の方が、溶解し分析しなければ純度を確認できない地金より高く評価される。

預かり証書の保有者は、地金の預け入れの際に預金口座に入金されたのと同額の銀行通貨を同行に払い戻さなければ、地金を引き出すことができない。銀行通貨をもっていない場合には、もっている人から購入しなければならない。銀行預金の保有者は、引き出したい量の預かり証書を提出しなければ、地金を引き出すことができない。預かり証書をもっていない場合には、もっている人から購入しなければならない。預かり証書の保有者は、銀行預金を購入すれば、鋳造価格より五パーセント低い銀行価格で地金を引き出す権利を買える。したがって、銀行通貨に対して通常支払われる五パーセントのプレミアムは、根拠のないものではなく、実際の価値によって裏付けられている。銀行通貨の保有者は預かり証書を購入すれば、地金を引き出す権利を買うことになり、引き出した地金の市場価格は通常、鋳造価格より二～三パーセント高い。したがって、預かり証書の価格も実際の価値によって裏付けられている。預かり証書の価格と銀行通貨の価格を合計すれば、地金の全価値、市場価格になる。

　アムステルダム銀行は自国に流通する通貨を受け入れた場合にも、預かり証書を発行し、銀行預金に入金する。しかし、預かり証書は価値をもたず、市場で価格がつかないことが多い。たとえばダカトゥン銀貨は三・一五ギルダーの価値をもつものとして流通しているが、同行は三ギルダー、つまり流通価値より約五パーセント低い価格でしか受け入れ

ない。預かり証書はやはり、六か月以内であればいつでも、銀貨を引き出す権利を持参者に与えており、その際に〇・二五パーセントの保管料支払いを義務づけている。この預かり証書は市場で価格がつかないことが多い。三ギルダーの銀行通貨は通常、市場で三・一五ギルダーで売買されており、銀行から引き出した場合のダカトゥン銀貨の価格に等しい。しかし銀貨を引き出すには〇・二五パーセントの保管料を支払わなければならず、この分が預かり証書の保有者にとって損失になる。同行のプレミアムが三パーセントまで下がることがあれば、預かり証書に価格がつき、一・七五パーセントで売買されるかもしれない。しかし、同行のプレミアムは現在では通常五パーセント前後なので、預かり証書は失効することが多い。この失効は「銀行の手に落ちる」と表現されている。ダカット金貨の預かり証書は、もっと頻繁に銀行の手に落ちる。金貨を引き出す前に、もっと高い〇・五パーセントの保管料を支払わなければならないからだ。硬貨か地金の預かり証書が銀行の手に落ちたとき、同行が得る五パーセントは、硬貨の永久保管に対する保管料だと考えられる。

預かり証書が失効している銀行通貨の総額はかなり多いはずである。同行の当初の資本はすべて預かり証書が失効しているはずである。この部分は当初に預けられたままであり、誰も預かり証書を更新しようとせず、引き出そうともしないと一般にみられている。前述

のように、どちらの場合にも損失を被るからである。しかし、この部分の金額がどれほどあっても、銀行通貨の総額に対する比率はごく低いとみられる。アムステルダム銀行は長年にわたって、ヨーロッパの地金を保管する一大倉庫としての役割を果たしてきており、この部分では預かり証書が失効して銀行の手に落ちることはめったにない。銀行通貨、つまり同行の口座に維持されている預金の大部分は、地金を扱う商人が長年にわたって預け入れと引き出しを繰り返してきたものだと推定されている。

　同行から金銀を引き出すには、預かり証書を提出しなければならない。銀行通貨のうち預かり証書が失効している部分は少ないが、この部分ともっと大きな部分、つまり有効な預かり証書がある部分とは区別されず、一括して扱われている。このため、預かり証書のない銀行通貨はかなりの額になるだろうが、それでも、預かり証書によって引き出しを請求されえない部分がとくにあるわけではない。同行の一つの債務について、同時に二人が債権者になっていることはありえない。銀行預金の保有者は預かり証書をもっていない場合、証書を買わないかぎり同行に支払いを求めることはできない。平穏な通常の時期であれば、預かり証書を市場価格で買うのは難しくない。そして預かり証書の市場価格は通常、証書を使って同行から引き出せる地金や硬貨を売却して得られる金額に対応している。

非常時には事情が変わる。たとえば一六七二年にフランス軍が侵攻してきたときなどがそうだ。銀行通貨の保有者はみな、金銀を銀行から引き出して手元においておこうと必死になるので、預かり証書の価格が法外な高値になりかねない。預かり証書の保有者が途方もない期待を抱いて、預かり証書の発行の際に預金口座に入金された金額の二～三パーセントではなく、半分を要求するかもしれない。同行の仕組みに詳しい敵国が預かり証書を買い占めて、金銀が持ち去られるのを防ぐ可能性すらある。そこでそのような緊急事態には、同行は預かり証書の保有者だけに引き出しを認める通常の規則を一時的に棚上げすることになっている。銀行通貨をもたない預かり証書保有者が受け取れるのは、それぞれの証書が発行されたときに入金された預金の二～三パーセント以下のはずである。そこで同行は、預かり証書を入手できないが、口座に銀行通貨がある人には、その全額を硬貨または地金で支払うのを躊躇しないといわれている。同時に、銀行通貨をもたない預かり証書保有者には二～三パーセントを支払うという。このような緊急時に証書保有者への正当な支払いだといえる金額は、せいぜい二～三パーセントだからである。

平穏な通常の時期でも、預かり証書の保有者にとっては、プレミアムを低下させ、銀行通貨を安く買い戻せるようにし、預かり証書を使って地金を銀行から引き出す際に銀行通貨に支払う金額を低く抑えるか、銀行通貨を保有していて地金を引き出したい人に預かり

証書を高く売れるようにすることが利益になる。預かり証書の価格は通常、銀行通貨の市場価格と、預かり証書の対象である硬貨か地金の市場価格の差に等しいからだ。これに対して銀行通貨の保有者にとっては、プレミアムを上昇させ、銀行通貨を高く売れるようにするか、預かり証書を安く買えるようにすることが利益になる。この利害の対立によって、ときに投機が過熱する事態を防ぐために、アムステルダム銀行は最近、いつでも五パーセントのプレミアムで銀行預金を売って流通通貨を買い、四パーセントのプレミアムで銀行預金を買って流通通貨を売る仕組みを設けた。この仕組みによって、プレミアムは五パーセントを上回ることも四パーセントを下回ることもありえなくなり、銀行通貨と流通通貨の市場価格の比率がつねに、本来の価値に近い水準で維持されるようになった。この仕組みができる以前は、たまたまその時点に、利益が対立する二つの勢力のうちどちらが市場に強い影響を与えるかによって、銀行通貨の市場価格が上昇してプレミアムが九パーセントにまで高まることもあれば、逆にプレミアムが消えるまで下落することもあった。

　アムステルダム銀行は受け入れた預金をまったく貸し出しておらず、預金口座に振り替えた金額のすべてについて、同額の硬貨か地金を金庫に保管していると説明している。有効な預かり証書があり、いつでも引き出されうるし、現実にもたえず流入し流出している部分のすべてについて、硬貨か地金を金庫に保管していることは疑う余地がない。だが、

資本のうち預かり証書がはるか以前に失効していて、平穏な通常の時期には引き出せず、実際にはいつまでも、少なくともオランダ連邦が存続するかぎり引き出されないとみられる部分については、おそらくもう少し不確かだと思えるだろう。しかしアムステルダムでは、銀行通貨として流通している金額のすべてについて、それに対応する硬貨か地金が同行の金庫に保管されていることほど確かな点はないとみられている。市当局がこの点を保証している。同行は市を統治する四人の共同市長によって管理されており、共同市長は一年で交代する。共同市長が就任すると同行の金庫を検査し、預金帳簿と照らし合わせ、宣誓のもとで前任者から引き継ぎ、一年後にやはり厳粛な手続きを経て後任者に引き渡す。そして真面目で宗教心が強いこの国では、宣誓はいまでも重要な意味をもっている。共同市長が交代することだけでも、公言できない行動を防ぐ十分な保証になっていると思える。アムステルダム市では党派間の争いから市政を担う党派が何度も交代しているが、新与党が旧与党を、同行の管理が不誠実だと非難したことは一度もない。反対派の評判を落とし、立ち直れないほどの打撃を与えるにはこれほど強力な非難はないので、このような非難を裏付ける事実があれば、かならずだされてきたはずである。一六七二年にフランス国王がユトレヒトまで侵攻したとき、アムステルダム銀行はすぐに支払いに応じ、約束を誠実に守る姿勢について、いささかの疑問も抱かせなかった。このときに金庫から持ち出さ

れた金銀のなかには、同行設立の直後に市役所で起こった火災で溶けかかったとみられるものもあった。こうした金銀は、当時から金庫に収められていたはずである。

同行の金庫にどれほどの金銀があるのかは、長年にわたって好奇心の的になっている。この点については憶測することしかできない。一般には、同行には約二千人が口座をもっているとされており、各人が平均一千五百ポンド相当の預金をもっていると想定すれば（かなり高めの想定だが）、銀行通貨の総額、したがって同行が保管している金銀の総額は約三百万ポンド相当になる。一ポンドが十一ギルダーとすると、三千三百万ギルダーである。きわめて大きな額であり、大規模な流通を支えるのに十分な金額である。だが、同行の金銀については途方もない見方も一部にあり、それと比較すれば、はるかに少ない。

アムステルダム市は同行でかなりの収入を得ている。前述の保管料以外に、はじめての口座を開く預金者は十ギルダーの手数料を支払う。その後に新たな口座を開く際の手数料は三・一五ギルダー、振り替えの手数料は一件につき〇・一ギルダーである。ただし三百ギルダー以下の振り替えでは〇・三ギルダーであり、少額取引の増加を抑えるために高くしている。年に二回、口座を清算する義務を怠った預金者からは、二十五ギルダーを徴収する。口座の残高を超える振り替えを指図した人には、超過分の三パーセントの支払いを義務づけ、さらに支払い指図書は拒絶される。また、預かり証書が失効して銀行の手に落

ちた外国硬貨や地金は、有利に売却できる時期まで保管されるので、その売買でもかなりの利益をあげているとみられる。銀行通貨を五パーセントのプレミアムで売り、四パーセントのプレミアムで買うことでも、利益をだしている。これらの利益は、役員給与と事務経費の支払いに必要な額をかなり上回る。地金の預かり証書で支払われる保管料だけでも、年間に十五万ギルダーから二十万ギルダーになるとみられる。しかし、アムステルダム銀行の当初の目的は利益ではなく、公益である。為替相場が不利なことで商人が不利益を被らないようにすることが目的であった。同行があげる利益は予想されていなかったものであり、偶然のものと考えられる。だが、長い余論はこのあたりで打ち切るべきだろう。延々と寄り道をしたのは、いわゆる銀行通貨を使う国と流通通貨を使う国の間の為替相場が通常、銀行通貨を使う国に有利で、流通通貨を使う国に不利だとみえる理由を説明するためであった。銀行通貨を使う国では、本来の価値がつねに等しく、その国の造幣局が定めた標準に正確に一致する通貨によって支払う。流通通貨を使う国では、本来の価値がたえず変動し、しかも造幣局の標準を多少なりともほぼつねに下回る通貨によって支払っているのである。

第二節　他の原理に基づいたときにいえるこの規制の不合理さ

この章の前半では、二国間の貿易収支が自国に不利になっているとされている国だけを対象に、輸入を特別に規制する政策が、重商主義の原理に基づいてさえ不必要であることを示そうとつとめた。

この貿易収支の考え方ほど馬鹿げた説はありえないのだが、この考え方がここで問題にしている規制だけでなく、ほぼあらゆる貿易規制の基礎になっている。この考え方では以下のように想定されている。第一に、二つの地点の間に貿易取引があるとき、輸出入が均衡していれば両者ともに損失も利益もない。第二に、輸出入が均衡していない場合には、貿易収支の差額分だけ、一方が損失を被り、他方が利益をあげている。この二つの想定はどちらも間違いである。輸出奨励金や独占によって強引に行われる貿易は、こうした制度で利益をはかろうとした国にとって逆に不利になりうるし、不利になっているのが普通であり、この点については後に説明する。だが、強制や制約がないまま、二地点間で自然に継続的に行われる貿易は、どちらの側にとってもかならず有利である。ただし、両者にとって同じように有利だとはかぎらない。

ここで有利、利益というのは、金銀の保有量が増えることではなく、その国の土地と労働による年間生産物の交換価値が増えること、つまり住民の年間収入が増えることを意味する。

二国間の貿易収支が均衡しており、どちらの側も自国の商品だけを輸出しているのであれば、ほとんどの場合、両国がともに利益を得るし、しかも両国の利益は等しいか、ほぼ等しくなる。両国は互いに、相手国で余った生産物の一部に市場を提供しあう。その結果、相手国でその部分の生産物を生産して市場に運ぶために使われ、住民の一部に収入と生活必需品として配分された資本が回収できるようになる。このため両国の住民の一部は、収入と生活必需品を間接的に相手国から得ることになる。両国が交換した商品の総額は等しいと想定しているので、両国でこの取引に使われた資本はほとんどの場合に等しいか、ほぼ等しいし、どちらも自国の商品の生産に使われるので、住民に分配される収入と生活必需品も等しいか、ほぼ等しい。このため、両国が互いに与え合う収入と生活必需品は、貿易の規模に比例する。たとえば年間の貿易額が片道十万ポンドまたは百万ポンドであれば、この貿易で両国の住民はそれぞれ年間に十万ポンドまたは百万ポンドの収入を確保できる。

一方が自国の商品だけを輸出し、他方がこれを外国商品と交換している場合を考えてみ

よう。この場合も収支は均衡していて、商品の対価を商品で支払っていると想定する。この場合にも両国がともに利益を得るが、両国の利益は等しくない。自国の商品だけを輸出している国の方が、この貿易で得られる収入が多くなる。たとえばイングランドがフランスからフランス国内で生産された商品だけを輸入し、フランスで需要のある商品を生産していないために、たとえばタバコやアジアの商品を大量に再輸出して支払いにあてているとしよう。この貿易で両国の住民がともに収入を得られるが、イングランドよりフランスの方が住民の収入が多くなる。フランス側では、この貿易に年間に使われた資本はすべて住民に分配される。だがイングランド側では、この貿易に使われた資本のうち、外国商品の購入にあてた自国商品の生産に使われた部分だけが、国内の住民に年間に分配される。資本のうちかなりの部分は、バージニア、インド、中国などで使われ、これら遠方の国の住民に収入と生活必需品を提供した資本を回収するのに使われる。資本が等しいか、ほぼ等しければ、フランス側ではイングランド側より、国内の住民の収入が大幅に増えることになろう。フランスはこの場合、イングランドとの間で国内消費用の直接貿易を行っている。これに対してイングランドは、国内消費用の多角貿易を行っている。国内消費用の貿易のうち、直接貿易と多角貿易とで、それに使われた資本の効果に違いがあることは、第二編第二章で詳しく説明した。

おそらく、二国間の貿易でどちらも自国の商品だけを輸出している場合も、一方が自国の商品だけを輸出し、他方がこれを外国商品と交換している場合もないだろう。ほぼすべての国が、自国商品と外国商品をともに使って貿易を行っている。しかし、自国商品の比率が高く、外国商品の比率が低い国の方がつねに、貿易で得られる利益が大きくなる。

タバコやアジアの商品ではなく金銀を使って、イングランドがフランスから年間に輸入する商品の支払いを行ったとすると、貿易収支は均衡していないとされる。商品の対価を商品で支払うのではなく、金銀で支払うからである。しかしこの取引でも、前述の外国商品による多角貿易の場合と同じように、両国の住民が収入を得られる。フランスの方がイングランドより住民が得られる収入が多くなるが、イングランドの住民も収入を得られる。イングランドの資本が金銀と交換した商品の生産に使われ、住民に分配されて、一部の住民の収入になっており、フランスとの貿易でこの資本を回収でき、同じ仕事を継続できるようになる。イングランド全体の資本は、金銀を輸出したときに減るわけではなく、これは同額の商品を輸出したときに資本が減らないのと同じである。それどころか、たいていの場合には資本が増加する。海外に送られる商品は、国内より海外の方が需要が強いとみられるものだけであり、したがって輸出したときに、その代金で輸入する商品の方が国内で価値が高いと予想されるものだけである。たとえばイングランドで十万ポンドの価値し

かもたないタバコをフランスに輸出し、イングランドで十一万ポンドの価値があるワインを輸入すれば、この取引でイングランドの資本は一万ポンド増える。同じように、イングランドで十万ポンドの金を輸出し、イングランドで十一万ポンドの価値があるワインを輸入すれば、この取引でイングランドの資本は一万ポンド増える。十一万ポンドの価値のあるワインを貯蔵所にたくわえている商人は、倉庫に十万ポンドの価値のあるタバコを保有している商人とくらべて裕福であるように、金庫に十万ポンドの金をたくわえている商人とくらべてもやはり裕福である。その分、雇用できる労働の量が多くなり、収入、生活必需品、仕事を得られる人が多くなる。そして、国全体の資本は、国内の住民の資本の合計に等しく、国内で年間に維持できる労働の量は、国内のさまざまな住民の資本で維持できる労働の合計に等しい。このため、国内の資本と、国内で維持できる労働の総量が、この取引によって通常、増加するはずである。イングランドにとっては確かに、フランスのワインを買う際に自国産の金物や織物と交換する方が、バージニア産のタバコや、ブラジル産、ペルー産の金銀と交換するより有利だろう。国内消費用の直接貿易はつねに、多角貿易よりも有利である。しかし、国内消費用の多角貿易は金銀を使ったとき、他の商品を使ったときより不利になるとは思えない。国内で栽培していないタバコを毎年再輸出してもタバコがなくなるわけではないように、国内に鉱山のない国が金銀を毎年輸出しても、金

銀がなくなるわけではない。タバコを買う手段をもつ国で長期にわたってタバコが不足することがないように、金銀を買う手段をもつ国で長期にわたって金銀が不足することはない。

労働者が酒屋でビールを買えばかならず損をするといわれている。製造業国がワイン生産国との間で行う自然な取引も、これと同じだという意見もある。だが、酒屋でビールを買うとかならず損をするとはいえない。本来は、他の店で商品を買うのと同じように有利なのであり、たぶん、だまされる可能性が少し高いといえるだけである。醸造業も、ビールの小売り業すらも、他の職業と同じように、分業の一つとして不可欠である。労働者にとって、必要な分量を醸造業者から買う方が自分で醸造するより通常有利である。そして貧しい労働者にとって、酒屋で少しずつ買う方が、醸造業者からまとめて買うより通常有利である。もちろん、買いすぎることもあるだろうが、どの店で買うときにもそういうことはある。大食漢なら肉屋で肉を買いすぎることがあるだろうし、おしゃれな人なら衣料品店で買いすぎることがあるだろう。それでも労働者の大多数にとって、これらの店が自由に商売しているのが有利である。どの店もこの自由を悪用することがあるだろうし、ある種の商売ではとくに悪用する店が多いということもあるだろうが。また、なかにはビールを飲みすぎて家計が破綻する人もいるだろうが、国の場合にそうなる危険はないようだ。

どの国にもアルコールに金を使いすぎる人は多いが、そうならない人の方がはるかに多い。また、事実をみていくと、ワインが安く買えれば、大酒飲みが増える原因になるわけではなく、逆にあまり飲まない人が多くなるとみられる点にも注意すべきだ。ワイン生産国は、ヨーロッパでもあまり飲まない人が多い国である。スペイン人、イタリア人、フランス南部の住民がそうだ。これらの地域では、日常の飲酒で飲みすぎる人はめったにいない。ビールのように安い飲み物なら、がぶ飲みして度胸や付き合いの良さを気取る人はいない。これに対して、暑すぎるか寒すぎて葡萄が育たず、ワインが貴重な国では、飲み過ぎがごく普通の悪習になっている。北の国がそうだし、たとえばギニア海岸など、熱帯の国がそうだ。実際にあった話として何度も聞いたことだが、フランスでは、ワインが若干高い北部の部隊がワインがきわめて安い南部に駐留するようになると、はじめは良質のワインが安いし珍しいので飲み過ぎるが、数か月もすると、大部分の兵士はそこの住民と同じように、あまり飲まなくなるという。外国産のワインに対する関税と、国内産の麦芽やビールに対する税金をすべて一度に撤廃すれば、イギリスでもこれと同じように、中流と下層の多くが一時的に飲み過ぎになるかもしれないが、しばらくたてば、ほとんどの人があまり飲まなくなるだろう。現在、上流階級や、とくに高価な酒を簡単に買える金持ちには、飲み過ぎる人はあまりいない。ビールで酔っぱらった紳士など、まず見かけることはない。

それにイギリスのワイン輸入規制は、国民が酒屋にいかないようにすることを狙ったのではなく、とくに質が高く価格が安い酒を買えないようにすることを狙ったもののように思える。ポルトガルからの輸入を奨励し、フランスからの輸入を抑制している。ポルトガルはフランスよりイギリス製品の上客なので、ポルトガルから買うよう奨励すべきだといわれている。ポルトガルはイギリスを贔屓《ひいき》にしてくれているのだから、イギリスもポルトガルを贔屓にすべきだというのだ。こうして、小商人が使う姑息《こそく》な方法が大英帝国の行動を決める政治原則になった。仕事を依頼するとき、自分の客を優先するのを原則にしているのは、ごく零細な商人だけだ。大商人なら、このような小さな利害は気にもせず、かならずもっとも安くて質の高い商品を買おうとする。

　しかしこのような政治原則によって、近隣諸国を貧乏にすることが自国の利益になるとされてきた。各国は貿易相手国の繁栄を妬み、貿易相手国の利益は自国の損失だと考えるように教えられてきた。個人の間の取引がそうであるように、国の間の通商も交流と友情を深める道になるものなのに、逆に不和と敵対心を生み出す最大の源泉になっている。国王や政治家の気まぐれな野心すらも、十七世紀と十八世紀には、商工業者の見当違いの敵《てき》愾心《がいしん》ほど、ヨーロッパの平和に大きな打撃は与えていない。支配者の暴力と不正は昔からの罪悪であり、人間の性質を考えれば、改善の余地はほとんどないのではないかとも思う。

しかし、商工業者は支配者ではなく、支配者になるべきではないので、その浅ましい強欲と独占の精神はおそらく矯正が不可能だとしても、そのために仲間うちで争うのはともかく、他の階層の平穏を乱すようになる事態は簡単に防げるとも思える。

この政治原則が当初、独占の精神によって作られ、広められたことに疑いの余地はない。当初にこの原則を教えた人はもちろん、それを信じ込んだ人ほど愚かではなかった。どの国でも、必要とするものをもっとも安い価格で売る人から買うのが、国民の大多数にとってつねに利益になっているし、なるはずである。これはあまりに自明のことなので、証明する手間をかけるのが馬鹿げていると思えるほどである。そして、商工業者が自己利益のために詭弁を弄《ろう》して世間の常識を混乱させていなければ、この点が疑問とされることもなかったはずだ。この点で、商工業者の利害は国民全体の利害と真っ正面から対立している。同業組合の組合員にとって、他の住民が自分たち以外に仕事を頼むのを妨げることが利益になるが、それと同様にどの国でも商工業者にとって、自国市場の独占を確保することが利益になる。このためにイギリスをはじめヨーロッパの大部分では、外国人の商人によって輸入される商品のほぼすべてに特別関税をかけている。また、二国間の貿易収支が自国に不利になっているとされている国、つまりそのときにたまたま敵対心がとくに激しくなっている国からの輸入を、ほぼすべての品目にわたって特別に規制している。

しかし、隣国が豊かであれば、戦争と国際政治では確かに危険だが、貿易では明らかに有利である。隣国が豊かであれば、敵対関係にある場合には自国より強力な海軍と陸軍を維持できる恐れがあるが、平和な通商関係にある場合には取引の総額が大きくなり、自国産業の直接の生産物か、その生産物を使って購入した商品の市場としての価値が高くなる。勤勉な人にとって、近くに住む金持ちは貧乏人よりありがたい顧客になる可能性が高いが、豊かな隣国についても同じことがいえる。金持ちが製造業の事業主であれば、同じ業種の人にとって確かに危険な隣人になる。しかし、近隣には違う業種の人の方が圧倒的に多いので、ほとんどの人は金持ちの支出で利益を得られる。そのうえ、金持ちが貧しい同業者より安く売ることからも、利益を得られる。これと同じように、豊かな国の製造業は隣国の同じ業種の製造業にとって、間違いなくきわめて危険な競争相手になりうる。だがこの競争は大部分の住民にとっては有利なのであり、そのうえ、豊かな隣国は支出も多いので、他の商品ではありがたい市場になり、大きな利益が得られる。富を築きたい人は貧しい遠隔地方に引きこもろうとは考えず、首都か大きな商業都市に進出しようとする。わずかな富しかない地方では得られる富は少なく、巨額の富が動いているところなら、その一部を得られる可能性があることを知っているのだ。一人、十人、二十人の常識の基礎になっているのと同じ原則が百万人、一千万人、二千万人の判断の基礎になるべきであ

り、隣国が豊かであれば、自国が富を獲得するのに有利な要因になり機会になると、国全体が考えるべきである。貿易によって豊かになろうとするのであれば、近隣の各国がすべて豊かで勤勉で商業に熱心であるときに、目標を達成できる可能性がもっとも高くなる。周囲に住むのがすべて流浪の未開人か貧しい野蛮人ばかりの大国でも、自国の土地を耕作し、国内の商業を活発にすれば、貿易を行わなくても富を獲得できることは確かだ。古代のエジプトや現在の中国は、このようにして大きな富を獲得してきたようだ。古代のエジプトは貿易を無視したといわれているし、現在の中国はよく知られているように、貿易を極端に軽蔑していて、法律によるまともな保護を与えようとしない。貿易に関する近代の原則は、近隣のすべての国を貧しくすることを目的にしており、意図した通りの結果を生み出せるのであれば、貿易はほとんど重要性をもたず、軽蔑すべきものになるだろう。

　この原則の結果、フランスとイギリスの間の貿易にはどちらの国でも、多数の障害や制約が設けられている。しかし両国が商人の敵愾心や両国間の敵意にとらわれず、自国の真の利益を考えれば、イギリスにとって、どの国との貿易よりもフランスとの貿易が有利だし、同じ理由でフランスにとって、イギリスとの貿易がもっとも有利だろう。イギリスにとって、フランスはもっとも近くにある外国である。イングランド南部沿海部とフランス北部、北西部の沿海部との貿易であれば、国内商業と同じように、資本が年に四回転、五

回転、六回転するとも予想できる。このため、この貿易に使われる資本はどちらの国でも、貿易の大部分に使われる資本と比較して、四倍、五倍、六倍の労働を雇用し、四倍、五倍、六倍の人に仕事と生活必需品を提供できる。フランスとイギリスのなかでもっとも離れた地域の間の貿易すら、資本が少なくとも年に一回転すると予想でき、ヨーロッパ貿易の大部分と少なくとも同じぐらい有利であろう。北アメリカ植民地との貿易より、少なくとも三倍は有利だろう。この貿易は自慢されることが多いが、三年以内に資本が一回転することはめったになく、資本の回収までに四年から五年かかることも少なくないからだ。それにフランスの人口は二千四百万人とみられている。北アメリカ植民地の人口が三百万人を超えるとは考えられていない。フランスは北アメリカよりはるかに豊かである（もっとも富の分配が不平等なので、貧乏人と物乞いも多いのだが）。このため、フランスは北アメリカの植民地とくらべて、少なくとも八倍の規模のある市場になり、そのうえ資本の回転が速いので、二十四倍も有利な市場になりうる。フランスにとってもイギリスとの貿易は有利であり、富、人口、距離の近さのために、自国の植民地との貿易よりも同程度に有利になりうる。両国で抑制すべきだと考えられている貿易と、もっとも優遇されている貿易との間には、このように極端な違いがあるのだ。

しかし、両国の間の自由で開かれた貿易がどちらの国にとってもきわめて有利になる点

こそが、両国の通商を妨げる最大の障害になっている。隣り合っている国なので、互いに相手が敵国になるのは避けられず、相手国が富と力をつければ、それだけ恐ろしい敵になる。友好関係の利点を高める要因が、敵対心を激化させる要因にもなっているのだ。両国はともに豊かで産業が盛んである。そのために商工業者は、技術力と活力がある相手国の同業者との競争を恐れている。商工業者は敵愾心を募らせ、相手国への敵対心を煽りたてるとともに、それによって煽りたてられてもいる。こうしてどちらの国でも商工業者は、打算的な嘘を主張するものに特有の熱狂的な確信をもって、貿易を制限しないかぎりかならず貿易収支が自国に不利になり、その結果、自国が確実に破滅すると主張してきた。

ヨーロッパの商業国はいずれも、重商主義の自称権威者によって、貿易収支の不均衡のために近く破滅すると何度も予言されてきた。この予言で不安が高まり、ほぼすべての貿易国が貿易収支を自国に有利にし、隣国に不利にするために無駄な努力を続けてきたが、貿易収支の不均衡が原因になって何らかの点で貧しくなったヨーロッパの国は、一つもないように思える。逆にどの都市もどの国も、港をすべての国に開放している程度に応じて豊かになっており、重商主義の原理から予想されるものとは違って、自由貿易によって破滅する事態にはなっていない。ヨーロッパにはある意味で自由港と呼べる都市が少数あるが、自由貿易国と呼べる国はない。オランダは自由貿易からまだ遠いものの、そう呼べる

状態にもっとも近づいている。そしてオランダは、富をすべて貿易によって獲得しているし、生活必需品の大部分も、貿易によって得ていることで知られている。

第二編第三章で説明したように、貿易収支の差額とはまったく違った差額があり、それが有利になっているか不利になっているかで、どの国でもかならず、繁栄するか衰退するかが決まる。それは、年間の生産と消費の差額である。前述のように、年間生産物の交換価値が年間の消費の交換価値を上回っていれば、その社会の資本は差額分だけ年間に増加する。この場合、社会は全体としてみて収入の範囲内で生活しており、収入のなかから年間に貯蓄した部分は当然、資本に加えられて、年間の生産をさらに増やすのに使われる。これに対して、年間生産物の交換価値が年間の消費より少ない場合には、社会の資本は不足分だけ年間に減少する。この場合、社会は全体として支出が収入を超えており、かならず資本を食いつぶしていくことになる。したがって社会の資本は減少し、それとともにその社会の労働による年間生産物の交換価値が減少する。

生産と消費のこの差額は、いわゆる貿易収支の差額とはまったく違っている。貿易を行っておらず、世界からまったく切り離されている国にもある。世界全体にもあり、それによって富、人口、社会の発達でみて、世界全体が徐々に繁栄に向かっているのか衰退に向かっているのかが決まる。

生産と消費の差額がつねに有利であっても、いわゆる貿易収支が全般に不利になっている国もある。たぶん、輸入額が輸出額を上回る状態を五十年にわたって続けることもできるのだろう。その間に流入した金銀はすべて、ただちに流出してしまうかもしれない。流通硬貨は減少していき、各種の紙幣におきかえられるかもしれない。主要な貿易相手国に対する債務が増えつづけることすらあるかもしれない。だが真の富は、つまり土地と労働による年間生産物の交換価値は、その期間にはるかに大幅に増えつづける可能性もある。イギリスの北アメリカ植民地の状況と、動乱が起こる前のイギリスとの貿易の状況をみれば、以上がありえない話ではないことが分かるだろう（この段落は一七七五年に書いたものである）。

第四章　戻し税

商工業者は国内市場の独占だけで満足せず、自分の商品を外国でもできるかぎり大量に売りたいと望んでいる。自国政府の支配は外国に及ばないので、外国で自国商人のために独占権を確保できることはまずない。このため、商工業者は輸出奨励策をとるよう政府に求めることで満足するしかない。

輸出奨励策のなかでは、戻し税と呼ばれるものがもっとも適切だとみられる。戻し税は商人が商品を輸出する際に、国内産業の生産物に課されている税金の一部または全部の還付を受けられるようにするものであり、これを設けても、還付対象になる税金が課されていなかった場合より輸出量が増えることはない。この奨励策は、ある業種に投じられる資本を自然に任せた場合より増加させる要因にはならず、本来ならある業種で使われるはずの資本の一部が、税金のために他の業種に振り向けられるのを防ぐだけである。社会のなかのさまざまな業種の間で自然に生まれる比率を変える要因にはならず、税金によってそ

の比率が変わるのを防ぐだけである。社会のなかで自然に生まれる分業と労働の配分は、ほとんどの場合に維持する方が有利だが、これを乱すのではなく維持する要因になる。

輸入品を再輸出する際の戻し税についても同じことがいえよう。イギリスでは一般に再輸出にあたって輸入関税の大部分を払い戻している。一六六〇年に設けられたいわゆる旧臨時関税では、これを定めた法律の付則第二号によって、自国民、外国人を問わずすべての商人が再輸出にあたって、臨時関税の半分の還付を受けられると規定されている。自国民の商人の場合には十二か月以内に、外国人商人の場合には九か月以内に再輸出することが還付の条件になっている。ワイン、干し葡萄《ぶどう》、絹織物は例外であり、もっと有利な戻し税規則が定められている。この法律で決まった関税は当時、外国商品の輸入にあたって課される唯一の関税であった。この制度に基づいて、そしてその他すべての戻し税制度に基づいて還付を受けられる期間は、ジョージ一世治世の一七二〇年の法律で三年に延長された。

旧臨時関税以降に設けられた関税は大部分、再輸出にあたって全額払い戻される。だが、この原則には多数の例外があり、戻し税の考え方は、当初にこの制度が設けられたときより、はるかに複雑になっている。

外国商品のうち、輸入量が国内消費に必要な量を大きく上回ると予想されるものは、再

輸出にあたって関税の全額が還付され、旧臨時関税の半分すら払い戻される。北アメリカ植民地で動乱が起こる前、イギリスはメリーランドとバージニアのタバコの貿易を独占していた。年に約九万六千樽を輸入するが、国内消費は年に一万四千樽以下だとみられていた。残り部分を売却するのに必要な再輸出を促すために、三年以内に再輸出されたタバコについて、関税の全額が払い戻された。

西インド諸島の砂糖について、イギリスは完全ではないが、それに近い独占権をいまでももっている。そこで一年以内に再輸出される砂糖については、輸入関税の全額が還付され、一年以上三年以内の再輸出についても、旧臨時関税の半分を除く全額が払い戻される(旧臨時関税の半分はいまでも、大部分の商品で還付対象になっていない)。砂糖の輸入量は国内消費に必要な量をかなり上回っているが、以前のタバコとくらべれば超過部分の比率は高くない。

国内の製造業者がとくに神経をとがらせている商品は、国内消費用の輸入が禁止されている。ただし、決められた関税を支払えば再輸出用に輸入して倉庫に保管することはできる。しかし再輸出にあたって、関税はまったく還付されない。イギリスの製造業者はこのような制限付きの輸入すら奨励するのを望んでいないようで、輸入された商品の一部が倉庫からこっそり運び出されて、自分たちの商品と競争になるのを恐れている。絹織物、フ

ランスの薄地亜麻布、手描きやプリントの模様があるか、着色・染色された綿織物は、この規制のもとでしか輸入できない。

イギリスはフランス商品を中継貿易で扱うことすら嫌っていて、敵だと考えている国が自国商人の活動で利益をあげる事態にならないように、自国の利益を放棄する道を選んでいる。フランス商品の再輸出にあたっては、旧臨時関税の半分に加えて、二番目の二十五パーセントの特別関税も還付の対象から除外されている。

旧臨時関税法の付則第四号によって、ワインの再輸出の際には、当時の輸入関税の半分を大幅に超える還付が受けられると規定された。当時の議会は、ワインの中継貿易に対して通常以上の奨励策をとることを意図していたようだ。追加関税、新臨時関税、三分の一臨時関税、三分の二臨時関税、一六九二年関税、硬貨鋳造経費にあてるためにワインに課された造幣税など、旧臨時関税と同じときかその後に決められたさまざまな関税も、再輸出にあたって還付される。しかし、追加関税と一六九二年関税を除くすべての関税は輸入に際して現金で収めるものなので、巨額の関税を還付されるまでの利子が経費になり、ワインの中継貿易で利益をあげられると期待するのは難しくなった。そこで再輸出にあたって還付されるのは、ワイン関税と呼ばれる部分だけになり、フランス産ワインにかかる一トン当たり二十五ポンドの関税や、一七四五年、六三年、七八年に課された関税は、還付

ったそれぞれ五パーセントの関税は、すべての商品で再輸出にあたって払い戻されることになっており、ワインの場合にも還付の対象になる。ワインだけを対象にする一七八〇年の新関税も還付されるが、いくつもの重い関税が還付されないのだから、この還付制度によっても、一トンのワインですら再輸出される可能性はまずないだろう。これらの規則は、アメリカのイギリス植民地に向けたものを除いて、合法的な輸出が可能なすべての地域に向けた再輸出に適用される。

チャールズ二世治世の一六六三年に制定されたいわゆる貿易奨励法によって、ヨーロッパで生産された農産品と製品のすべてについて、植民地への供給をイギリス本国が独占することになった。したがって、ワインの供給も本国が独占することになった。だが、北アメリカと西インド諸島の植民地は海岸線がきわめて長いし、本国の支配が行き届かないうえ、居住者が自分の船で当初はヨーロッパの全域に、後にはスペイン西端のフィニステレ岬より南のヨーロッパ全域に、いわゆる列挙品目以外の商品を輸出することが許されてきたので、この独占権を十分に守らせることができたとは考えにくい。植民地の居住者は輸出を認められている国に商品を運んだ船で、何らかの商品を持ち帰る方法をいつも見つけ出していた公算が高い。しかし、ワインを生産国から持ち帰るのは難しく、イギリスから

輸入するのは不可能だった。イギリスではワインにいくつもの重い関税がかかっており、そのうちかなりの部分は再輸出のときに還付されないからだ。モロッコ沖のマデイラ諸島のワインはヨーロッパの商品ではないので、アメリカと西インド諸島の植民地は直接に輸入できたし、植民地は非列挙品目の商品をマデイラ諸島と自由に貿易できた。たぶんこの結果、マデイラ産ワインが植民地で好まれるようになった。そして一七五五年にアメリカ植民地でフランスとの戦争がはじまったとき、イギリス軍の士官は、どの植民地でもマデイラ産のワインが好まれているのに気づいた。この嗜好を士官が本国に持ち帰って、それまであまり人気がなかったこのワインが、本国でも飲まれるようになった。七年戦争が終わった直後の一七六三年の法律によって、植民地へのワイン再輸出の際には、三ポンド十シリングを超える部分のすべての関税が払い戻されることになった。ただし、フランス産のワインだけは例外とされた。同国への偏見から、フランス産ワインの取引と消費については、どのような形の奨励策も許されなかったのだ。この奨励策がとられてから、北アメリカ植民地で動乱が起こるまでの期間は短すぎて、植民地の習慣がこれで変わるまでにはならなかったとみられる。

　この法律ではこのように、フランス産のものを除くワインについては、戻し税で植民地向け再輸出を他国向け再輸出より大幅に優遇したわけだが、大部分の商品では、植民地向

け再輸出がはるかに冷遇されている。大部分の商品では、他国向けの再輸出にあたって旧臨時関税の半分が還付される。しかし同法では、ヨーロッパかアジアの農産品か製品を植民地に再輸出する場合には、ワインと白地の綿織物を除いて、輸入関税は払い戻さないと規定されている。

戻し税制度はおそらく、当初は中継貿易を奨励するためのものであった。中継貿易では外国人が運賃を現金で支払うことが多いので、金銀の獲得にとくに有利だと考えられたのである。中継貿易がとくに奨励するに値するわけでないのは明らかだし、この制度を作った理由は、おそらくまったく馬鹿げたものであったが、制度自体は十分に適切なものだと思える。戻し税によって、輸入関税がなかった場合に自然に投じられるものとくらべて、国内の資本のうち中継貿易に使われる部分の比率が無理に引き上げられるわけではない。輸入関税のために国内資本が中継貿易にまったく使えなくなるのを防ぐだけである。中継貿易はとくに優遇するに値するものではないが、排除すべきでもなく、どの業種にもいえるように、自由にしておくべきである。農業にも製造業にも、国内商業にも国内消費用の貿易にも使い道を見つけられない資本のために必要な逃げ道なのである。

関税収入は、戻し税のために減るのではなく、輸入関税のうち還付の対象にならない部分によって増加する。戻し税がない場合には、関税を支払った輸入品は市場がないので、

再輸出することはまずできず、その分を輸入することもできない。このため、還付されない部分の関税が支払われることもないだろう。

以上の点は、戻し税が適正なものだとする十分な理由になるだろう。国内産業の生産物でも外国の商品でも、輸出にあたって関税や物品税をすべて払い戻す制度ですら、適正だといえるだろう。この場合、国内の税収は若干減少し、関税収入はかなり減少する。だが、産業の自然な比率、自然に生まれる分業と労働の配分は、関税や物品税のために多少なりともかならず乱されるのだが、戻し税制度によって本来の姿に近づくだろう。

しかし以上は、完全な外国、自国の主権が及ばない国への輸出の際の戻し税が適正なものだとする理由にしかならず、自国の商工業者が独占権を得ている地域への輸出について、戻し税を正当化するわけではない。たとえば、アメリカ植民地にヨーロッパ商品を再輸出する際の戻し税は、輸出量の増加をもたらす要因にならない。アメリカ植民地ではイギリスの商工業者が独占権を得ているので、戻し税がなくても輸出量が変わらない場合が多いとみられる。このため、戻し税の分、税収と関税収入が減るだけで、貿易の状態は変わらず、どのような点からみてもまったく拡大しない場合が多いだろう。このような戻し税が植民地の産業振興策としてどこまで適切で、本国にとってどこまで有利なのか、そしてそのために本国の住民が支払っている税金の免除を植民地の住民に認めるべきだといえるか

どうかについては、植民地の項で扱う。

しかし戻し税は、輸出に際して還付が認められた商品が確かに外国に輸出される場合だけに有益であり、対象になった商品がこっそりと再輸入されるようであってはならないことに注意すべきだ。戻し税の一部、とくにタバコの戻し税ではこのような悪用が多く、財政収入にも正直な商人にも打撃になる不正行為が頻発していることはよく知られている。

第五章　輸出奨励金

輸出奨励金はイギリスで、国内産業の個別部門の生産物に認めるよう求める請願が頻繁にだされており、認められることも少なくない。輸出奨励金によって、イギリスの商工業者は外国市場で競争相手と変わらない価格か、もっと安い価格で商品を売れるようになり、その結果、輸出額が増えて貿易収支が改善すると主張されている。外国市場については、国内市場の場合と違って、自国の商工業者に独占権を与えることができない。国内の住民になら、自国の商工業者から買うよう強制できるが、外国人に対してそのように強制することはできない。そこで次善の策として、自国の製品を買う外国人に金《かね》を支払おうというわけである。重商主義はこの方法で貿易収支を改善して国全体を豊かにし、国民全員のポケットに入る金銭を増やそうとしているのである。

輸出奨励金は、貿易のうち、それがなければ成り立たない部門にだけ支給すべきだとされている。商人が商品を売って得た代金で、商品を生産し市場に運ぶのに使われた資本を

回収でき、通常の利益を確保できるのであれば、その貿易部門は奨励金がなくても成り立つ。こうした部門はどれも、輸出奨励金を受け取ることなく行われている他の貿易部門と明らかに同じ立場にたっているのであり、したがって他の部門以上に奨励金を要求する資格があるとはいえない。輸出奨励金を求めるのは、商人が資本を回収して通常の利益を確保できる水準以下の価格で、つまり、商品を市場に供給するのに実際に要した金額以下の価格で商品を売らなければならない貿易部門だけである。輸出奨励金はこの損失を穴埋めするために与えられるのであり、これによって継続するよう、そしておそらくはじめるよう奨励する輸出は、経費が売上を上回ると予想され、取引を行うごとにそれに使われた資本の一部を食いつぶしていくものである。そして、どの取引もこれに似ていれば、国内の資本がすぐにすべてなくなる性格のものである。

輸出奨励金によって行われる貿易以外には、二国間で長期にわたって継続できる貿易のうち、輸出する側がかならず損をし、商品の供給に実際に要した金額以下の価格で売りつづけるしかないものはありえない。だが、商品価格が低いために被る損失を輸出奨励金で穴埋めされることがなければ、商人は自分の利益を考えて、すぐに自分の資本を別の用途に使うだろう。つまり、商品の価格によって、その商品を供給するために使った資本を回収し、通常の利益を確保できる取引を探すことになるだろう。輸出奨励金も、重商主義政

策がすべてそうであるように、国の貿易を、自然の動きに任せた場合よりもはるかに不利な方向に強いて向かわせる効果しかもっていない。

きわめて豊富な知識に基づいて穀物貿易論を書いたチャールズ・スミスが明確に示しているが、穀物の輸出奨励金制度が作られて以降、穀物の輸出総額から輸入総額を差し引いた差額は、輸出価格を十分に控えめに推定し、輸入価格をきわめて高く推定しても、その間に支給された奨励金の総額を大幅に上回っている。チャールズ・スミスは正真正銘の重商主義の原理にしたがって、この点で、穀物の奨励金付き輸出が国にとって有利であることがはっきりと示されたと考えた。輸出総額から輸入総額を差し引いた差額が、穀物輸出のために社会が負担した特別の費用の総額を大きく上回っていると考えたのだ。だが、輸出奨励金として支出された特別の費用が、穀物の輸出のために社会が負担した真の経費のうち、最小の部分だとは考えなかった。実際には、農業経営者が穀物を生産するために投じた資本も考慮しなければならない。外国市場で販売したときの穀物価格が、輸出奨励金を回収したうえ、この資本も回収して通常の利益が得られる水準に達していなければ、社会はその差額分を失い、国全体の資本はそれだけ減少する。だが、輸出奨励金が必要だと考えられたのはまさに、外国市場での販売価格がその水準に達しないとみられているからなのだ。

穀物の平均価格は、輸出奨励金制度ができた後、大幅に下がってきたといわれている。穀物価格が十七世紀末にかけて若干下がりはじめ、一七〇一～六四年にも少しずつ低下を続けていることは、第一編第十一章で示してきた。しかしこの価格低下がわたしが考えるほど確かであったとしても、輸出奨励金があったにもかかわらず起こったものであるはずであり、輸出奨励金の結果としては起こりえないものである。イングランドだけでなく、フランスでも穀物価格が低下しているが、フランスには輸出奨励金がないだけでなく、一七六四年まで輸出が全般に禁止されていた。したがって穀物の平均価格が穏やかに下落してきたのは、第一編第十一章で論じたように、おそらく輸出奨励金のためでも輸出禁止のためでもなく、十八世紀にヨーロッパ全体で、銀の真の価格が気づかれないまま、徐々に上昇してきたためだとみられる。輸出奨励金が穀物価格低下の一因になったとは、まったく考えられないと思える。

前述のように、豊作の年には輸出奨励金のために輸出が極端に多くなって、国内市場での穀物価格は、自然に下落するに任せた場合よりかならず高い水準に維持される。豊作の年にも穀物価格を高く維持することが、輸出奨励金の本来の目的である。不作の年には、輸出奨励金が一時停止されることが多いが、豊作の年に大量に輸出しているので、豊作の年に余った穀物で不作の年の不足を補うのが多少なりとも妨げられるはずだ。こうして輸

出奨励金制度のために、国内市場の穀物価格は、豊作の年にも不作の年にも本来より若干高くなる。

　農業の状況が変わらない場合、輸出奨励金がかならずこのような影響を与えることは、ものの道理が分かっている人なら誰も疑わないと思う。しかし、輸出奨励金は二つの点で農業を振興すると主張する人が多い。第一に農業経営者が生産する穀物に大きな外国市場が開かれるので、穀物の需要が増加し、したがって生産が増えるとみられている。第二に、耕作の状況から予想できる水準より高い価格が保証されるので、耕作が盛んになるとみられている。この二重の刺激によって長期的には穀物の生産が増加し、やがてはそのときの耕作の状況によって穀物の国内価格を低下させる力の方が、輸出奨励金によって穀物価格を上昇させる力より大きくなると考えられている。

　だが、輸出奨励金によって外国市場を拡大できるのはどの年にも、すべて国内市場を犠牲にした結果であるはずだ。輸出奨励金を使って輸出された穀物、輸出奨励金がなければ輸出できなかった穀物はすべて、国内市場に止まって消費を増やし、穀物価格を低下させるはずだったものだ。穀物に対するものにかぎらず、すべての輸出奨励金は、国民に二つの税を負担させることに注意すべきだ。第一は、奨励金の財源として負担する税金である。第二は、国内市場で対象商品の価格が上昇することによる税である。穀物は全国民が

買うものなので、第二の税は国民全員が支払うことになり、第一の税よりもはるかに重くなる。たとえば、小麦一クォーター当たり五シリングの輸出奨励金によって、国内市場の小麦価格が各年の平均で、その年の収穫量から決まる水準より一ブッシエル当たり六ペンス、一クォーター当たりでは四シリングしか上昇しないと想定しよう。この控えめな想定のもとでも、大多数の国民は、輸出された小麦一クォーター当たり五シリングの輸出奨励金を支払うための税金を負担したうえ、各人が消費する小麦一クォーター当たり四シリングを余分に支払わなければならない。そして、きわめて豊富な知識に基づいて穀物貿易論を書いたチャールズ・スミスによれば、穀物の輸出量は国内消費量の三十一分の一ほどである。したがって、第一の税を五シリング（〇・二五ポンド）負担するごとに、第二の税を六ポンド四シリング（六・二ポンド）負担しなければならない。生活のために何よりも必要な商品にここまで重い税金をかければ、下層労働者が得る生活必需品の量が減るか、生活必需品の価格上昇に比例して、賃金の額が上昇するか、どちらかにならざるをえない。下層労働者が得る生活必需品の量が減った場合、子供を育て教育する能力がそれだけ低下し、国の人口をある程度抑制する要因になる。賃金が上昇した場合、雇い主が雇える下層労働者の数がそれだけ減少し、国内の産業をある程度抑制する要因になる。したがって、輸出奨励金によって穀物の輸出量を無理に増やせば、それぞれの年に外国市場を拡大して

消費を増やした分、国内消費が減るうえ、国内の人口と産業を抑制する結果、最終的には国内市場の着実な拡大を妨げ抑制することになる。そのため長期的にみて、穀物の全体的な市場と消費の拡大をもたらすどころか、減少をもたらす要因になる。

ところが、穀物の金銭価格の上昇によって、農業経営者にとって穀物生産の利益率が高まり、かならず生産が増加すると考えられているのである。

だが、そうなるのは、穀物の真の価格が上昇して、農業経営者が同じ量の穀物で雇用できる労働者の数が増加する場合だけである。それも、近隣地域での労働者の生活が通常、豊かか普通か貧しいかに応じて、同じ水準の生活ができるようにしたときに雇用できる労働者の数が増加する場合だけである。しかし、輸出奨励金でも、その他の制度でも、明らかにそのような結果は生み出せない。輸出奨励金によって少なからぬ影響を与えられるのは、穀物の真の価格ではなく、名目価格だけである。輸出奨励金制度によって国民全体が負担する税金は、それを支払う側にとってきわめて重いとしても、それを受け取る側にとって、ほとんど利益にならないのである。

輸出奨励金の効果は実際には、穀物の真の価値を上昇させることにではなく、銀の真の価値を低下させることにある。ある量の銀と交換したときに入手できる量を、穀物で減少させるだけでなく、国内で生産されるあらゆる商品でも減少させる。穀物の金銭価格によ

って、国内で生産されるその他の商品の金銭価格が決まるからだ。

穀物の金銭価格によって、労働の金銭価格が決まる。労働の金銭価格はかならず、労働者にとって自分と家族が生活していくのに十分な量の穀物を買えるものでなければならない。そして、社会が発展しているか停滞しているか衰退しているかに応じて、雇い主は労働者の生活が豊かか普通か貧しいか、いずれかになる賃金を支払わなければならない。

穀物の金銭価格によって、他の土地生産物の金銭価格が決まる。他の土地生産物の金銭価格は社会の発達のどの段階にも、穀物の金銭価格に対してある比率を保っており、発展の段階が違えばこの比率が違うだけである。たとえば、牧草と干し草、食肉、馬の金銭価格が決まり、馬の飼育にかかる経費が決まり、陸運の経費が決まり、したがって国内商業の大部分の経費が決まる。

穀物の金銭価格によって、他の土地生産物の金銭価格が決まるので、ほぼすべての製造業で原材料の金銭価格が決まる。また、労働の金銭価格が決まるので、製造業の加工費も決まる。原材料と加工の両方の金銭価格が決まるので、製造業製品の価格が決まる。労働の金銭価格と、土地と労働によって生産されるすべての商品の金銭価格が、穀物の金銭価格の動向にしたがって上昇し、下落する。

このため、輸出奨励金の結果、農業経営者が穀物を一ブッシェル当たり三シリング六ペ

ンスではなく、四シリングで売れるようになり、生産物の金銭価格の上昇に比例して、地主に支払う金銭地代も引き上げられるとしても、穀物価格の上昇の結果、四シリングで買える他の国内生産物の量が、それ以前に三シリング六ペンスで買えた量より多くならないのであれば、農業経営者も地主も、この価格上昇で状況がとくに良くなるわけではない。農業経営者は以前より耕作を増やすことはできないし、地主は以前より生活水準を高めることはできない。外国商品を買う際には、穀物の金銭価格の上昇によって、少しは有利になるかもしれない。しかし国内で生産された商品を買う際には、わずかでも有利になるわけではない。そして農業経営者の支出はほぼすべて、地主の支出すらも大部分が国内商品の購入にあてられる。

豊かな鉱山が見つかれば銀の価値は低下するが、その影響は商業世界のほぼ全体にわたって同じか、ほとんど変わらず、個別の国がとくに有利になったり不利になったりすることはまずない。すべてのものの金銭価格が上昇するが、それを受け取る側は実際に豊かになるわけではないし、実際に貧しくなるわけでもない。銀食器は真の価値が低下するが、それ以外のすべてのものは、真の価値がそれ以前とまったく変わらない。

しかし、一つの国に特有の状況や特有の政治的な制度によって、銀の価値がその国だけで低下した場合、影響がきわめて大きくなる。そして、それによって豊かになる人がいる

どころか、その国の全員が貧しくなる要因になる。全商品の金銭価格上昇はこの場合、その国だけの現象であり、その国のあらゆる種類の産業に多少なりとも打撃を与え、外国市場だけでなく国内市場ですら、外国の製造業がほぼあらゆる種類の商品を国内の製造業より少ない銀の量で販売できるようにする要因になる。

スペインとポルトガルは鉱山を所有しており、ヨーロッパ全体に金銀を供給する立場にある。このため、両国ではヨーロッパの他国よりも金銀が若干安いのは当然である。だがこの差は、運賃と保険料の合計を超えないはずである。そして金銀は容積の割に価値が高いので、運賃はたいしたことがなく、保険料も同じ金額の他の商品と変わらない。したがって、スペインとポルトガルは、この特殊な立場による打撃をほとんど受けないはずである。ところが両国は政治的な制度によって、不利な立場をさらに悪化させている。

スペインは金銀の輸出に重税をかけ、ポルトガルは輸出を禁止しているので、輸出される金銀には密貿易の経費が上乗せされ、他国では金銀の価格がこの経費分だけ、自然に任せた場合より高くなっている。川の流れをせき止めるダムを築いたとき、ダムが満杯になれば、ダムがない場合と同じ水量がダムを越えて下流に流れる。金銀の輸出を禁止しても、スペインとポルトガルの金銀の保有量は、国内で硬貨や食器と、金箔などの装飾品に使える量を超えることはできず、この量は国内の土地と労働の年間生産物によって決ま

る。この量に達すればダムは満杯になり、その後に流入してくる部分はあふれでるしかない。輸出への制約があるなか、さまざまな推定で、両国の金銀の年間輸出量が年間の輸入量にきわめて近くなっているのはこのためだ。しかし、ダムの下流より上流の方がかならず水位が高いように、これらの制約のために両国が保有している金銀の量は、土地と労働による年間生産物に対する比率でみて、他国より多いはずである。ダムが強く高いほど、上流と下流で水位の差が大きくなる。税金が高いほど、輸出禁止の罰則が重いほど、密輸を監視する警察の取り締まりが厳しいほど、スペイン、ポルトガルと他国の間で、土地と労働による年間生産物に対する金銀保有量の比率の違いが大きくなるはずである。この違いはきわめて大きく、両国には金銀の食器をもっているのに、他国でならこの種の贅沢をする以上はもっているはずのものがなにもない家庭が多いといわれている。このように金銀が余っていることの当然の結果として、金銀が安く、同じことだがその他の商品がすべて高いために、両国では農業と製造業の発達が妨げられており、外国が両国にさまざまな土地生産物とほぼすべての製品を供給するとき、両国の国内で生産した場合よりも少ない量の金銀と交換できるようになっている。輸出税と輸出禁止は、二つの影響を与えている。スペインとポルトガルで金銀の価値を大幅に低下させているうえ、他国に流出するはずの金銀を国内にとどめて、他国での金銀の価値を本来の水準より若干高めに保ち、それ

によって、両国との貿易で他国が二重に有利になる状況を作りだしている。水門を開ければ、ダムの上流の水位が下がり、下流の水位が上がって、すぐに両側の水位がほぼ変わらなくなる。輸出税と輸出禁止を撤廃すれば、金銀の保有量がスペインとポルトガルで大幅に減り、その他の国で若干増えて、金銀の価値も、土地と労働による年間生産物に対する金銀保有量の比率も、すぐにすべての国で等しくなるか、ほとんど変わらなくなる。こうして金銀を輸出したときにスペインとポルトガルが被るとされている損失はすべて、名目上、想像上のものである。両国の商品の名目価値は低下し、土地と労働による年間生産物の名目価値は下がり、それまでより少ない量の銀で表示されるようになる。しかし、真の価値はそれまでと変わらず、同じ量の労働を維持し、支配し、雇用できる。商品の名目価値が低下するので、国内に残った金銀の真の価値は上昇し、それまでもっと大量の金銀を使っていた商業と流通の手段としての役割を、少ない量の金銀で十分に果たせるようになる。国外に流出する金銀は見返りを受け取ることなく国外に送られるわけではなく、同じ価値をもつ外国商品と交換される。そして金銀と交換して購入される外国商品がすべて、何も生産しない無為徒食の人が消費する贅沢品になることはないだろう。怠惰な人の真の富と収入は、金銀のこの大量輸出によって増えるわけではないので、消費も大きく増えることはない。したがって、購入される外国商品のおそらく半分以上、少なくともある部分

は、勤勉な人を維持し雇用するための原材料、機器、食料品になり、これらの人は消費したものの価値を再生産し、利益を生み出す。こうして、社会の遊休資本の一部が生産的に使われる資本に変わり、それ以前より生産的労働の量が増加する。土地と労働による年間生産物がすぐにわずかながら増加し、数年たつと、大幅に増加しているだろう。両国の産業が、現在の苦しみをもたらしているきわめて抑圧的な重荷の一つから解放されるからだ。

　穀物の輸出奨励金は、スペインとポルトガルのこの馬鹿げた政策とまさに同じ影響をかならずもたらす。耕作の実際の状況がどうであっても、イギリスの穀物の価格がその状況で決まる水準と比較して、国内市場では若干高くなり、外国市場では若干安くなる。そして穀物の平均金銭価格は他のすべての商品の価格を多かれ少なかれ決めるので、銀価格を国内でかなり下落させ、国外で若干上昇させる。現状では輸出奨励金によって外国人、とくにオランダ人がイギリス産の穀物を本来より安く買えるだけでなく、ときには同じ時期のイギリス国内価格すらも下回る価格で買えるようになる。この点はサー・マシュー・デッカーの信頼性の高い著書、『貿易衰退の原因に関する小論』に示されている。その結果、銀の量でみた製品価格をイギリスの製造業は本来の水準ほど低くできなくなり、オランダの製造業は低くできることになる。どの市場でも、イギリス製品の価格を本来の水準より若干上昇させ、外国製品の価格を逆に若干低下させ、したがってオランダの産業がイギリ

スの産業に対して二重に有利になる状況を作りだしている。

輸出奨励金は国内市場で、国内産穀物の真の価格ではなく、名目価格を上昇させるものだし、ある量の穀物で維持し雇用できる労働の量を増やすのではなく、それと交換して得られる銀の量を増やすだけなので、国内の製造業に打撃を与えるだけで、国内の農業経営者も大地主も大きな利益を得られるわけではないと説得しても、収入として得る通貨の量が少し増えるので、大きな利益を得られるわけではない。もっとも、農業経営者や大地主の大部分にとって、理解するのがおそらく少し難しいだろう。しかし、通貨の量が増えた分だけ通貨の価値が下がり、同じ量の通貨で購入できる労働、生活必需品、国内産商品の量が減るのだから、この制度で得られる利益は名目上、想像上のものをほとんど超えない。

しかしおそらく、社会全体のなかで一つの業種にとって、輸出奨励金は確かに利益になりうるし、なってきた。それは穀物商人であり、穀物の輸出入を行っている商人である。豊作の年には、輸出奨励金によって穀物の輸出量が本来よりかならず多くなる。そして豊作の年に余った穀物で不作の年の不足を補うのを妨げるので、不作の年には、穀物の輸入量が本来の必要量よりかならず多くなる。どちらの年にも、穀物商人の仕事が多くなる。豊作の年に余った穀物で不作の年の不足を補うことが多少なりとも妨げられるので、不作の年に輸入量が多くなるだけでなく、価格も高くなり、その結果、利益が多くなる。した

がって、輸出奨励金制度の継続と更新をとくに熱心に主張してきたのは、知りえたかぎり、穀物商人である。

農村の地主は穀物の輸入に高率の関税をかけ、平年作の年に輸入が事実上不可能になるようにしたとき、そして輸出奨励金制度を設けたとき、製造業者の行動を真似たようだ。輸入関税によって国内市場を独占できるようにし、輸出奨励金によって国内市場で穀物が供給過剰にならないようにした。この二つの制度で穀物の真の価値を高めようとしたのであり、製造業者が同様の制度によって各種製品で真の価値を高めてきたのにならったのだ。大地主はおそらく、穀物とその他のほぼすべての商品との間に基本的で大きな違いがあることを考慮しなかった。毛織物や亜麻布の製造業であれば、国内市場を独占するか輸出に奨励金をつける方法で、製品を本来の水準よりある程度高く売れるようにして、名目価格だけでなく真の価格も引き上げることができる。製品と交換できる労働と生活必需品の量を増やすことで、製造業者の利益、富、収入を名目上だけでなく実質的にも増やし、製造業者の生活水準を引き上げるか、その業種で働く労働者の数を増やすことができる。その製造業を実際に奨励して、自然の動きに任せた場合より、国全体の労働のうちその製造業に向けられる部分の量を増やすことができる。しかし同様の制度によって穀物の名目価格、つまり金銭価格を引き上げた場合、それによって穀物の真の価格が上昇するわけで

はない。農業経営者と大地主の真の富と真の収入を増やすことはできない。穀物の生産を奨励することはできない。穀物を生産するために維持し雇用する労働者の数を増やすことはできないからだ。ものごとの性質上、穀物の場合には名目価格を変化させるだけでは、真の価値は変化しない。輸出奨励金によっても、国内市場の独占によっても、真の価値は変わらない。最大限の自由競争によっても、真の価値を引き下げることはできない。世界全体でみて、穀物の真の価値はそれによって維持できる労働の量に等しく、それぞれの地域では、その地域での労働者の生活が通常、豊かか普通か貧しいかに応じて、その水準で維持できる労働の量に等しい。毛織物や亜麻布は、各種商品の真の価値を測定し決める際に最終的な基準になる商品ではない。穀物はそういう商品である。他の各種商品の真の価値は最終的に、その商品と穀物との平均金銭価格の比率によって測定され決まる。穀物の平均金銭価格は、世紀ごとにみれば変化することがあるが、それによっても穀物の真の価値は変化しない。変化しているのは、銀の真の価値である。

輸出奨励金は、国内で生産されるどのような商品に対するものであっても、二つの点で問題がある。第一は、重商主義のすべての政策に共通する一般的な問題であり、国内の労働の一部を、自然に任せた場合に向かうものより利益が少ない用途に振り向けるよう強制することである。第二は、この政策にとくにいえる点であり、利益が少ないどころか、損

失を被る用途に国内の労働を振り向けるよう強制することである。奨励金がなければ成り立たない貿易はかならず、損失を被る貿易である。穀物の輸出奨励金では、問題がもう一つある。生産を奨励しようとしている商品の生産を、実際にはまったく奨励できないという問題である。したがって、農村の地主は輸出奨励金制度を設けるよう求めたとき、商工業者の動きを真似たのだが、商工業者とは違って、自分たちの利害を完全に理解したうえで行動したわけではなかったのである。大地主はこの制度で、財政に大きな負担をかけた。国民全体にきわめて重い税をかけた。だが自分たちの商品の真の価値を目に見えて上昇させることはできなかった。そして銀の真の価値を若干低下させて、国全体の産業の発達をある程度だが阻害し、自分たちの土地の改良を促進するどころか、逆に多少なりとも遅らせた。土地の改良が進むには、国全体の産業の発達が不可欠だからだ。

ある商品の生産を奨励するのであれば、生産奨励金の方が輸出奨励金より効果が直接的だと考えられるはずである。また、生産奨励金なら国民が負担するのは一種類の税金だけ、奨励金の財源として支払うことになる税金だけになるだろう。国内市場でその商品の価格を上昇させるのではなく、下落させる要因になるので、第二の税を国民にかけるのではなく、逆に第一の税による負担を少なくとも一部分払い戻すことになろう。しかし、生産奨励金が支給されることはめったにない。重商主義で確立された偏見によって、国の富は直

接には生産ではなく、輸出によってもたらされると教え込まれている。このため、輸出は金銀を直接に国にもたらすものとされ、生産より優遇されているのだ。また、過去の例から、生産奨励金は輸出奨励金よりも不正が多いとされている。これがどこまで事実に基づくものなのかは分からない。輸出奨励金をめぐる不正が多いことはよく知られている。しかし、重商主義の政策をつぎつぎに作ってきた商工業者にとって、国内市場での供給過剰は自分たちの利害に反することであり、生産奨励金ではときとして供給が過剰になりかねない。輸出奨励金なら、余った部分を外国に輸出でき、国内で販売する部分の価格を引き上げることができるので、供給過剰をうまく避けられる。このため、重商主義のさまざまな政策のうち、商工業者がとくに好むのが輸出奨励金である。同じ業種の事業主が協定を結び、扱っている商品のうち一定比率を輸出した事業主に、自分たちで拠出した資金を奨励金として支給している例もある。この仕組みは大成功を収め、生産量が大幅に増えたなかで、国内市場での価格を二倍以上に引き上げることができた。輸出奨励金によって穀物の金銭価格が下がってきたのであれば、穀物の場合だけは奨励金の効果がなぜか、まったく違っていることになる。

　ただし、生産に対するある種の奨励金が特別の対象に与えられたことはある。鰊《にしん》漁と捕鯨に対するトン数奨励金はおそらく、生産奨励金に近いものだと考えられるだろう。この

奨励金は、国内市場での商品価格を直接に低下させる要因になるとする意見もあるだろう。その他の点では、この奨励金の効果は輸出奨励金と同じであることを認識しなければならない。国の資本のうち一部が、販売価格で資本を回収し通常の利益を獲得することができない商品の供給に振り向けられることになる。

だが、これらの漁業に対するトン数奨励金は、国を豊かにするためには役立たないとしても、船員と船舶の数を増やして、国防力を高める要因になるとする意見もあるだろう。陸軍にある常備軍を海軍でも維持するようにした場合と比較して、はるかに少ない経費で国防力を高められるとする意見もある。

このような意見はあるが、以下の点を考えれば、少なくともトン数奨励金のうち一つでは、議会がうまくだまされたのだと考えたくなる。

第一に、鰊漁船に支払われる奨励金は多すぎるように思える。

一七七一年の冬の漁期の初めから一七八一年の冬漁期の終わりまで、鰊漁用の大型漁船には一トン当たり三十シリング（一・五ポンド）の奨励金が支払われている。この十一年間にスコットランドの大型漁船による鰊の漁獲量は、三七万八三四七樽であった。捕獲して漁船で塩漬けにした鰊は海上加工品という。これをいわゆる商用鰊にするには、さらに塩を加えて漬けなおす。海上加工品三樽から通常、商用鰊二樽ができるとされている。した

がって、この計算では十一年間の漁獲量は商用鰊で二五万二二三一・三三樽にしかならない。この十一年間に支払われたトン数奨励金は合計一五万五四六三ポンド一一シリングであり、海上加工品一樽当たり八シリング二・二五ペンス（約〇・四一ポンド）、商用鰊一樽当たりでは十二シリング三・七五ペンス（約〇・六二ポンド）になる。

鰊の加工には、スコットランド産の塩が使われることもあれば、外国産の塩が使われることもある。どちらも、水産加工用に購入する場合には、物品税が全額免除される。塩の物品税はスコットランド産のものが一ブッシェル当たり一シリング六ペンス（〇・〇七五ポンド）、外国産のものが同十シリング（〇・五ポンド）である。一樽の鰊には、外国産の塩の場合に一・二五ブッシェル、スコットランド産の塩の場合に平均二ブッシェルが必要だとされている。鰊が輸出された場合、塩税はまったく支払われない。国内で販売された場合に、スコットランド産、外国産のどちらの塩を使った場合にも、一樽当たり一シリング（〇・〇五ポンド）の塩税が支払われるだけである。これはスコットランドの旧来からの塩物品税であり、一樽の鰊の加工に一ブッシェルの塩を使うと控えめに見積もったうえで、一ブッシェル当たり一シリングが課されている。スコットランドでは外国産の塩は、魚の塩漬け以外の用途にはほとんど使われていない。だが一七七一年四月五日から一七八二年四月五日までに輸入された塩は合計九三万六九七四ブッシェル、一ブッシェル当たりの重量

は八十四ポンドであった。製塩所から水産加工業者に販売されたスコットランド産の塩は、一六万八二二六ブッシェル以下であり、これは一ブッシェル当たりの重量が五十六ポンドしかない。したがって、水産加工に使われたのは、主に外国産の塩のようだ。また、鰊の輸出にあたっては、一樽当たり二シリング八ペンス（〇・一三三ポンド）の輸出奨励金が支払われ、大型漁船による漁獲量の三分の二以上が輸出されている。以上の点を考え合わせれば、この十一年間に、スコットランド産の塩を使った塩漬け鰊は、輸出の場合に一樽当たり十七シリング十一・七五ペンス（約〇・八九九ポンド）、国内消費の場合に同十四シリング三・七五ペンス（約〇・七一六ポンド）、外国産の塩を使った塩漬け鰊は、輸出の場合に同一ポンド七シリング五・七五ペンス（約一・三七四ポンド）、国内消費の場合に同一ポンド三シリング九・七五ペンス（約一・一九一ポンド）の負担を政府にかけたことになる。良質の商用鰊の価格は一樽当たり十七〜十八シリング（〇・八五〜〇・九ポンド）から二十四〜二十五シリング（一・二〜一・二五ポンド）の間であり、平均では一ギニー（一・〇五ポンド）ほどである（二一四〜二一五ページの付表を参照）。

　第二に、鰊漁に対する奨励金はトン数に対するものである。大型漁船の積載量に比例して支払われ、出漁の度合いにも漁獲量にも比例しない。このため、漁ではなく、奨励金の獲得だけを目的に船を装備することが多いのではないかと思われる。一七五九年には、奨

	ポンド	シリング	ペンス
以上を合計した商用鰊1樽当たり奨励金	1	7	5$\frac{3}{4}$
国内産の塩を使った場合、外国産塩の戻し税を差引	0	14	11$\frac{3}{4}$
スコットランド産の塩を1樽当たり2ブッシェル使った場合、1ブッシェル当たり1シリング6ペンスの塩税戻し税	0	3	0
以上を合計した商用鰊1樽当たり奨励金	0	17	11$\frac{3}{4}$
スコットランドで消費された場合、輸出奨励金を加算する前の奨励金	0	12	3$\frac{3}{4}$
1樽当たり1シリングの税金を差引	0	1	0
	0	11	3$\frac{3}{4}$
外国産の塩を塩漬けに使った場合の戻し税	0	12	6
国内消費用鰊に支払われる1樽当たり奨励金総額	1	3	9$\frac{3}{4}$
国内産の塩を使った場合、前述のトン数奨励金	0	12	3$\frac{3}{4}$
1樽当たり1シリングの税金を差引	0	1	0
	0	11	3$\frac{3}{4}$
スコットランド産の塩を1樽当たり2ブッシェル使った場合、1ブッシェル当たり1シリング6ペンスの塩税戻し税	0	3	0
国内消費用鰊に支払われる1樽当たり奨励金総額	0	14	3$\frac{3}{4}$

塩税戻し金は、輸出の際のものは奨励金とみなすべきではないともいえるが、国内消費用の場合は奨励金とみなせる。

スコットランドに輸入された外国産の塩と、スコットランドの製塩所から水産加工用に出荷された塩（1771年4月5日から1782年4月5日までと年平均）

期間	外国産塩の輸入量（ブッシェル）	スコットランド産塩の水産加工用出荷量（ブッシェル）
1771年4月5日～1782年4月5日	936,974	168,226
年平均	85,179$\frac{5}{11}$	15,293$\frac{3}{11}$

外国産塩は1ブッシェル当たりの重量が84ポンドだが、国内産塩は同56ポンドにすぎない点に注意。

付　表

以下の２つの表は、鰊漁のトン数奨励金について述べた点を数値で確認するためのものである。以下の数値は正確なものである。

スコットランドの鰊漁用大型漁船と、漁にもちだした空樽、鰊の漁獲量、海上加工品と商用鰊の１樽当たり奨励金

年	大型漁船数	空樽数	漁獲樽数	鰊漁奨励金総額		
				ポンド	シリング	ペンス
1771	29	5,948	2,832	2,085	0	0
1772	168	41,316	22,237	11,055	7	6
1773	190	42,333	42,055	12,510	8	6
1774	248	59,303	56,365	16,952	2	6
1775	275	69,144	52,879	19,315	15	0
1776	294	76,329	51,863	21,290	7	6
1777	240	62,679	43,313	17,592	2	6
1778	220	56,390	40,958	16,316	2	6
1779	206	55,194	29,367	15,287	0	0
1780	181	48,315	19,885	13,445	12	6
1781	135	33,992	16,593	9,613	12	6
合計	2,186	550,943	378,347	155,463	11	0

			ポンド	シリング	ペンス
海上加工品樽数	378,347	海上加工品１樽当たり奨励金	0	8	$2\frac{1}{4}$
$\frac{1}{3}$を差引	$126,115\frac{2}{3}$				
商用鰊樽数	$252,231\frac{1}{3}$	商用鰊との差として$\frac{1}{3}$を差引後、商用鰊１樽当たり奨励金	0	12	$3\frac{3}{4}$

	ポンド	シリング	ペンス
商用鰊を輸出した場合の奨励金	0	2	8
政府が支払う１樽当たり奨励金の総額	0	14	$11\frac{3}{4}$
外国産の塩を塩漬けに使った場合の戻し税、１樽当たり1.25ブッシェル、１ブッシェル当たり10シリング	0	12	6

励金がトン当たり五十シリング（二・五ポンド）であったが、スコットランドの大型漁船による鰊の漁獲量は海上加工品で四樽にすぎなかった。この年には、政府はトン数奨励金だけで海上加工品一樽当たり百十三ポンド十五シリング、商用鰊一樽当たりでは百五十九ポンド七シリング六ペンスを負担している。

第三に、トン数奨励金の対象になるのは、鰊漁のうち積載量が二十トンから八十トンの甲板付き帆船を使うものだけだが、この種の漁船を使った漁法はオランダには適していても、スコットランドにはあまり適していないように思える。この漁法はオランダの方式を真似たものだが、オランダは鰊の主要な漁場から遠く離れているので、甲板があり、遠洋航海用に水と食料を積める漁船でなければ、鰊漁はできない。これに対してスコットランド北部沖のヘブリディーズ諸島、シェトランド諸島や、スコットランドの北部と北西部の沿岸など、鰊漁の中心になっている地域ではどこでも、陸地のかなり奥にまで入り込んだ狭い湾が多数あり、この地域で海湖と呼ばれている。鰊はこの海域に集まるときには主に湾に集まってくる（ただし、鰊などの魚がここに集まる時期は、とくに決まっているわけでないという）。このため、小舟を使った漁業がスコットランドに特有の状況にもっとも適しているとみられる。漁師は漁が終わればすぐに鰊を持ち帰り、加工するか鮮魚のままで消費する。だが、トン当たり三十シリング（一・五ポンド）の奨励金で大型漁船による漁が

奨励されているため、小舟による漁にはかならず障害になる。奨励金を得られないので、塩漬け鰊では大型漁船によるものと同じ条件で市場で競争することができない。このため、小舟を使った漁業は大型漁船に対する奨励金制度が作られる前にはかなり盛んで、大型漁船による漁で現在働いているのと変わらない数の漁民がいたといわれているが、いまではほぼ壊滅している。しかし、いまでは壊滅し見捨てられたこの漁業が以前にどれほどの規模のものであったのかを、それほど正確に示すことはできない。小さな漁船の艤装《ぎそう》には奨励金が支払われていないので、税関も塩税の担当官も記録を残していないからである。

第四に、スコットランドの多くの地域で、一年のうちある季節に、鰊《にしん》が庶民の食べ物のうちかなりの部分を占めている。奨励金によって国内市場での価格が下がるのであれば、とても裕福だとはいえない多数の庶民の生活を楽にする点で、大きな意味をもつ。だが、大型鰊漁船に対する奨励金制度は、その点ではまったく役立っていない。国内市場に鰊を供給するのにはるかに適している小舟による漁業を壊滅させたうえ、輸出すればさらに一樽当たり二シリング八ペンスの奨励金が支払われるので、大型漁船による漁獲量の三分の二以上が輸出にまわされている。三十年から四十年前、奨励金制度ができる以前には、塩漬け鰊の通常価格は一樽当たり十六シリング（〇・八ポンド）だったという話を聞いている。十年前から十五年前、小舟による漁業が壊滅する以前には、同十七シリングから二十シリ

ング（〇・八五〜一ポンド）だったという。過去五年には平均二十五シリング（一・二五ポンド）になっている。ただしこの高値は、スコットランド近海で鰊が減っているためかもしれない。また、この価格は樽の価格を含んだものだが、アメリカで戦争がはじまった後、樽の価格が約三シリングから約六シリングへと、二倍になったことも指摘しておかなければならない。また、以前の価格についての話が一定してはいないし、一貫したものでもないことも認めておかなければならない。たとえば、記憶力が確かで経験豊富なある老人は、五十年以上前に良質の商用鰊の通常の価格が一樽当たり一ギニー（一・〇五ポンド）だったと断言している。いまでも、これが平均価格だといえるかもしれない。だが、どの話も、奨励金のために国内市場で鰊の価格が下がったことはないという点では一致していると思える。

漁業の事業主はここまで気前のいい奨励金を支給され、商品を以前と同じか逆に高い価格で売っているのだから、利益率が極端に高くなっているはずだと予想されるかもしれない。そして、そういう事業主がいたとしても不思議ではない。しかし全般にはまったく逆だと信じる理由が十分にある。このような奨励金制度ができると、軽率な事業主が何の知識ももたないまま事業に乗り出し、怠慢と無知のために損をして、政府による最大限の支援でも吸収しきれなくなるのが通常だ。ジョージ二世治世の一七五〇年、大型漁船による

鰊漁を奨励するためにトン当たり三十シリング（一・五ポンド）の奨励金を支払う制度を作ったのと同じ法律で、株式会社が設立された。資本金は五十万ポンドであり、株式の引受人は、上述のトン数奨励金、一樽当たり二シリング八ペンスの輸出奨励金、国内産、外国産の塩の免税という奨励策に加えて、十四年間にわたり、引き受け払い込んだ株式百ポンド当たり年に三ポンドを、年に二回に分けて一・五ポンドずつ、税関長官から支払われることになった。同社は社長と取締役がロンドン居住者に限定されたが、これ以外にイギリス国内の各港に同様の漁業会社を設立できることになった。ロンドン以外の漁業会社は、引き受け済み資本が一万ポンド以上あり、それぞれがみずからリスクを負担し、みずからの損益で営業することが条件になっていた。地方漁業会社にも、同じ年間補助金とすべての種類の奨励策が与えられた。ロンドン会社の株式はすぐに全額が引き受けられ、各地の港にいくつもの地方漁業会社が設立された。ここまでの奨励策を与えられながら、ロンドン会社も地方会社のほとんども、資本のすべてかほぼすべてを失い、その痕跡すらほとんど残っていない。そして大型漁船による鰊漁はすべてかほぼすべて、個人の起業家によって行われている。

ある種の製造業が社会の防衛のために必要であれば、近隣国に供給を依存するのが賢明だとはかぎらない。また、そのような製造業を支える方法が他にないのであれば、それを

支援するために他のすべての産業に税金をかけるのも、不適切ではないかもしれない。イギリス製の帆布《ほぬの》と火薬に対する輸出奨励金はおそらく、この理由で正当だといえる。

製造業のうち一部を支援するために国内の大多数の産業に税金をかけるのが適切だといえる場合はめったにないが、国が大いに繁栄し、財政収入が増加して使い道に困るほどになったとき、優遇したい産業に奨励金を支給するのはおそらく、他の無意味な出費と変わらないほど自然なことだといえるかもしれない。個人の場合もそうだが国の場合にも、十分に富があれば、馬鹿げた支出も許される場合がある。だが、国全体が困難にぶつかり困窮しているときにこのような無駄遣いを続けるのであれば、普通の愚行というには止まらないというべきだろう。

奨励金と呼ばれているもののなかには、実際には戻し税にすぎず、したがって奨励金と呼ぶのが適切な制度に対する批判があてはまらないものもある。たとえば精製糖に対する輸出奨励金は、原料になる茶砂糖と黒砂糖の輸入関税の払い戻しだと考えられる。絹織物の輸出奨励金は、生糸と絹撚糸《きぬねんし》の輸入関税の払い戻しだと考えられる。火薬の輸出奨励金は、原料の硫黄と硝石の輸入関税の払い戻しだと考えられる。税関の言葉では、輸入品をそのままの形で再輸出した場合にだけ戻し税と呼ばれる。加工されて形と名前が変わると、奨励金と呼ばれる。

一つの職種でとくに優れた技能をもつ手工業者や職人に国が支給する褒賞金は、奨励金とは性質が違うので、同じ理由で批判されるようなものではない。人並みはずれた技能や創意工夫を発揮するよう奨励するものであり、それぞれの職種で現に働いている人の間では競争を促すが、国内の資本が自然に任せた場合より高い比率で対象の職種に振り向けられるようになるほど、額が大きいわけではない。産業の自然な比率を乱す要因にはならず、それぞれの産業で行われる仕事が可能なかぎり完璧になるよう促す要因になるだけである。それに、褒賞金にあてられる財政支出はごく少ない。奨励金の場合には巨額である。穀物の輸出奨励金だけでも年に三十万ポンドを超える年がある。

奨励金はときに褒賞金と呼ばれており、戻し税がときに奨励金と呼ばれるのと同様である。しかしどの場合にも、言葉がどうであれ、ものごとの性質に注目しなければならない。

穀物取引と穀物法に関する余論

奨励金に関するこの章の議論を終わらせる前に、穀物の輸出奨励金を設けた法律とそれに関連する規制制度に対する称賛には、まったく根拠がないことを論じておきたい。穀物取引の性格とそれに関連するイギリスの主要な法律を具体的に検討していけば、この主張

の正しさが十分に証明されるだろう。この問題はきわめて重要なので、以下の余論は少々長くなる。

穀物商の事業は四つの部門に分かれている。ときには四つのすべてを一人で行う商人もいるだろうが、それぞれ性格が違う別の事業である。第一が国内商人の事業、第二が国内消費用輸入商の事業、第三が外国での消費用に国内の生産物を輸出する商人の事業、第四が再輸出用に穀物を輸入する中継貿易商の事業である。

第一の部門である国内商人の事業についていうなら、国内商人の利害と国民の大多数の利害は、一見正反対だと思えるとしても、最悪の凶作の年にすら、まったく一致している。国内商人にとって、その年の実際の穀物不足によって必要になる水準まで穀物価格を引き上げることが利益になるが、それ以上に引き上げることは利益にならない。穀物価格を引き上げることで消費を抑制し、全国民に、とくに下層民に、多少なりとも穀物を節約し無駄を省くよう強いる結果になる。だが価格を上げすぎると、消費を抑制しすぎる結果になり、年間の供給量が年間の消費量を上回って、翌年の新穀が入荷してもまだしばらくは売り切ることができなくなる。そうなれば、穀物のかなりの部分を自然要因によって失う危険があるうえ、売れ残った穀物を、数か月前よりはるかに安い価格で売らなければならなくなる可能性もある。価格の引き上げが小幅すぎると、消費抑制の効果が不十分になり、

年間の供給量でおそらく年間の消費量を賄えなくなる。そうなれば、獲得できたはずの利益の一部を失うだけでなく、端境《はざかい》期に国民が穀物不足に苦しむどころか、飢饉の恐怖にさらされることになりかねない。国民にとって、一日、一週、一月の消費量がその年の供給量にできるかぎり正確に見合ったものになることが利益になる。国内商人にとっても同じ点が利益になる。穀物商人はみずからの判断で供給量をできるだけこの比率に近づければ、穀物を可能なかぎり最高の価格で販売でき、利益を最大限に増やせる。穀物商人は作柄に関する知識と、一日、一週、一月ごとの販売量についての知識から、この理想的な状態にどこまで近いのかを、多少なりとも正確に判断できる。こうして穀物商人は国民全体の利益をはかろうという意図をもたないまま、自分自身の利益をはかる結果、不作の年であっても、賢明な船長がときとして船員に対してとらざるをえなくなるのと同じ方法で、国民に穀物を供給することになる。船長は食料が不足すると予想したとき、船員への食料割当を減らす。慎重になりすぎて、実際には必要がないのに割当を減らすこともあるだろうが、それによって船員が被る迷惑は、もっと慎重さを欠いた行動をとった場合に陥りかねない危険、悲惨、破滅と比較すれば、何ということもない。穀物の国内商人も貪欲が行き過ぎて、その年の穀物不足から必要になる以上に価格を引き上げることもあるだろうが、それによって端境期に飢饉になるのが防げるのだから、この行動で国民が被る迷惑は、当初か

何ということもない。そして、貪欲が行き過ぎた場合にもっとも大きな損害を受けるのは、おそらく穀物商人自身だろう。国民の怒りの的になるうえ、怒った国民による攻撃をうまく避けられたとしても、つぎの収穫期に手元に穀物が残り、その年がたまたま豊作であれば、高く売れたはずの穀物を大幅に安い価格で売らなければならなくなる。

商人が作った大企業が一社で大国全体の穀物をすべて扱うことが可能であれば、オランダ商人がモルッカ諸島の香辛料についてそうしているといわれるように、穀物のかなりの部分を燃やすか捨てて価格をつり上げるのが、商人にとって利益になるかもしれない。しかし、法律で強制しても、穀物でそのように徹底した独占体制を築くのはまず不可能である。そして、取引を自由にしている国ではどこでも、穀物は少数の大資本が大部分を買い占めて市場を独占する恐れがもっとも少ない商品である。国内で取引される穀物は、少数の民間人が買い占めるには価値が大きすぎるし、買い占められるだけの資本をもつ商人がいたとしても、生産の仕組みを考えれば、買い占めを実行できるとは考えられない。どの文明国でも、年間の消費量がもっとも多く、したがって年間に生産に使われている労働の量がどの商品よりも多い。また、土地で生産された段階での所有者の数も、どの商品よりも多い。そして自営の製造業者の場合とは違って、所有者を一か所に集めることはでき

ず、かならず国全体に分散している。当初の所有者は穀物を、近隣の消費者に直接に販売することもあるし、他の国内商人に供給し、商人の手で消費者に販売されるようにすることもある。したがって、農業経営者とパン屋を含めれば、穀物の国内商人はどの商品を扱う商人よりもかならず数が多く、しかも各地に分散しているので、全員が団結するのは不可能である。このため、不作の年に商人のうち誰かが、手持ちの穀物が多すぎていまの価格では収穫期までに売り切れないと判断した場合、価格を維持して自分が損をし、競争相手だけが利益を得るようにすることなど考えられもしないので、すぐに価格を引き下げて、新穀が入荷しはじめる前に在庫を売り切ろうとする。一人の商人が行動を決めるのと同じ動機、同じ利害ですべての商人が行動を決めるので、全員が最善の判断に基づいて、その年の不足か余剰に見合った価格で販売せざるをえなくなる。

現在の十八世紀か、それ以前の二世紀の間にヨーロッパ各地で起こった穀物の不足と飢饉の歴史、それもきわめて詳細な記録があるいくつもの事例を注意深く検討したものなら誰でも分かるはずだが、穀物不足は国内商人の買い占めなどのために起こったことはない。どの場合にも実際に不足した結果であり、ときには、そして一部の地域では戦争による荒廃のためという場合もあるが、ほとんどの事例では天候不順のためである。そして飢饉が起こったとき、その原因は、穀物不足の問題を不適切な手段で解決しようとして、政府が

暴力的な政策をとったこと以外にはない。

国土が広い穀物生産国で、国内各地の間で取引と輸送が自由に行われていれば、天候不順が極端になっても、飢饉が起こるほど穀物が不足することはまずない。収穫量がとくに少ない年でも、節約し倹約すれば、平年作の年に全般にもっと豊富に食料を消費しているのと同じ数の国民を、翌年の収穫期まで養うことができる。天候不順のうち農業にとくに打撃になるのは、旱魃《かんばつ》と洪水である。だが、穀物は低地でも高地でも、通常なら水が多すぎる土地でも乾燥しすぎる土地でも育つので、旱魃か洪水が起こって被害を受けた地域があっても、別の地域にとっては好条件になる。雨が多すぎても少なすぎても、適量の場合より収穫量がかなり減るが、どちらの場合にも国内のある部分での不作が、他の部分での豊作である程度まで補われる。稲作の国では、土壌に大量の水分が必要なうえ、ある時期には田に水をはる必要があるので、旱魃の影響ははるかに深刻である。だがそのような国でも、政府が自由な取引を許していれば、きわめて広い地域に旱魃が起こって飢饉が避けられなくなるようなことは、まずないだろう。数年前にベンガルで起こった旱魃はおそらく、深刻な穀物不足を引き起こすものだったとみられる。東インド会社の使用人が米の取引に不適切な規制、馬鹿げた制約を設けたことがおそらく、穀物不足にとどまらず、飢饉にまで問題が深刻化する原因になったのだろう。

　穀物不足の問題を解消するために、政府が適正と考える価格で穀物を売るようすべての商人に命じた場合、商人が穀物を出荷しなくなって、収穫の直後からすら飢饉がはじまることになりうる。また、商人が出荷した場合には、人びとが多めに消費できるようになるし、消費するよう促すことにもなって、端境期に飢饉を引き起こす結果になる。穀物取引の自由を無制限に無制約に認めることが、悲惨な飢饉をうまく防ぐ唯一の方法であり、穀物不足の問題を緩和する最善の方法でもある。穀物が実際に不足している場合には、問題を解消することはできず、緩和することしかできないからだ。穀物取引ほど、法律で十分に保護するに値する取引はなく、また保護を必要としている取引もない。穀物取引ほど、憎悪の対象になる取引はないからだ。

　不作の年には、庶民は自分たちの苦しみが穀物商人の貪欲によるものだと考えるので、穀物商人が憎しみと怒りの対象になる。このため穀物商人は不作の年に利益を獲得するどころか、民衆の暴力によって完全に破壊され、倉庫を略奪され壊される危険にさらされることが少なくない。ところが穀物商人にとって、利益をあげられるのは主に不作の年、価格が上昇した年なのである。穀物商人は一般に農業経営者との間で、ある年数にわたってある量の穀物をある値段で毎年買う契約を結ぶ。この契約価格は適切で妥当とされている価格、つまり通常で平均的な価格によって取り決められており、近年に不作が続く以前に

は一般に、小麦一クォーター当たり約二十八シリング（一・四ポンド）であり、他の穀物もこれに見合った水準に設定されていた。このため、不作の年には穀物商人は仕入れの大部分で通常価格を支払い、かなり高い価格で販売できる。だが、この特別の利益によって、穀物取引が他の取引と対等な条件になるにすぎず、穀物が長持ちしない点と、予想のつかない価格変動が頻繁に起こる点から他の時期に何度も被る損失を補えるにすぎない。これは、他の商売でもそうだが、穀物取引でも巨額の富を築いた人がめったにいない点だけをみても明らかだと思える。だが、不作の年、収益性がきわめて高くなる唯一の機会に民衆の憎悪を浴びることから、人格が優れ資産がある人物は穀物商人になるのを避けるようになっている。そこで穀物取引は地位の低い商人に任されている。粉屋、パン屋、あら挽き粉屋、粉商人、そして多数の貧しい行商人だけが、国内市場で生産者と消費者を結ぶ役割を果たしている。

ヨーロッパの昔の政策では、社会にとってこれほど有益な業種に対する民衆の憎悪を抑えるのではなく、逆に正当化し煽っていたように思える。

エドワード六世治世の一五五二年に制定された法律で、転売する目的で穀物を買ったものは不法な買い占めを行ったとみなされ、初犯の場合には禁固二か月と穀物の価値に等しい罰金を科し、再犯の場合には禁固六か月と穀物の価値の二倍の罰金を科し、三犯の場合

には晒台《さらし》にさらしたうえ、国王が定める期間の禁固を科し、動産をすべて没収すると規定された。ヨーロッパの他国の大部分でも、昔の政策はイングランドのものより良くはなかった。

　昔は、農民からの方が穀物商人からより穀物を安く買えると考えられていたようだ。穀物商人は農民に支払った価格に上乗せして、法外な利益を得るとされていたのだ。そこで、穀物商という業種をすべてなくそうとした。農業生産者と消費者の間に各種の商人が入るのを、できるかぎり阻止しようと努力している。穀物の行商人や運送人と呼ぶ商人の営業に、いくつもの制約を設けたのはこのためだ。穀物を扱う商売を行う際には、公正に取引する誠実な人物であることを証明する免許を取得しなければならなかった。エドワード六世の治世に制定された前述の法律によって、この免許を与えるには治安判事三人の許可が必要だと規定された。この制約すら不十分だと考えられるようになり、エリザベス一世治世の一五六二年の法律によって、四季裁判所だけがこの免許を与える権限をもつようになった。

　ヨーロッパの昔の政策ではこのように、農村の最大の産業である農業を、都市の一大産業である製造業について確立したものとは、まったく違った原則にしたがって規制しようとした。農業経営者に対しては、消費者と、購入した穀物を直接に消費者に販売する行商

人や運送人だけに販売先を限定し、農業経営だけではなく、穀物の取引と小売りの事業も同時に行うことを強制しようとした。これとは逆に、製造業者に対しては多くの場合、自分の商品を小売り販売して商店主としての事業を同時に行うのを禁止した。農業では、穀物価格を引き下げて国民全体の利益をはかろうとしたのだが、おそらくどうすれば国民全体の利益になるのかを十分に理解できていなかった。製造業に関する規制では、国民のなかの一部、商店主の利益を守ろうとした。製造業者がみずから小売りを行うのを許していれば、商店主よりはるかに安い価格で売るので、商店主の事業が成り立たなくなると考えたのである。

しかし、製造業者は店を構えて自分の商品を小売り販売することを許されても、通常の商店主より安く販売することはできなかっただろう。自分の店に資本を使えば、その分、製造業に使う資本を減らさなければならない。自分の事業が他の人の事業より不利にならないようにするには、製造業で利益を確保すると同時に、小売り業でも利益を確保しなければならない。たとえば、ある都市で、製造業でも小売り業でも、資本の利益率が通常十パーセントであるとしよう。この場合、製造業者は自分の店で商品を売るとき、二十パーセントの利益を得なければならない。商品を作業場から店に運んだとき、その商品を商人か商店主に卸したときに売れる価格で評価しなければならない。それより低く評価すれば、

製造業に使った資本で利益の一部を失うことになる。その商品を自分の店で売ったとき、他の商店主が売るときと同じ価格で売らなければ、小売り業に使った資本で利益の一部を失う。こうして同じ商品で二重に利益を得るようにみえるかもしれないが、生産の段階と小売りの段階とではそれぞれ違った種類の資本の一部としてこの商品を保有するので、それぞれの段階で使った資本に対して一回の利益しか得ていない。そして、この利益率が通常以下であれば、その都市の大部分の人よりも資本を不利な方法で使っていることになる。

製造業者には禁止されていることを、農業経営者はある程度まで強制されていた。資本を二つの用途に振り向け、一部は穀物と乾草の在庫を維持し、ときどきの需要に合わせて市場に供給するために使い、残りを土地の耕作に使うよう強制されたのである。しかし、農業資本で通常得られる利益率を下回るような形で土地の耕作に資本を使うわけにはいかないように、商業資本で通常得られる利益率を下回るような形で穀物と乾草の供給のために資本を使うわけにはいかない。実際には穀物商としての事業に使われている資本を保有しているのが、農業経営者と呼ばれる人であろうと、穀物商人と呼ばれる人であろうと、どちらの場合でも同じ利益率を獲得できなければ、所有者は資本を使うことへの報酬が得られず、その事業は他の事業と対等の条件にならず、できるかぎり早く事業を変えるのが

所有者にとって利益になるのを防ぐことはできない。このため、農業経営者は穀物商人の事業を行うよう強制されたとき、自由競争のもとでどの穀物商人も売らざるをえなくなる価格より安く穀物を売れるわけではない。

商人は自分の資本をすべて一つの種類の事業に使うことができれば、一つの作業だけで働きつづけられる労働者と同じような利点を得られる。一つの作業を続けている労働者が、人間の手でここまでのことができるのかと思えるほど大量の仕事をこなす技能を身につけるように、一つの事業にすべての資本を使っている商人は、商品を仕入れ販売して商売を行う簡単で手早い方法を習得し、同じ資本ではるかに大量の取引を行えるようになる。一つの作業に集中できる労働者がはるかに安く製品を生産できるように、一つの事業に集中する商人は一般に、さまざまな種類の商品に資本と関心を分散しているときより、いくぶんかは安く商品を販売できる。製造業者の大部分は、自分の商品を自分の店で販売するとき、機敏で賢明な商人が同じ種類の商品を仕入れて店で売ることだけに専念しているときほど安く売ることはできない。農業経営者の大部分はまして、穀物を消費者に売るとなると、たぶんたいていは数マイルも離れた都市の住民に売るのだから、機敏で賢明な商人が穀物を仕入れ、大きな倉庫に蓄えて店で売る仕事に専念しているときほど安く売ることはできない。

製造業者が小売りの事業を行うことを禁止する法律は、資本の使用での分業が自然に任せた場合より早く進むようにするものであった。農業経営者に穀物商人の事業も行うよう義務づける法律は、この分業が早く進むのを妨げるものであった。どちらの法律も、自然な権利をあからさまに侵害し、したがって不当である。そしてどちらも、不当であるのと同時に愚かな政策でもあった。どの社会でも、この種のことは強制も妨害もしないのが最善だ。自分の労働か資本を必要以上にさまざまな方法で使う人は、安く売って近隣の同業者に損害を与えることなどできない。自分が損害を被ることならありうるし、通常、実際にも損害を被っている。器用貧乏という言葉があるほどだ。それはともかく、法律はつねに国民を信頼し、自分の利害を各人で判断するに任せるべきである。各人はそれぞれがおかれた状況のなかで、立法者よりも正しく自分の利害を判断できるのが通常のはずだからだ。この二つの法律のなかでは、農業経営者に穀物商人の事業も行うよう義務づける法律の方が、はるかに有害であった。

この法律は、どの社会にとってもきわめて有利な分業、資本の使用における分業の進展に障害になるうえ、土地の改良と耕作にも障害になった。農業経営者に農業だけではなく穀物取引を加えて二つの事業を行うよう義務づけることで、資本を二つに分けるよう強制し、その一方しか耕作に使えないようにした。収穫して脱穀した穀物の全量をすぐに穀物

商人に自由に売れるのであれば、資本をすべてただちに土地に投じることができ、買う家畜の数を増やし、使用人の数も増やして、土地の改良と耕作をさらに進めることができる。ところが穀物を消費者に売るよう義務づけられたために、資本のうちかなりの部分を年間を通じて穀物と乾草の在庫に投じておかなければならなくなり、同じ量の資本を最大限に農業に使った場合ほど、耕作を進めることができなくなった。このため、この法律は土地の改良を遅らせる要因になり、穀物の価格を低下させるどころか、逆に穀物の生産を本来より減少させ、したがって穀物価格を上昇させる要因になったはずである。

農業以外では、適切に保護し奨励した場合の穀物商の事業ほど、穀物生産への寄与が大きくなりうる事業はない。卸売り商が製造業を支えるように、穀物商の事業は農業を支えるものである。

卸売り商人は製造業者に手早く売れる市場を提供し、生産が終わればすぐに製品を引き取り、ときには生産が終わる前に代金を前払いして、所有する資本のすべてを、ときにはそれを上回る資本をつねに製造に使えるようにしている。その結果、製造業者はみずから最終的な消費者に販売しなければならないときより、小売り店に販売しなければならないときよりすらも、はるかに大量の製品を生産できる。卸売り商人は通常、多数の製造業者が資本を回収できるようにするほどの資本をもっているので、両者の取引関係のなかで、

大資本をもつ卸売り商人は少額の資本で事業を行う多数の製造業者を支援し、損失や不運によって破滅しかねない製造業者を支えることに関心をもつようになる。

　同様の取引関係が農業経営者と穀物商人の間に広く確立するようになれば、農業経営者が同じ利点を得られるようになるだろう。自分の資本のすべてを、ときにはそれを上回る資本をつねに耕作に使えるようになる。農業ほど災害に見舞われることが多い事業はないが、そうしたとき、通常の顧客である裕福な商人が自分たちを支援することに関心をもっているし、支援する力もあるので、現在ほど地主の寛容や執事の慈悲に頼りきることはなくなるだろう。非現実的な話ではあるが、この取引関係を一気に幅広く確立することが可能であれば、国内の農業資本のうち、現在は他の用途に転用されている部分をすべて引き揚げて、資本のすべてを一気に本来の事業である土地の耕作に振り向けるようにすることが可能であれば、そして、農業に使われる大きな資本をときとして支え、支援するために、同じぐらいに大きな資本を一気に用意することが可能であれば、この状況の変化だけで、農村の開発がどれほど大きく、どれほど広範囲に、どれほど急速に進展するかはおそらく、簡単には想像もできないほどだろう。

　したがってエドワード六世治世の一五五一年の法律は、農業生産者と消費者を仲介する商人の活動をできるかぎり禁止することで、自由な営業を許していれば食料不足の問題を

緩和する最善の方法になるだけでなく、そもそも食料が不足する事態になるのを防ぐ最善の方法にもなる事業を根絶しようとするものであった。農業以外では、穀物商の事業ほど、穀物生産に大きく寄与する事業はない。

　この法律の厳しい規定は後に、いくつもの法律によって緩和され、小麦価格が一クォーター当たり二十シリングを超えない場合に穀物の卸売り業が許されるようになり、さらにこの上限が二十四シリング、三十二シリング、四十シリングに順次引き上げられていった。最後にチャールズ二世治世の一六六三年の法律によって、小麦価格が一クォーター当たり四十八シリングを超えず、他の穀物がこれに見合った水準にあれば、同じ市場で三か月以内に売り戻すために買い集めるのでないかぎり、転売する目的で穀物を買う取引が合法とされた。国内の穀物商人が得ている取引の自由は、この法律によって認められたものである。現国王ジョージ三世治世の一七七二年の法律によって、卸売り取引を規制する以前の法律がほぼすべて廃止されたが、一六六三年の法律による規制は廃止されていないので、現在も有効である。

　しかしこの法律は、二つのきわめて馬鹿げた通俗的な偏見を、ある程度まで是認している。

　第一に、小麦価格が一クォーター当たり四十八シリングを超えるほど高くなり、他の穀

物もそれに見合った水準まで高くなった場合には、穀物が大がかりに買い占められていて庶民が打撃を受けている可能性が高いと想定されている。しかしすでに論じたように、穀物価格がどこまで高くなっても、国内の穀物商人が庶民に打撃を与えるほどの買い占めを行えないことは明白だと思える。それに一クォーター当たり四十八シリングは、きわめて高い価格だといえるかもしれないが、不作の年には収穫の直後にこの価格になることも少なくない。収穫の直後は新穀がまだほとんど売られておらず、いくら無知な人でも、穀物のかなりの部分が買い占められて庶民に打撃を与えているとは考えない時期である。

　第二に、ある価格になれば、同じ市場で短期間のうちに転売するために穀物が買い集められていて、庶民に打撃を与えるまでになっている可能性が高いと想定されている。しかし、商人がある市場に運ばれる途中の穀物か、ある市場で売られている穀物を買い集め、同じ市場で短期間のうちに売ることを狙っている場合、その時点ほど十分な量の穀物が年間を通じて供給されるはずがなく、したがって価格がすぐに上昇すると商人が判断したからであるはずだ。この判断が間違っていて、価格が上昇しなかった場合、商人は穀物の買い集めに使った資本で利益をまったく得られないだけでなく、穀物を倉庫に保管することに伴う経費と損失の分だけ、資本を失う結果にもなる。このため、商人自身が被る打撃の方が、その日に市場で穀物を買えなくなった人が被る打撃よりもはるかに大きくなる。そ

の日に買えなかった人は市《いち》が立つ別の日に、同じように安い価格で買えるとみられるからだ。一方、この判断が正しかった場合、多数の人に打撃を与えるどころか、とりわけ重要な点で役に立つことになる。穀物不足の問題が若干早めに感じられるようになるので、価格が安いために収穫量の不足に見合わないほど消費した場合とくらべて、問題が深刻にならなくなる。穀物が実際に不足しているのであれば、年間の各月、各週、各日にできるかぎり均等に不足している状況になるのが最善である。穀物商人は自分の利益を考えて、できるかぎり正確にそういう状況にしようと努力する。そしてこの点について穀物商人ほど利害と関心、知識、能力をもてるものはいないので、商業のなかでもっとも重要な穀物取引は、すべて穀物商人に任せるべきである。言い換えれば、少なくとも国内市場への供給に関するかぎり、穀物取引は完全に自由にすべきだ。

　穀物の買い占めや買い集めに対する世間の恐れは、魔術に対する恐怖心や疑念に似ているといえるかもしれない。魔術を使ったとの容疑をかけられた不運な人が、責任を負わされた不幸について何の罪もないように、買い占めや買い集めをしたと非難されている人も、責任を負わされた点について何の罪もないのである。魔術の裁判をすべて終わらせた法律によって、この想像上の罪で隣人を告発して私怨をはらすことが誰にもできなくなると、魔術に対する恐怖心と疑念はなくなったようだ。恐怖心と疑念を煽り、支えていた要因が

なくなったからである。穀物の国内取引の完全な自由を回復する法律が制定されれば、おそらく穀物の買い占めや買い集めに対する恐れをなくすうえで、同じような効果をもつだろう。

しかしチャールズ二世治世の一六六三年の法律は、このようにさまざまな欠陥があるものの、国内市場への供給を増やすこと、耕作を増やすことの両面で、おそらく制定法集にあるどの法律よりも役立っている。国内の穀物商人が得ている取引の自由と保護はすべて、この法律に基づいている。そして国内市場への供給も耕作の利益も、輸入取引や輸出取引より国内取引によってはるかに効果的に促進される。

各種の穀物を合計したとき、イギリス国内の消費量に対する輸入量の比率は、穀物貿易論を書いたチャールズ・スミスによって、五百七十分の一だと計算されている。したがって国内市場への供給では、国内取引は輸入取引の五百七十倍重要なはずだ。

同じ著者によれば、各種穀物を合計したとき、イギリスの輸出量は年間生産量の三十一分の一を超えていない。したがって国内の生産物に市場を提供して耕作を奨励するうえで、国内取引は輸出の三十倍重要であるはずだ。

わたしはこの種の社会統計をあまり信頼しておらず、この二つの数値が正しいと主張するつもりはない。ここで紹介したのは、とくに賢明で経験豊富な人の意見によれば、穀物

の貿易が国内取引とくらべていかに重要性が低いかを示すだけのためである。輸出奨励金制度が作られる直前の何年かに穀物価格がとくに低くなっていたのは、ある程度までチャールズ二世の法律の結果だと考える理由がある。この法律が制定されてから二十五年が経過していて、その効果がでてくるのに十分な年数がたっていた。

　穀物取引の他の三部門については、それほど言葉をつくす必要はないだろう。

　第二の部門である国内消費用輸入商の事業は明らかに、国内市場への供給に直接に寄与し、したがって国民全体にとって直接に利益になる。穀物の平均金銭価格をある程度低下させるが、真の価値が下がるわけではなく、同じ量の穀物で維持できる労働の量が減るわけではない。輸入がいつも自由になっていれば、農業経営者と大地主は各年を平均しておそらく、輸入がほとんどの期間に事実上禁止されている現状と比較して、穀物で得られる収入が通貨の量でみて少なくなるだろう。しかし、このときに得られる通貨は現在の通貨より価値が高く、同じ量の通貨で他のすべての種類の商品をもっと大量に購入でき、もっと多くの労働を使えるだろう。このため、農業経営者と大地主の富と収入は銀の量でみれば、現在より少なくなるとしても、真の富と真の収入は変わらないだろう。そして、穀物の生産が現在より難しくなることはないだろう。それどころか、穀物の金銭価格が低下した結果、銀の真の価値が上昇し、他のすべての商品も金銭価格がある程度低くなり、国内

の産業がすべての外国市場で若干有利になって、産業を刺激し発展させる要因になる。そして、穀物の国内市場の規模は、その国の産業の規模に比例するはずである。つまり、穀物以外のものかその対価で穀物を購入できる人の数に比例するはずである。さらにどの国でも、国内市場はもっとも近くて便利なところにあるので、穀物の市場のうち、もっとも大きくもっとも重要である。このため、穀物の金銭価格が低下して銀の真の価値が上昇すれば、穀物のもっとも大きくもっとも重要な市場が拡大するので、穀物生産を阻害するのではなく、促進する要因になる。

チャールズ二世治世の一六七〇年の法律によって、小麦の輸入にあたって、国内価格が一クォーター当たり五十三シリング四ペンス（二・六六七ポンド）以下の場合には一クォーター当たり十六シリング（〇・八ポンド）の関税が課され、国内価格がそれ以上で四ポンド以下の場合には同八シリング（〇・四ポンド）の関税が課されることになった。このうち五十三シリング四ペンスという価格は、一世紀以上前の当時、穀物不足が極端になったときだけにつける価格であった。そしてもう一つの四ポンドという価格に達したことは、知りえたかぎり一度もない。ところが国内価格が一クォーター当たり四ポンドを上回るまでにならないかぎり、小麦にこの法律できわめて高い関税が課されることになった。そして五十三シリング四ペンスを上回らないかぎり、事実上輸入を禁止するに等しい関税が課される

ようになった。他の種類の穀物も、国内価格の水準ごとに、ほぼこれに近い関税が課されて輸入が抑制された*。その後の法律によって、関税はさらに引き上げられている。

不作の年にこれらの法律を厳格に適用した場合、国民がおそらく極端に苦しむことになるだろう。しかしそのような年には、臨時法によってこれらの法律の適用を一時停止し、期間をかぎって外国産穀物を輸入できるようにするのが通常である。このような臨時法が必要な点から、これら法律の不適切さが十分に示されている。

この輸入規制は、輸出奨励金制度より前に作られているが、後に同制度を制定したものと同じ精神、同じ原則に基づいている。この輸入規制やその他の規制はどれほど有害であっても、輸出奨励金制度の結果、不可欠になった。小麦価格が一クォーター当たり四十八シリングを下回っているか、それほど大きくは上回っていない場合、外国産の小麦を無関税か低い関税で輸入できるのであれば、それを再輸出して輸出奨励金を受け取れることになり、財政に大きな損失をもたらすし、制度が完全に悪用されることになる。この制度は国内産穀物の市場拡大を目的としているのであって、外国産穀物の市場拡大は目的にしていないからだ。

＊　現国王ジョージ三世治世の一七七三年まで、各種の穀物の輸入に際して、次の表のように関税が課されていた。

穀物の種類	1クォーター当たり 国内価格	1クォーター当たり 関税
隠元豆	28シリングまで それ以上40シリングまで それ以上	19シリング10ペンス 16シリング8ペンス 12シリング
大麦	28シリングまで それ以上32シリングまで それ以上	19シリング10ペンス 16シリング 12シリング
麦芽	毎年の麦芽税法によって輸入禁止	
燕麦	16シリングまで それ以上	5シリング10ペンス 9.5ペンス
豌豆	40シリングまで それ以上	16シリング 9.75ペンス
ライ麦	36シリングまで それ以上40シリングまで それ以上	19シリング10ペンス 16シリング8ペンス 12シリング
小麦	44シリングまで それ以上53シリング4ペンスまで それ以上4ポンドまで それ以上	21シリング9ペンス 17シリング 8シリング 1シリング4ペンス
蕎麦	32シリングまで	16シリング

※これらの関税は一部はチャールズ2世治世の1670年の法律によって旧臨時関税に代えて、一部は新臨時関税、3分の1臨時関税と3分の2臨時関税、1747年臨時関税によって課されている。

　第三の部門、外国での消費用に国内の生産物を輸出する商人の事業はもちろん、国内市場に穀物を豊富に供給することに直接に寄与するわけではない。しかし、間接的には寄与する。国内市場への通常の供給源がどこにあろうと、つまり国内の農業であろうと外国からの輸入であろうと、通常の生産量か輸入量が通常の消費量を上回っていないかぎり、国内市場に豊富な量が供給されているとはいえない。だが、余った部分を通常はいつでも輸出できるようになっていないかぎり、生産者は生産量を、輸入商人は輸入量を、国内市場で最低限の消費のために必要な量を超えない水準に抑えようと注意する。国内市場で供給が過剰になることはまずなく、通常は不足気味になる。穀物の供給を仕事にしている人がみな、売れ残りの商品を抱えるのを恐るからだ。輸出を禁止すると、国内の土地改良と耕作が国内の住民への供給に必要な水準を超えられなくなる。輸出が自由であれば、外国に供給するために耕作を拡大できる。

　チャールズ二世治世の一六六〇年の法律によって、小麦価格が一クォーター当たり四十シリング（二ポンド）を超えておらず、他の穀物の価格がこれに見合った水準を超えていない場合には、穀物を輸出できるようになった。三年後の一六六三年に小麦価格の限度が四十八シリング（二・四ポンド）に引き上げられ、一六七〇年に限度が撤廃された。輸出にあたっては輸出関税が課されることになった。しかし関税表ではすべての穀物の価格がきわ

めて低く評価されていたので、一クォーター当たりの輸出関税は、小麦が一シリング、燕麦が四ペンス、その他の穀物が六ペンスにすぎなかった。ウィリアム三世時代の一六八八年に、輸出奨励金制度を設けたのと同じ法律によって、この小幅な輸出関税は、小麦価格が一クォーター当たり四十八シリング（二・四ポンド）を超えていないときには事実上課されなくなり、一六九八年の法律によって、価格がそれ以上の場合にも撤廃された。

　このように、輸出商人の事業は奨励金によって奨励されただけでなく、国内商人の事業よりもはるかに自由になった。一六九八年の法律によって、穀物の卸売り事業は輸出用では国内価格の水準にかかわらず合法とされたが、国内販売用では、小麦価格が一クォーター当たり四十八シリングを超えていないときしか行えなかった。だが国内商人の利害は前述のように、国民の大多数の利害と対立することはありえない。輸出商人の利害は、ときとして対立する。自国が穀物不足で苦しんでいるとき、隣国が飢饉になっていれば、輸出商人は自分の利益のために、自国で食料不足の被害がはるかに深刻になりかねないほどの量の穀物を隣国に輸出するかもしれない。国内市場に穀物を豊富に供給することは、これら法律の直接の目的ではない。逆に、農業振興の名のもとに、穀物価格をできるかぎり引き上げること、そのために国内市場でできるかぎり供給不足が続くようにすることが目的なのである。輸入を抑制することで、国内市場への供給は、穀物不足が深刻な時期でも、

国内産のものに限定される。そして小麦価格が一クォーター当たり四十八シリングもの高値になったときすら輸出を奨励して、穀物不足が深刻な時期でも、国内産の穀物がすべて国内市場に供給される状態にならないようにしているのである。臨時法によって一時的に穀物の輸出を禁止し、輸入関税の適用を免除する方法を何度もとらざるをえなくなっている点で、この制度がいかに不適切かが十分に示されている。制度が適切であれば、制度の適用を一時停止する必要に繰り返し迫られるはずはない。

すべての国が自由な輸出と自由な輸入を認める自由な制度をとっていれば、一つの大陸にある各国間の関係は、大国内の地方間の関係に近くなるだろう。大国内の地方間で国内取引が自由に行われていれば、理論的にも実際にも、穀物不足の問題を緩和する最善の方法になるし、悲惨な飢饉をうまく防ぐ最善の方法になる。一つの大陸にある各国間で輸出入が自由に行われていれば、やはり穀物不足を緩和し飢饉を防ぐ最善の方法になるだろう。大陸が大きいほど、大陸内の陸運と水運が容易なほど、その一部が穀物不足や飢饉に苦しむ可能性は低くなる。一国で不足しても、他国での余剰によって解消される可能性が高くなるからだ。しかし、自由貿易の制度を完全にとりいれた国はきわめて少ない。穀物取引の自由はほぼどの国でも、多かれ少なかれ制約されている。そして、まったく馬鹿げた規制に縛られていて、穀物不足という避けられない不運が往々にして飢饉という悲惨な

ることが少なくないので、同じ時期にたまたまある程度の穀物不足に見舞われている近隣の国がそうした国に供給すれば、自国が悲惨な状況になりかねなくなる。こうして、きわめて悪い政策をとっている国があると、他国にとって、本来なら最善のはずの政策をとるのが、ある程度まで危険で浅はかになる場合がある。しかし、大国であれば輸出の自由を無制限に認めても、危険はそれほど大きくない。小国とくらべて生産量がはるかに多く、予想される穀物輸出量が国内市場への供給に大きな影響を与えるほどになる可能性は低いからだ。スイスの州やイタリアの小国の一部ではおそらく、ときには穀物輸出を制限する必要があるだろう。フランスやイギリスのような大国では、その必要はまずない。それに、農業経営者が自分の生産物をいつでも最善の市場に送るのを妨げるのは明らかに、通常の正義の法を犠牲にして公益に関するある見方、ある種の国益を優先させる行為である。立法権によってこのような行動をとるのは、とりわけ緊急の必要があるときだけにすべきだし、そうしたときにだけ容認できることでもある。ある価格を超えたときに穀物輸出を禁止するとしても、その価格はきわめて高く設定すべきだ。

穀物取引に関する法律はどの国でも、宗教に関する法律に似ているといえるかもしれない。人はみな、現世の生活と来世の幸福に関することに強い関心をもっているので、政府は国

民の偏見に従うしかなく、社会の安定を維持するには、国民が承服する制度を作るしかない。この二つの重要問題のどちらについても適切な制度がめったにないのは、おそらくこのためだろう。

第四の部門、再輸出用に穀物を輸入する中継貿易商の事業は、国内市場に穀物を豊富に供給することに寄与する。穀物の国内販売は、この事業の直接の目的ではない。しかし中継貿易商は一般に喜んで国内に販売するし、価格が外国市場で得られると予想するものよりかなり低くてもそうする。国内で販売すれば、積み下ろし費用、運賃、保険料が不要になるからだ。中継貿易を行う国は他国に供給する商品の集積地になるので、自国でその商品が不足することはめったにない。このため、中継貿易によって自国市場で穀物の平均金銭価格が低下するかもしれないが、真の価値が低下することはない。銀の真の価値がある程度上昇するだけである。

イギリスでは穀物の中継貿易は事実上禁止されている。通常の時期には穀物の輸入関税が高く、その大部分が戻し税の対象にならない。穀物が不足し、必要に迫られて臨時法で高関税が停止される特別な時期には、輸出がかならず禁止される。したがって、この法制度によって中継貿易はどの時期にも事実上禁止されている。

以上から明らかなように、輸出奨励金制度に関連する法制度は、これまで受けてきた称

賛にまったく値しないように思える。イギリスが発展し繁栄しているのは、この制度のお陰だとされることが多いが、他の要因によるものだと説明することもきわめて簡単だろう。イギリスでは法律によって、すべての国民に自分の労働の成果を自分で得る権利を保障しており、いくつもの馬鹿げた商業規制があっても、この保障さえあれば、どの国も繁栄できるのである。そしてこの保障は、輸出奨励金制度が作られたのとほぼ同じ時期に、名誉革命によって確立されている。各人は自分の生活をもっとよくするために自然に努力するものであり、この努力を自由に安全に行えるようになっていれば、きわめて強力な力になるので、他に助力がなくてもそれだけで、社会に富と繁栄をもたらすことができるし、人間の愚かな考えで作られた法律のために、多少なりとも自由を制約し安全を損なう障害物が大量に設けられていても、それらを乗り越えられるのである。イギリスでは産業活動はまったく安全に行える。まったく自由だといえる状況にはほど遠いが、ヨーロッパのどの国とくらべても、同等かそれ以上に自由である。

イギリスがとくに繁栄し発展した時期は、確かに輸出奨励金制度に関連する法律が制定された後だが、だからといって、繁栄と発展がこれらの法律の結果だと考えるべきではない。この時期は、政府が国債を発行するようになった後でもある。だが、繁栄と発展が国債発行の結果だと考えるのは、いかにも馬鹿げている。

輸出奨励金に関連する法制度は、スペインとポルトガルの政策とまったく同じ性格をもっている。どちらも、その国で貴金属の価値を若干低下させる要因になるのである。ところがイギリスはヨーロッパ有数の豊かな国であり、スペインとポルトガルはおそらく、ヨーロッパでとくに貧しい国である。しかし、この状況の違いは二つの要因で簡単に説明がつくと思える。第一に、金銀の輸出についてスペインが重税をかけ、ポルトガルが禁止し、これらの法律を守らせるために警察が厳しく取り締まっていることから、きわめて貧しいなかで毎年、合計六百万ポンドの金銀を輸入する両国で、イギリスの穀物法によるものより直接に、強い力で金銀の価値が低下している。そして第二に、この悪い政策が両国では、国民に対する一般的な自由と安全の保障によって埋め合わされる状況になっていない。産業活動は自由にも安全にもなっておらず、両国の政府と教会による支配は、それだけで現在の貧困状態から永久に抜け出せなくなるほどのものである。現在は商業規制の大部分がいかにも馬鹿げて愚かなものになっているが、これらが逆に賢明なものになったとしても、貧困から抜け出せるとは思えないほどである。

現国王ジョージ三世治世の一七七二年の法律で、穀物に関する新しい制度が確立されたと思われる。新しい制度はいくつもの点でそれ以前のものより改善されているが、それほどよくないといえる点もある。

この法律で、国内消費用の穀物輸入に対する高関税は、小麦では価格が中級品一クォーター当たり四十八シリング（二・四ポンド）を超えれば適用されなくなった。ライ麦、隠元《いんげん》豆、豌豆《えんどう》では同三十二シリング（一・六ポンド）、大麦では同二十四シリング（一・二ポンド）、燕麦では同十六シリング（〇・八ポンド）をそれぞれ上回ると適用されなくなった。そして小麦の場合に一クォーター当たりわずか六ペンス、その他の穀物でもそれぞれの価格に見合った小幅な関税が課されるだけになった。この結果、これらすべての穀物、そしてとくに小麦で、それまでより大幅に低い価格のときにも、国内市場が外国商品に開放されるようになった。

同じ法律によって、小麦に対する五シリングの輸出奨励金が支払われなくなる国内価格が、それまでの一クォーター当たり四十八シリングから四十四シリングに引き下げられた。大麦に対する二シリング六ペンスの輸出奨励金では同二十四シリングから二十二シリングに、オートミールに対する二シリング六ペンスの輸出奨励金では同十五シリングから十四シリングに、それぞれ国内価格の限度が引き下げられた。ライ麦に対する輸出奨励金は三シリング六ペンスから三シリングに引き下げられ、国内価格の限度も三十二シリングから二十八シリングに引き下げられた。これまでに論じてきたように、輸出奨励金が不適切なものだとするなら、それが支払われなくなる国内価格の限度が低いほど、奨励金の額が少

ないほどよいといえる。

同じ法律で、価格がどれほど安いときでも、再輸出用の穀物を無関税で輸入できることになった。ただし再輸出までの間、穀物を貯蔵する倉庫には国王と輸入商人が二重に鍵をかけることが条件になっている。この制度はイギリス国内の二十五の港だけに限定されている。しかし、指定されたのは国内の主要な港であり、これら以外の港の大部分には、これに適した倉庫がないとみられる。

以上の点で、この法律はそれまでの制度より明らかによいと思える。

しかし同じ法律で、燕麦に一クォーター当たり二シリングの輸出奨励金が、国内価格が同十四シリングを超えないかぎり支給されるようになった。それまで燕麦と豆類には輸出奨励金が支給されたことはなかった。

同じ法律によって、小麦では国内価格が四十四シリングを超えたとき、ライ麦では二十八シリングを超えたとき、大麦では二十二シリングを超えたとき、燕麦では十四シリングを超えたときに輸出が禁止されることになった。これらの価格は低すぎるように思えるし、また、輸出を無理にも行うために支給される奨励金が支払われなくなる価格を上回った段階ですべての輸出を禁止するのも不適切だと思える。輸出奨励金をもっと低い価格で打ち切るか、輸出をもっと価格が高くなるまで許可するべきである。

以上の点では、この法律はそれまでの制度より劣っていると思える。しかし、このような欠陥があるにせよ、アテナイの賢人、ソロンが制定した法律についていわれているのと同じことが、おそらくはこの法律についてもいえるように思える。最善の法律ではないが、その時代の利害、偏見、考え方で可能なかぎりでは最善のものなのだろう。おそらく、将来にもっと良い法律が制定される道を開くことになろう。

第六章　通商条約

二国間の通商条約によって、相手国が輸入を禁止している品目で例外を認められるか、輸入関税の減免を認められて、他のすべての国より優遇された場合、その国は、少なくともその国の商工業者は条約によって、かならず大きな利益を得られる。商工業者は自国を優遇する国で、一種の独占を確保できる。相手国は本来よりも大きな市場になるし、有利な市場になる。大きな市場になるのは、他国の商品が排除されているか重い関税をかけられているので、自国の商品を大量に輸出できるからだ。有利な市場になるのは、優遇された国の商人が相手国で一種の独占を確保でき、他のすべての国と自由に競争した場合より高い価格で商品を売れることが少なくないからだ。

　しかしこうした通商条約は、優遇された国の商工業者には有利だろうが、優遇した側の国の商工業者にはかならず不利である。そうした条約で、相手国に独占を認めることになり、すべての国に自由競争を認めた場合とくらべて、自国が必要とする外国商品を高く買

わざるをえなくなることが多い。その結果、外国商品の購入にあてる自国商品を安く売ることになる。二つの商品を交換するとき、一方が高くなればかならず他方が安くなるからであり、もっと正確にいうなら、一方の高さは他方の安さを意味するからだ。したがって、こうした通商条約を結ぶごとに、自国の年間生産物の交換価値が低下する可能性が高い。だが、損失がでるほど低下するわけではなく、利益が本来より減る程度であろう。自国の商品を安く売ることにはなるが、生産費を下回るほどの価格で売ることはおそらくないし、輸出奨励金の場合とは違って、商品を市場に供給するのに使った資本を回収し、通常の利益を獲得できる価格以下で売ることもないだろう。もしそうなるのであれば、そのような貿易が長続きするはずがない。したがって、優遇した側の国も、その貿易で利益を得られるはずである。もっとも貿易の利益は、自由競争の場合より少なくなる。

だが、通商条約のうちいくつかは、以上のものとはまったく違う原理に基づいて有利だとされている。貿易国がある種の商品で外国にこのような独占権を認めるとき、相手国への年間の輸出額が輸入額を上回り、差額が金銀によって支払われると期待しているからである場合もある。一七〇三年にサー・ポール・メシュエンが交渉して締結されたイングランドとポルトガルの通商条約が高く評価されているのは、この原理に基づいてである。条約はわずか三条からなるものであり、全文は以下の通りである。

第一条

神聖なるポルトガル国王陛下は、陛下及びその継承者の名において、今後無期限に、大ブリテン製の毛織物及びその他の毛織製品の輸入を、法律によって禁止される以前と同様に、ポルトガルに輸入することを認める。ただし、以下を条件とする。

第二条

すなわち、神聖なる大ブリテン女王陛下は、陛下及びその継承者の名において、今後無期限に、ポルトガル産ワインの大ブリテンへの輸入を認める義務を負う。さらに、大ブリテン王国とフランス王国の和戦にかかわらずいかなる時にも、ポルトガル産ワインが大樽その他いかなる樽によって大ブリテンに輸入される際にも、関税、税、その他の名称で直接又は間接に要求されるものは、同量又は同容積のフランス産ワインに対して要求されるものから関税又は税の三分の一を減額又は軽減した額を上回ってはならない。しかし、いかなるときにも、上述によって行われる関税の減額又は軽減がいかなる方法であれ妨げられるか侵害されることがあれば、神聖なるポルトガル国王陛下は大ブリテン製の毛織物及びその他の毛織製品の輸入をふたたび禁止する正当で合法的な権利をもつ。

第三条

両国全権大使閣下は、前記の主君が本条約を批准し、二か月以内に批准書を交換することを約束し、その責任を負う。

この条約によって、ポルトガルは法律で禁止する以前と同様の条件で、つまりそれ以前に支払われていた関税を引き上げることなく、イングランド製の毛織物の輸入を認める義務を負った。だが、フランスやオランダなどの他国よりイングランドを優遇する義務は負っていない。これに対してイングランドは、ポルトガル産のワインに対して、競合する可能性がもっとも高いフランス・ワインよりも、関税を三分の一減額する義務を負っている。この点で、この条約は明らかにポルトガルに有利で、イングランドに不利である。

だがこの条約は、イングランドの通商政策を代表する傑作だと称賛されている。ポルトガルは毎年、ブラジルから大量の金《きん》を受け取っており、硬貨の形でも食器の形でも、国内では使い切れない量になっている。余った金はきわめて価値が高いので、金庫に眠らせておくわけにはいかず、国内で有利な市場を見つけられないので、輸出が禁止されていても国外に送られ、国内にもっと有利な市場のある商品と交換するしかない。そのうちかなりの部分がイギリスに送られ、イギリス商品と交換されるか、イギリスを通じて対価を受け取る他のヨーロッパ諸国の商品と交換されている。ジョゼフ・バレッティによれば、リス

ボンからの毎週の郵便船で、週平均五万ポンド以上の金がイギリスに運ばれているという。この額はおそらく誇張されている。年間には二百六十万ポンドを超えることになり、ブラジルからの推定供給量を上回るからだ。

イギリスの商人は何年か前、ポルトガルに不満を抱いていた。それまで条約によってではなく、国王の好意でイギリス商人に与えられていたいくつかの特権が侵害されるか、取り消されたからだ。この特権はおそらく、イギリス国王が要請し、ポルトガルに防衛と保護というはるかに重要な支援を提供した見返りとして提供されたものである。この特権を奪われたのだから、それまでポルトガル貿易を称賛してきた人が、この貿易は考えられてきたほど有利ではないと主張するようになった。年間に輸入する金の大部分、おそらくはぼすべてが、イギリスにとどまるのではなく、ヨーロッパの他国に流れており、ポルトガルからの果物とワインの年間輸入額が、イギリス商品の輸出額にほぼ等しいと主張されるようになった。

しかし、金がすべてイギリス向けであり、しかもバレッティが考えた以上の金が輸入されているとしても、だからといってポルトガルとの貿易は、同じ額の商品を輸出し同額の消費財を輸入する貿易より有利なわけではない。

輸入した金のうち、年間にイギリスで食器か硬貨を増やすのに使われると考えられる部

分は、ごくわずかでしかありえない。残りは国外に送られて、何らかの種類の消費財と交換されるはずである。だが、同じ消費財をイギリス産の商品で直接に購入すれば、まずイギリス商品でポルトガルから金を買い、つぎに金で同じ消費財を購入するよりイギリスにとって有利だろう。国内消費用の直接貿易はつねに多角貿易より有利であり、同じ額の外国商品を入手するのに必要な資本がつねに多角貿易より少ない。このため、国内の労働のうちポルトガル市場向け商品の生産に使う部分の比率を引き下げ、国内に需要がある消費財を購入できる市場に向けた商品の生産に使う部分の比率を引き上げた方が有利である。こうすれば、国内で使う金と消費財を購入するために使う資本が現在よりかなり少なくなるだろう。こうして余った資本を他の目的に使えるようになり、労働の量と年間生産物の量を増やせるだろう。

　イギリスはポルトガル貿易から完全に締め出されたとしても、食器、硬貨、貿易のために年間に必要になる金を苦もなく購入できるだろう。どの商品でもそうであるように、金もその価値に見合ったものをもっていれば、かならずどこかで入手できる。それに、ポルトガルで年間に余る金はイギリスを通してではなくても、他国を通して国外に送られるのであり、その国は現在のイギリスがそうしているように、対価を支払えば、喜んで金を売るだろう。ポルトガルからであれば、金を直接に購入できる。スペイン以外の他国からで

あれば、人手を介して間接的に購入することになるので、若干価格が高くなる。しかしこの差はきわめて小さく、国が関心をもつほどのことではない。

イギリスは金をほぼすべて、ポルトガルから入手しているといわれている。他国との貿易収支は、赤字になっているか、それほどの黒字ではないというわけだ。だが、金を一つの国から大量に輸入するほど、他国から輸入する必要が少なくなることに注意すべきだ。金でも他のすべての商品と同様に、国内の有効需要には限度がある。有効需要の十分の九にあたる量を一国から輸入すれば、他国から輸入すべき量は十分の一しか残らない。また、一国からの年間輸入量が食器と硬貨に必要な量を超えているほど、他国に輸出しなければならない量が増える。現代の政策目標のうちもっともつまらないものである貿易収支は、いくつかの国に対して自国に大幅に有利だとみえるほど、他の多数の国に対しては不利だとみえなければならなくなる。

だがフランスとスペインは、ポルトガル貿易がなければイギリスはやっていけないという馬鹿げた考えに基づいて、七年戦争の終わりにかけて、攻撃や挑発を受けたと主張することすらなく一方的に、ポルトガル国王に対してイギリス船の入港を拒否するよう要求し、そのためにフランス軍かスペイン軍を駐留させるよう求めた。義兄のスペイン国王に突きつけられた屈辱的な条件をポルトガル国王が受け入れていれば、イギリスはポルトガル貿

易の喪失よりもはるかに大きな問題、弱い同盟国を支援する重荷から解放されただろう。ポルトガルは自国を防衛する備えがまったくできていないので、イギリスがポルトガル防衛に戦力を集中したとしても、もう一度攻撃されていれば、おそらく防衛しきれなかっただろう。ポルトガル貿易を失えば、もちろん、それに従事していた商人は大いに困惑し、一年や二年は同じように有利な資本の使い道を見つけ出せないだろう。だが、イギリスの通商政策のうちとくに有名なこの部分が破綻しても、イギリスが被る不便はその点だけだっただろう。

金銀を毎年大量に輸入しているのは、食器のためでも硬貨のためでもなく、貿易のためである。国内消費用の多角貿易では、ほぼどの商品を使うより、金銀を使う方が有利である。金銀は商業の手段として普遍的に使われているので、求める商品を買う際の対価として、どの商品よりも簡単に受け取ってもらえる。そして容積の割に価値が高いので、ほとんどの商品よりも一つの場所から別の場所に輸送する際の費用が低く、輸送中に価値が失われることも少ない。そのため、別の国で別の商品を買うためだけの目的で外国から購入するのであれば、金銀ほど便利な商品はない。イギリスが国内消費のために行っているさまざまな多角貿易を促進することだけが、ポルトガル貿易の主な利点である。これは決定的な利点だとまではいえないが、それでもかなり大きな利点であることは疑う余地がない。

国内で使われる食器や硬貨を増やすためであれば、合理的に考えて、年間にごくわずかな量の金銀を輸入するだけで十分なことは明らかだと思える。ポルトガルとの直接貿易がなくても、それぐらいの量なら、いつでもどこからか簡単に入手できるだろう。

イギリスでは金細工が盛んだが、年間に販売される食器類の大部分は、古い食器を溶解して作られている。したがって、国内の食器は年間に大幅に増加しているはずがなく、そのために年間に必要な金銀の輸入量はきわめて少ないはずである。

硬貨についても同じことがいえる。一七七四年の金貨改鋳前には十年にわたって、年に八十万ポンド以上の金貨が鋳造されているが、その半分すらも国内に流通する通貨が増加したとはおそらく、誰も考えていないだろう。硬貨の鋳造経費を政府が負担している国では、硬貨の価値は、標準通りの金か銀を含んでいるときですら、同じ量の地金の価値を大幅に上回ることはありえない。造幣局に地金を持ち込みさえすれば、おそらく数週間待たされることはあっても、同じ量の金か銀を含む硬貨を入手できるからだ。だがどの国でも、流通硬貨の大部分はほぼいつでも多少とも磨耗して、標準の重量より軽くなっている。イギリスでは、最近の金貨改鋳の前には磨耗が進んでいて、金貨が二パーセント以上、銀貨は八パーセント以上、標準重量を下回っていた。そして、四十四・五ギニー（四十六ポンド十四シリング六ペンス）の金貨に標準通りに重量一ポンドの金が含まれている場合でも、重量

一ポンドの地金を超える価値をほとんどもたないのだから、磨耗して標準重量に満たない金貨四十四・五ギニーでは、重量一ポンドの金地金を買うことはできず、重量が軽くなった分を埋める金額を加える必要がある。このため、地金の流通価格は鋳造価格の四十六ポンド十四シリング六ペンスと同じにはならず、四十七ポンド十四シリング前後から、ときには四十八ポンド前後になっていた。流通通貨の大部分がこのように磨耗した状態にあるとき、造幣局から受け取ったばかりの金貨四十四・五ギニーでも、市場では、磨耗した流通金貨以上の価値をもたない。商人の金庫に入れれば、磨耗した流通金貨と区別がつかなくなり、価値の高さを確認するには、その差を考えれば引き合わないほどの手間が必要になる。そのため、他の金貨と同様に、四十六ポンド十四シリング六ペンスの価値しかもたなくなる。ところが新しい金貨を溶解すれば、ほとんど失われる部分もなく重量一ポンドの標準金になり、市場でいつでも四十七ポンド十四シリングから四十八ポンドの金貨か銀貨と交換できるし、溶解した金貨と同じく、硬貨としての役割をすべて果たす。したがって新しい硬貨は溶解すれば明らかに利益が得られるので、すぐに溶解され、政府が対策をとってもこれを防ぐことはできなかった。この場合、造幣局の仕事はオデュッセウスの妻、ペネロペの機織りに似て、昼間の仕事が夜にはもとに戻されていた。造幣局は流通硬貨を増やすために働いていたのではなく、硬貨のうちすぐに溶解される最上の部分を補充する

役割を果たしていたのである。

金銀を造幣局に持ち込む私人が鋳造経費を負担するのであれば、細工によって金銀の食器の価値が高まるように、硬貨の価値が高まる。金貨と銀貨は同じ重量の地金より価値が高くなる。鋳造手数料が法外でなければ、硬貨は手数料分だけ地金よりも価値が高くなる。政府はどの国でも硬貨鋳造の独占権をもっているので、政府が適切だと考えて設定する価格より安い硬貨が市場に供給されることはないからだ。鋳造手数料が法外に高く、鋳造に必要な労働と経費の真の価値を大きく上回っていれば、地金と硬貨の価値の大きな差によって国内外で贋金《にせがね》作りが盛んになり、政府発行の硬貨の価値を下落させるほど、大量の偽造硬貨が出回るかもしれない。だがフランスでは鋳造手数料が八パーセントだが、この種の問題が目立つほどにはなっていない。通貨偽造に対する罰則は厳しいので、国内で偽造すれば本人が、国外で偽造した場合でも代理人か取引先が、きわめて大きな危険にさらされることになり、六パーセントや七パーセントの利益では引き合わないのだ。

フランスでは鋳造手数料分だけ、硬貨はそれに含まれる純金よりも価値が高くなっている。一七二六年一月の勅令によって、二十四金の造幣局買い入れ価格が一マーク（八パリ・オンス）当たり七百四十リーブル九スー一ドゥニエ十一分の一（七百四十・四五四五リーブル）と決められた。フランス金貨は造幣局公差を考慮して、金二十一・七五カラット、他の金

属二・二五カラットを含むと規定されている。したがって一マークの標準金は六百七十一リーブル十ドゥニエ以下の価値しかない。そして一マークの標準金で額面二十四リーブルで三十枚、合計七百二十リーブルのルイ・ドール金貨を作る。このため金貨の鋳造によって一マークの標準金地金の価値が六百七十一リーブル十ドゥニエと七百二十リーブルの差、四十八リーブル十九スー二ドゥニエ増加する。

鋳造手数料によって、新しい硬貨を溶解することによる利益は多くの場合に吹き飛び、そうでなくても減少する。この利益はかならず、硬貨に含まれているべき金銀の量と、実際の流通硬貨に含まれている金銀の量の差によるものである。この差が鋳造手数料より小さければ、新しい硬貨を溶解しても利益は得られず、損失がでる。この差が鋳造手数料と同じであれば、利益も損失もでない。この差が鋳造手数料より多ければ利益がでるが、鋳造手数料がなかった場合よりも少なくなる。たとえば最近の金貨改鋳の前に、鋳造手数料が五パーセントだったとすると、新しい金貨を溶解すると三パーセントの損失を被ったことになる。鋳造手数料が二パーセントなら、利益も損失もでない。鋳造手数料が一パーセントなら利益がでるが、二パーセントではなく一パーセントにすぎなかったはずだ。このため、硬貨が重量ではなく個数で受け渡される国では、鋳造手数料が硬貨の溶解を防ぐ方法としてもっとも効果的であり、同じ理由で、硬貨の輸出を防ぐ方法としても最善であ

る。一般に溶解されるか輸出されるのは、磨耗がとくに少なく重量が標準に近い硬貨である。とくに利益率が高いのはそうした硬貨だからだ。

鋳造手数料を無料にして、硬貨の利用を促す法律はチャールズ二世治世の一六六六年に期限をつけてはじめて制定された。その後、期間が延長され、一七六九年に無期限に無料にすると決められた。イングランド銀行は金庫に硬貨を補充するために、地金を造幣局に持ち込む必要に頻繁に迫られており、鋳造経費を自行で負担するより政府負担にした方が有利だと考えたのだろう。政府がこの法律を無期限にすることに同意したのは、おそらくイングランド銀行に対する好意からであろう。しかし、金貨を受け取るときに重量をはかる方法が使われなくなり（不便な方法なので、使われなくなる可能性が高いが）、最近の金貨改鋳の前のように個数で受け取る方法がふたたび使われるようになれば、イングランド銀行はおそらく、他の点でもそうだったように、自行の利益を少なからず誤解していたことに気づくだろう。

最近の金貨改鋳の前には、イングランドの流通金貨は標準重量を二パーセント下回っていた。鋳造手数料はないので、金貨に含まれているはずの重量の標準金地金よりも価値が二パーセント低くなっていた。このため、イングランド銀行が造幣局に持ち込むために金地金を買うとき、鋳造された後の価値よりも二パーセント高い価格を支払わざるをえなか

った。だが、鋳造にあたって二パーセントの手数料を支払うようになっていれば、流通金貨は、重量が標準より二パーセント少なくても、金貨に含まれているはずの重量の標準金地金と同じ価値になっていたはずだ。この場合、細工の価値で重量の減少が補われる。イングランド銀行は鋳造手数料として二パーセントを支払わなければならなくなるが、取引全体の損失は二パーセントであり、鋳造手数料がかかっても多くなるわけではない。

　鋳造手数料が五パーセントで、流通金貨が標準重量を二パーセント下回っているだけであれば、イングランド銀行は地金の価格で三パーセントの利益を得られるが、鋳造手数料を五パーセント支払わなければならないので、取引全体の損失はやはり二パーセントになる。

　鋳造手数料が一パーセントで、流通金貨が標準重量を二パーセント下回っていれば、イングランド銀行は地金の価格で一パーセントしか損失を被らないが、鋳造手数料を一パーセント支払わなければならないので、取引全体の損失はやはり二パーセントになり、他の場合とまったく同じになる。

　適正な鋳造手数料があり、しかも、最近の金貨改鋳の後にほぼそうなったように流通硬貨が標準通りの重量になっていれば、イングランド銀行は鋳造手数料で損失を被っても、その分を地金の価格の利益で穴埋めできるし、地金の価格で利益を得ても、その分を鋳造

手数料として支払うことになる。このため取引全体では損失も利益もなく、前述のどの場合でもそうであるように、この場合にも鋳造手数料がないときとまったく同じ状況になる。

商品にかかる税金が低く、密輸が盛んになるほどではない場合には、その商品を扱う商人は、税金を前払いしても、実際にはその税を負担するわけではなく、商品価格に上乗せして回収する。税金は最終的な買い手である消費者が負担する。だが通貨に関しては、全員が商人である。通貨を買うのは誰にとっても、それを売るためである。通貨の場合には通常、最終的な買い手である消費者はいないのだ。このため硬貨鋳造に手数料を課しても、適正な率になっていて贋金作りが盛んになるほどでなければ、全員が税金を前払いするが、最終的に負担するものはいない。硬貨の価値がその分だけ高くなるので、全員が負担した手数料を取り戻せるからである。

したがって、小幅な鋳造手数料によっても、イングランド銀行などの民間人が硬貨を入手するために造幣局に地金を持ち込む際の費用が増加することはまったくなく、鋳造手数料がなくても、その費用がなくなるわけではない。鋳造手数料があってもなくても、流通硬貨が標準通りの重量になっていれば、硬貨鋳造は誰にとっても費用がかからない。流通硬貨が標準重量を下回っていれば、硬貨鋳造にあたって、硬貨に含まれているべき金銀の量と、実際の流通硬貨に含まれている金銀の量の差をかならず費用として負担しなければ

ならなくなる。

政府は鋳造経費を徴収しないとき、少額の経費を負担するだけでなく、適切な手数料をかければ得られたはずの少額の収入を放棄している。そして政府がこのように寛大な政策をとっても無意味であり、イングランド銀行も他の民間人もまったく利益を得ることはない。

だが、イングランド銀行にとって利益にはならないが損にならないことだけは確かだと説得しても、同行の取締役はおそらく、鋳造手数料の導入に同意しようと考えることはないだろう。流通金貨が現在のように標準重量に近い状況が続き、そして重量をはかって受け取る現在の方法が続くかぎり、このように制度を変更しても、確かにイングランド銀行にとって得るものはない。だが、重量をはかって金貨を受け取る方法がいずれ使われなくなる公算が高く、そうなったときに金貨が改鋳前のように磨耗した状態になっていれば、鋳造手数料の制度によってイングランド銀行が得られる利益、正確には同行が節減できる経費が、おそらく巨額になるだろう。同行は造幣局に大量の地金を持ち込む唯一の企業であり、年間の硬貨鋳造の重荷のすべてではなくても、大部分を負っている。硬貨の避けがたい紛失と磨耗を補うだけであれば、年間の鋳造が五万ポンドを超えることはまずなく、最大でも十万ポンドで収まるだろう。しかし硬貨が標準重量以下になると、それ以外に輸

出と溶解によって流通通貨がたえず減少してできる大きな穴を埋めなければならなくなる。このため、最近の金貨改鋳の前の十年から十二年には、年間の硬貨鋳造額が平均八十五万ポンドを超えていた。しかし金貨に四パーセントか五パーセントの鋳造手数料がかかっていれば、当時の状況ですら、金貨の輸出と溶解は事実上止まっていただろう。イングランド銀行は毎年、造幣局に持ち込む八十五万ポンド以上の金地金で約二・五パーセント、年間に二万一千二百五十ポンド以上の損失を被ることはなく、おそらくその十分の一の損失ですんだだろう。

議会が硬貨鋳造の経費として割り当てた予算は年に一万四千ポンドにすぎない。そして、造幣局職員の報酬として実際に負担している金額は通常、この半分を超えることはないと聞いている。これほど小さな額の節減や、これをそれほど上回るはずがない額の収入の確保は、話が小さすぎて政府が真剣に考えるべきことではないともいえる。しかし、イングランド銀行にとっては、年に一万八千ポンドから二万ポンドの損失を軽減できる状態になることが十分に考えられるし、過去には頻繁にそうなっているので、今後またそうなる公算が高いのだから、同行ほどの大企業でも真剣に考慮するに値するはずである。

本章で論じた理論と事実のうちいくつかは第一編の通貨の起源と利用の章、商品の真の価格と名目価格の章で扱う方が適切だとも思える。しかし、硬貨鋳造を奨励する法律は、

重商主義によって作られた通俗的な偏見を起源とするものなので、この章で扱う方が適切だと判断した。通貨の鋳造に対する一種の奨励金ほど、重商主義の精神にふさわしいものはない。国富は通貨にあるというのが重商主義の考え方だからだ。したがって硬貨鋳造に対する一種の奨励金は、重商主義の立場では称賛に値する富国政策の一つなのだ。

第七章　植民地

第一節　新植民地建設の動機

ヨーロッパ諸国がアメリカと西インド諸島に植民地の建設をはじめたときの利害と関心は、古代ギリシャや古代ローマの植民地建設の場合ほど、単純明快だったわけではない。古代ギリシャの都市国家はみな国土がごく狭く、人口が増えて国土で楽に生活を支えられる水準を上回ると、住民の一部をどこか遠く離れた土地に新しい入植地を探すために送りだした。どの国も周囲は敵国に囲まれているので、本国の領土を拡大するのは難しかった。古代ギリシャ民族のうちドーリア人は主にイタリアとシチリア島に植民地を建設した。ローマ建国以前のこの時代、そこには野蛮で未開の民族が住んでいた。残り二つの主な種族であるイオニア人とアイオリス人は、小アジアとエーゲ海の島に植民地を作っており、

これらの地域の先住民も当時、イタリアやシチリア島の先住民とほぼ同じ状態だったようだ。本国は植民地を自分たちの子孫と考え、いつでも大きな優遇と支援を与えたし、そのために深く感謝され尊敬されて当然だとみていたが、それでも独立した子供だと考えて直接の権威や支配権を主張することはなかった。植民地はそれぞれ独自に政治の仕組みを作り、法律を制定し、執政官を選出し、隣国との和戦を取り決め、本国の承認や同意を必要としない独立国家として振る舞った。これらの植民地建設を促した利害と関心はまったく単純明快であった。

ローマは古代の共和国のほとんどがそうであったように、当初は農地法が国の基礎になっていて、領土を国民に一定比率で分配していた。その後、当初の割当は結婚や相続、譲渡などで乱れていき、いくつもの家族を養うために割り当てられた土地が、一人に所有されるようになることが少なくなかった。これは秩序を乱すことだとされ、是正のために一人の国民が所有できる土地を五百ユゲラ（約百四十ヘクタール）に限る法律が制定された。しかしこの法律は、一度か二度は適用された例が記録されているが、ほとんど無視されるか回避され、富の不平等が拡大していった。市民の大部分は土地をもたなくなり、当時の社会では土地をもっていなければ自由人が独立して生きていくのは難しかった。いまなら、土地をもたない貧しい人でも、わずかばかりの元手があれば、土地を借りて耕すことがで

きるし、小売り商としてささやかな商売をすることもできる。元手がなくても、農業か手工業の労働者として仕事をみつけることができる。しかし古代ローマでは、金持ちが所有する土地で働く農業労働者は奴隷だし、その仕事を監督するのも奴隷であった。このため貧しい自由人が土地を借りる機会や、農業労働者として働く機会はまずなかった。商工業はすべて、小売り業すら、奴隷が金持ちの主人のために行っていて、金持ちの絶大な富、権力、保護があるので、貧しい自由人が競争するのは難しい。このため貧しい自由人は、毎年の選挙で候補者が配る贈り物以外には、生活の手段をほとんどもたなかった。護民官が金持ちと権力者に対する庶民の反感を煽ろうと考えたとき、昔は土地が平等に分配されていたと指摘し、土地の私有を制限する法律こそが共和国の基礎なのだと主張した。貧しい国民は土地の分配を求めて騒ぎ立てるようになったが、金持ちと権力者の側には、自分の土地を分け与える意思はまったくなかったと考えられる。そこで、庶民をある程度まで満足させるために、植民団の結成を何度も提案した。だがローマは各地を征服していたので、そのような場合、どこに植民地を建設すべきかが分からないまま、いうならば未知の世界に植民団を送りだして自分で定住地を探すよう求める必要はない。通常、イタリア内部の征服した地方に土地を与えた。そこは共和国の領土内なので、植民団が独立国家を作ることはなかった。せいぜいのところ、自治都市であり、自治のための条例を制定する権

限はもっていても、つねに本国に支配され、本国の法律を適用された。このような植民団を送りだすのは、庶民の要求にある程度まで応えるためでもあったが、同時に、征服したばかりで服従するかどうかが疑わしい地方に一種の守備隊を送り込むためでもあった。このため、ローマの植民地はその性格も建設の動機も、ギリシャの植民地とはまったく違っている。この性格の違いを反映して、それぞれを指す言葉も意味が大きく違う。ラテン語のコロニアは本来、農場を意味する言葉である。これに対してギリシャ語のアポイキアは、別居、移住、別離を意味する。このようにローマの植民地はさまざまな点でギリシャの植民地と性格が違っていたが、植民地建設を促した利害と関心はやはり、まったく単純明快であった。どちらの場合にも無視できない必要か、明白な実益に基づいていた。

ヨーロッパ各国がアメリカと西インド諸島に植民地を建設したのは、必要に迫られたからではない。植民地によって得られた実益はきわめて大きいが、それでも明白にはなっていない。当初はこの実益は理解されていなかったし、植民地を建設した際にも、その機会を作りだした新大陸発見の際にも、この実益は動機になっていなかった。実益の性格も大きさも限度もおそらく、現在ですら十分には理解されていない。

十四世紀と十五世紀に、ベネツィアが香料などのアジア商品をヨーロッパ各国に販売し、きわめて有利な取引を行っていた。これらは主にエジプトから輸入している。当時の

エジプトはマムルーク朝の支配下にあり、トルコと対立していた。そしてトルコはベネツィアにとっても敵だったので、両者の利害が一致した。ベネツィアの資金力にも支えられて、両者は緊密な関係になり、ベネツィアがアジア商品の貿易をほぼ独占するまでになった。

ベネツィアが巨額の利益をあげていたため、ポルトガルが貪欲心を刺激された。十五世紀に、ムーア人がサハラ砂漠を超えて運んでくる象牙や砂金の生産地にいたる海路を開拓しようと努力を重ねた。マデイラ諸島、カナリア諸島、アゾレス諸島、カーボベルテ諸島、ギニア海岸、ロアンゴ海岸、コンゴ海岸、アンゴラ海岸、ベンゲラ海岸を発見し、ついに喜望峰に達した。ベネツィアが高収益をあげている東方貿易に進出することが長年の夢であり、喜望峰の発見によって、この夢を実現できる可能性が高くなった。一四九七年、バスコ・ダ・ガマが四隻の船団を率いてリスボン港を出発し、十一か月にわたる航海でインドに到着し、一世紀近く、ほとんど中断なく着実に続けられてきたインド航路発見の努力が実を結んだ。

その数年前、ポルトガルの努力が成功するかどうかは疑わしく、結果がどうなるかは疑問だとヨーロッパ各国でみられていた時期に、ジェノバの航海者、クリストファ・コロンブスが西回りでアジアに航海する大胆な計画をたてていた。アジア諸国の位置がどこにあ

るのかは当時、ヨーロッパでまったく不正確にしか知られていない。アジアまで旅行したヨーロッパ人はごく少なく、距離を誇張して伝えていた。おそらく無知だったためもあり、測定する方法もなかったので、確かにきわめて遠い距離が無限に近いと思えたのだろう。あるいは、ヨーロッパから極端に遠い地域を旅した冒険を飾りたてるために、距離を誇張したのかもしれない。東回りの距離がそれほど遠いのであれば、西回りの航路は短いはずだと、コロンブスは当然ながら考えたのだ。そこで、最短で確実な航路をとれば成功の可能性が高いと主張して、幸運にもカスティーリャのイサベル女王を説得できた。バスコ・ダ・ガマがポルトガルを出発するより五年近く前の一四九二年八月、パロス港を出航し、二か月余りの航海の後、小バハマ諸島の一部を発見し、つぎにイスパニューラ島を発見した。

　しかし、この航海でも、その後の何度かの航海でも、コロンブスが発見した地域は、行き着こうと考えていた国とは似ても似つかぬものであった。豊かで人口が多く、耕作が進んだ中国とインドを目指したのだが、イスパニューラ島でも新世界の他の地域でも、発見した地域はすべて、森林におおわれた未開の地であり、裸の惨めな未開人が住んでいるだけであった。しかしコロンブスは自分が発見した地域が、はじめて東方に旅行したヨーロッパ人、少なくとも中国とインドについてはじめて記録を書き残したヨーロッパ人、マル

コ・ポーロが描いた国と違うことを信じようとしなかった。ごく小さな類似点をみつけただけで、たとえばイスパニューラ島にシバオという名前の山があり、マルコ・ポーロが触れているシパンゴと名前が似ているというだけで、思った通りここはインドなのだと考え、明白な証拠を無視することが多かった。コロンブスはフェルナンド王とイサベル女王にあてた手紙で、発見した地域を「インド」と呼んでいる。マルコ・ポーロが描いた国の辺境に到達したのだと信じて疑わず、ガンジス川も、アレクサンドロス大王が征服した地域も、そう遠くないところにあると確信していた。やがて違う地域だと納得したが、それでも中国、インドという豊かな国までそれほど遠くないところに行き着いたと思い込んでいたので、その後の航海では、南アメリカ大陸の北岸を西に、ダリアン地峡に向かって進んでいる。

コロンブスの誤解のために、この不幸な地域はそれ以来、「インド」という名前で呼ばれている。昔からインドと呼ばれてきた地域とはまったく違うことがはっきりした後は、西インドと呼ばれるようになり、インドを中心とするアジアが東インドと呼ばれるようになった。

しかしコロンブスにとって、自分が発見した地域はそれが何であれ、大きな意味をもつとスペイン王室に説明できるようにすることが重要だった。そしてそれぞれの地域の真の

富、つまり土地生産物である動植物では、当時、そのように説明できるものは何もなかった。

イスパニューラ島にいた哺乳類では、鼠《ねずみ》と莵《うさぎ》の間ぐらいのコーリという動物がもっとも大きかった。G・L・L・ビュフォンによれば、コーリはブラジルのアペリアと同じ種だとみられる。それほど多くはいなかったようで、もっと小型の哺乳類とともに、スペイン人が持ち込んだ犬と猫によってかなり以前にほぼ絶滅したという。だが、これらの動物と、イグアナと呼ぶかなり大型のトカゲが、イスパニューラ島で得られる動物性食物の主要な部分であった。

植物性の食物は、農業が盛んではなかったので、それほど豊富ではなかったが、まったく不足していたわけでもない。トウモロコシ、山芋、ジャガ芋、バナナなど、ヨーロッパで知られていなかった植物があったが、ヨーロッパに紹介された後もそれほど高くは評価されず、昔から栽培されてきた一般的な穀物や豆類とくらべて、栄養価が高くないとみられてきた。

綿は重要な産業の原料になり、当時のヨーロッパにとって、西インド諸島で生産される農産品のうち、間違いなくもっとも価値の高いものであった。十五世紀末にはインド産のモスリンなどの綿織物がヨーロッパのどこでも珍重されるようになったが、綿織物産業は

ヨーロッパで発展していなかったので、当時のヨーロッパ人には綿がとくに重要な意味をもつものだとは思えなかった。

コロンブスは自分が発見した地域の動植物にとくに自慢できるものがなかったので、鉱物に注目した。鉱物が豊富に生産されることで、動植物の貧弱さを十分に補えると思い込んだのだ。西インド諸島の住民が衣服の飾りとして小さな金《きん》を使っていて、山から流れる小川や渓流でよく見つかると教えられたため、山には豊富な金鉱山があるはずだと考えた。そこで、イスパニューラ島には金が豊富にあり、したがって、当時も現在と変わらなかった偏見に基づいて、スペインの国王と王国にとって真の富を無限にもたらすと説明した。コロンブスがはじめての航海から帰り、凱旋式のような儀式でカスティーリャ女王とアラゴン国王に謁見したとき、発見した国の主要な産物が厳粛に運ばれた。そのなかで価値があるものは、小さな首飾り、腕輪などの金の装飾品と何梱かの綿花だけであった。残りは悪趣味な珍品ばかりで、巨大な葦《あし》、美しい羽の鳥、巨大な鰐《わに》と海牛の剝製などであった。先頭には六人か七人のあわれな先住民がいて、肌の色と容貌の珍しさで、この見せ物がさらに目新しいものになった。

コロンブスの説明の結果、カスティーリャの枢密院は、住民にまったく自衛能力のないこれらの地域を領有する決定をくだした。住民をキリスト教に改宗させるという神聖な目

的を掲げて、正義にもとる計画を正当化している。しかし、金が見つかるとの期待が、この計画の実行を促した唯一の動機であった。この動機を一層強めるために、コロンブスは発見された金銀の半分を国王のものにするよう提案し、枢密院に承認された。

当初の冒険家が持ち帰った金のすべてか大部分は、自衛能力のない先住民から奪うという安易な方法で得たものなので、この重税を支払うのもおそらく、それほど難しくなかった。しかし、イスパニューラ島など、コロンブスが発見した地域では、六年から八年で先住民がもつ金を完全に奪い尽くしており、その後にさらに金を探すために鉱山の採掘が必要になると、ここまでの税金を支払う余裕はなくなった。金に対する税金が厳しく取り立てられた結果、まず、イスパニューラ島の鉱山がすべて放棄され、その後二度と採掘されなくなったという。そこで税率がすぐに三分の一に引き下げられた。つぎに五分の一になり、十分の一になり、最後には金鉱山の総産出量の二十分の一に引き下げられた。銀の税率は長年にわたって、総産出量の五分の一に据え置かれていたが、十八世紀に十分の一に引き下げられた。だが、初期の冒険家は銀にはほとんど関心をもたなかったようだ。金より価値が低いものは、関心をもつに値しないと思えたのだ。

コロンブス以降、スペイン人がつぎつぎに新大陸を探検したが、いずれも同じ動機に突き動かされていたようだ。アロンソ・デ・オヘダ、ディエゴ・デ・ニクエサ、バスコ・ニ

ユエステ・デ・バルボアがダリアン地峡を探検したのも、エルナン・コルテスがメキシコを征服し、ディエゴ・デ・アルマグロとフランシスコ・ピサロがチリとペルーを征服したのも、すべて金への渇望のためであった。これらの探検家ははじめての土地に着くとかならず、このあたりに金があるかどうかを真っ先に質問した。その答えを聞いて、別の土地を探検するか、そこを植民地にするかを決めた。

資金がかかるうえに結果が不確実で、手をだした人の半分以上が破産する事業はいくつもあるが、そのなかでおそらく、金鉱山と銀鉱山の探査ほど危険な事業はないだろう。おそらく、これ以上はないほど不利な富籤《とみくじ》であり、空籤だった人の損失に対する当たり籤を引き当てた人の利益の比率がもっとも低いとみられる。当たり籤がごく少なく、空籤がきわめて多いのに、富籤券の価格は通常、大金持ちの全財産にあたるからだ。金鉱山や銀鉱山の探査は、それに投じた資本を回収して通常の利益を確保できるどころか、資本と利益をすべて食いつぶすのが普通だ。このため、国の資本を増やしたいと望んでいる立法者にとって、特別な奨励にはまったく値せず、自然に任せた場合に使われる比率以上に資本が振り向けられるようにするべきではないものである。自分の幸運を過信する愚はほとんどの人に共通しているのが現実なので、成功の可能性がごく低い事業には、資本が集まりすぎるものなのだ。

冷静に考え、事実をみていけば、こうした事業がいつでも極端に不利であることは明らかだが、貪欲に突き動かされた人間の判断はまったく違っている。賢者の石を見つけ出せば卑金属を金に変えられるという馬鹿げた考えを、貪欲にかられた多数の人が信じたように、きわめて豊かな金銀の鉱山がどこかにあるという同じように馬鹿げた考えを、貪欲にかられた多数の人が信じた。これらの人は考慮しなかったが、金銀の価値はどの時代、どの国でも主に稀少性によって生まれており、金銀に稀少性があるのは、どの鉱山にも金や銀がごくわずかしかなく、それも固くて処理しにくい岩石のなかにごく少量があるだけなので、大量の労働と費用をかけなければ、周囲の岩石を取り除いて金銀を取り出すことはできないからなのだ。ところが金や銀でも、鉛、銅、錫、鉄などで普通にみられるほど豊かで大きな鉱脈があちこちにあるはずだと多数の人が思い込んだ。探険家のサー・ウォルター・ローリーが黄金に輝くエルドラドを夢想した事実をみれば、賢明な人でも、このような奇妙な妄想にとらわれないわけではないことが分かる。偉大なローリーの死後百年以上たっても、イエズス会のホセ・グミリャはエルドラドが実際にあると信じ、宣教師の神聖な努力に十分に報いることができる黄金郷の住民に福音の光を届けられればどんなに幸せだろうと、熱意をこめて、それも大真面目に語っている。

スペインが初期に発見した地域には、現在、採掘に値すると考えられている金銀の鉱山

はない。初期の冒険家がこれらの地域で見つけたとされた金銀の量も、発見の直後に採掘された鉱山の豊かさも、おそらく大幅に誇張されている。しかし、これらの冒険家が発見したと報じられたものは、スペイン人の貪欲を燃え上がらせるのに十分であった。アメリカに航海したスペイン人はみな、エルドラドを発見できると考えていた。そしてめったにないことではあるが、運命の女神も一役買っている。幸運を信じる冒険家の法外な夢をある程度まで実現した。コロンブスの最初の航海からほぼ三十年後のメキシコの発見と征服、その約四十年後のペルーの発見と征服の際に、冒険家が探し求めていた豊富な金銀に少しは近いものを贈ったのである。

このように、アジア貿易の航路を見つけ出す計画によって、西インドが発見された。この地域を征服する計画によって、新大陸の各地にスペイン人の植民地ができた。征服への熱意を生み出したのは、金銀の鉱山を発見する夢であった。そして、人間の智恵ではまったく予想できない偶然が積み重なり、この計画は合理的な根拠から予想できるものを大きく超える成功を収めることになった。

スペイン以外のヨーロッパ各国でも、アメリカに植民地を建設しようとした初期の冒険家はやはり、同じ奇妙な考えに突き動かされていたが、同じような幸運に恵まれたわけではなかった。ブラジルでは入植がはじまってから百年以上たってようやく、金、銀、ダイ

ヤモンドの鉱山が発見されている。イングランド、フランス、オランダ、デンマークの植民地ではいまだに、少なくとも採掘に値すると考えられる金銀の鉱山は発見されていない。しかし、イングランドから北アメリカに初期に入植した人は、入植地で発見された金銀の五分の一を国王に提供すると申し出て、特許状を得ている。このためサー・ウォルター・ローリー、ロンドン会社、プリマス会社、プリマス市議会などに与えられた特許状には、金銀の五分の一を国王が留保するとの条項がある。初期の入植者は金や銀の鉱山を発見できると期待するとともに、西回りのインド航路を発見できるとも期待していた。どちらの期待もこれまでのところ、実現していない。

第二節　新植民地の繁栄をもたらした要因

文明国の植民地は、無人の未開地か、人口が希薄で先住民が入植者に簡単に土地を明け渡す地域に作られた場合、どのような社会よりも急速に豊かで強大な社会に向けて発展する。

入植者は農業などの産業に関して、未開で野蛮な民族が何世紀もの時間をかけて自然に生み出しうるものよりはるかに優れた知識をもちこむ。さらに、組織に服従する習慣、本

国で確立している政治体制に関するある程度の知識、それを支える法制度や司法制度に関する知識ももちこみ、本国のものに似た制度を自然に確立する。これに対して、未開で野蛮な国では、産業の保護に必要な程度まで法と政治が確立した後でも、政治制度は産業よりも自然の進歩が遅い。文明国の植民地で、入植者は自分で耕作できる面積以上の土地を入手する。地代はないし、税金もほとんど取られない。生産物の一部を要求する地主はいないし、国が税として要求する部分もごくわずかでしかないのが普通だ。生産物はほぼすべて自分のものになるので、生産量をできるかぎり増やす動機が揃っている。だが、自分の土地は一般にきわめて広いので、自分がいくら働いても、そして雇える人をすべて雇っても、土地で生産できる量の十分の一もめったに生産できない。そこであらゆる場所から労働者を集め、最大限に高い賃金を支払おうとする。だが、賃金が高いうえに、土地が豊富にあり安いことから、労働者がすぐに自分で土地を買って独立し、同じように高い賃金で労働者を雇うが、雇った労働者も雇い主が独立したのと同じ理由ですぐに独立する。労働の賃金が高いので、早く結婚しようという気持ちになる。子供は幼少のころに十分に食事を与えられて世話もされ、大きくなって働くようになれば、それまでの生活費を大きく超えるほど稼ぐ。成人になれば、賃金が高く土地が安いので、父親と同じように独立できるようになる。

他の国では、土地の地代と資本の利益で賃金がかなり食われており、地主と経営者という上層の二つの階級が労働者という下層の階級を抑圧している。しかし新しい植民地では、上層の二つの階級は自分の利害を考えて、労働者にもっと高い賃金を支払い、人道的に扱うしかない。少なくとも下層階級が奴隷でない場合にはそうだ。きわめて肥沃な原野が、きわめて安く買える。土地の所有者はかならずみずから農業を行っており、土地を開拓して収入を増やすことが利益になる。そして、そのような状況では利益率は一般にきわめて高い。だが、利益を得るにはまず、土地を開拓し耕作する労働者を雇わなければならない。新しい植民地では一般に、土地はきわめて広く、人は少ないので、労働者を雇うのは難しい。このため、賃金については争おうとはせず、賃金がいくら高くても雇おうとする。賃金が高いために人口が増加する。肥沃な土地が安いし豊富にあるので、土地の開拓が促され、土地所有者は高い賃金を支払える。この賃金が土地の対価のほぼすべてを占めている。労働の賃金としては確かに高いが、それほど価値の高い土地の対価だと考えれば低い。人口の増加と土地の開発をもたらす要因が、真の富と強大さをもたらす要因にもなっている。

　以上の理由から、古代ギリシャの植民地の多くは、豊かで強大な社会に向けて、きわめて急速に発展したようだ。一世紀か二世紀の後には、植民地の多くは本国に匹敵するか、

本国をしのぐほどになったようだ。シチリア島のシラクーザとアグリジェント、イタリアのターラントとロクリ、小アジアのエフェソスとミレトスは、どの記録をみても、少なくとも古代ギリシャの都市国家に匹敵するものだったようだ。これら植民地は本国より後に建設されたのだが、それでもさまざまな教養、哲学、詩、雄弁術は本国のどの地域とも変わらないほど早い時期から盛んになり、高度に発達したと思われる。ギリシャでもとくに古い哲学の学派、ターレス学派は小アジアの植民地で、ピタゴラス学派はイタリアの植民地ではじまっており、ギリシャ本土ではじまったのでない点は注目に値する。植民地はみな、未開の先住民が入植者に簡単に土地を明け渡す地域に作られている。肥沃な土地が十分にあり、本国からは完全に独立しているので、植民地の問題は入植者の利害を考えて最適と判断した方法で管理する自由をもっていた。

ローマの植民地の歴史は、それほど輝かしくはない。なかにはフィレンツェのように、長い年月を経て、ローマ帝国が崩壊した後、都市国家として強大になった植民地もある。しかし、どの植民地も発展は急速ではなかったようだ。ローマの植民地はすべて征服した地域に建設され、ほとんどの場合にそれ以前から人口が多かった。入植者に広大な土地が割り当てられたことはまずなく、植民地は独立していなかったので、植民地の問題を入植者の利害を考えて最適と判断した方法で管理できるとはかぎらなかった。

アメリカと西インド諸島に作られたヨーロッパ各国の植民地は、肥沃な土地が豊富にあった点で、古代ギリシャの植民地に似ているのみならず、条件がはるかに良かったとすらいえる。本国に従属している点では、古代ローマの植民地に似ている。だが、ヨーロッパから遠く離れているので、どの植民地でも本国による支配の影響が多かれ少なかれ軽減されている。本国では植民地への関心は低いし、植民地に対する力も弱い。植民地がみずからの利益を独自の方法で追求しても、多くの場合、ヨーロッパでは事情が分からないか理解できないので大目に見られるか、ある場合には、距離がありすぎて抑圧するのが難しいので、黙認されるか受け入れられた。暴虐で専制的なスペイン政府すら、大規模な反乱を恐れて、植民地への命令を撤回するか和らげたことが少なくない。このため、ヨーロッパの植民地のすべてで、富と人口がきわめて急速に増加し、開発がきわめて急速に進んできた。

スペイン国王は金銀に対する権利をもっているので、植民地を建設した当初から、ある程度の収入を得ている。そしてこの収入は人間の貪欲さを刺激し、もっと大きな富が得られるとの法外な期待を煽る性質のものであった。このためスペインの植民地は建設の当初から、本国の大きな関心を集めていた。これに対して他のヨーロッパ諸国は長年にわたって、植民地をかなりの程度無視してきた。おそらく、スペインの植民地は、本国が関心を

もった結果、繁栄したわけではないし、他国の植民地は本国が無視した結果、繁栄しなかったわけでもない。各国の植民地がある程度確保している土地の面積に対する比率でみて、スペインの植民地はほぼどの国の植民地と比較しても、人口が少なく、繁栄していないとみられている。それでも、人口の増加と社会の発展は急速だし、大幅だ。ペルーのリマ市は征服後に作られたが、アントニオ・デ・ウリョアによれば、三十年近く前に人口が五万人であったという。エクアドルのキトは先住民の小さな村にすぎなかったが、当時、同じぐらいの人口があったとウリョアは書いている。ジェメリ・カレリは旅行家を自称しただけだといわれているが、正確な情報に基づいて執筆したようであり、メキシコ市の人口は十万人だと書いている。アステカ帝国最後の皇帝、モンテスマ二世の時代に同市の人口がきわめて多かったという誇張した話がスペイン人の著者によって伝えられているが、おそらくその当時より人口が五倍以上に増加している。十万人という人口は、イギリス植民地の三大都市、ボストン、ニューヨーク、フィラデルフィアを大幅に上回っている。スペインが征服する前、メキシコにもペルーにも荷車をひかせる役畜はいなかった。ラマだけは荷を運ぶのに使えたが、普通の驢馬《ロバ》よりかなり力が弱かったようだ。犂《すき》を家畜に引かせて田畑を耕す技術は知られていなかった。鉄も使っていなかった。硬貨はなく、商業の手段として確立した通貨はなかった。商業は物々交換で行われていた。一種の木製の鍬《くわ》が

農業の主な道具であった。とがらせた石をナイフや斧《おの》として使い、魚の骨や動物の固い腱を縫い針として使った。そして、これらが仕事に使われる主な道具だったようだ。このような状況では、先住民の二つの帝国で現在ほど土地の改良と耕作が進んでいたはずがない。現在ではヨーロッパの各種の家畜が大量に供給されているし、鉄や犂の利用など、ヨーロッパの技術が導入されているからだ。そしてどの国でも、土地の改良と耕作がどこまで進んでいるかで人口が決まるはずである。メキシコとペルーではスペインによる征服の後、先住民が大量に虐殺されたが、現在ではおそらく、征服以前より人口が多くなっている。人口構成は確かに大きく変わった。スペイン系がさまざまな点で先住民より優れているからであることは、認めなければならないだろう。

　スペイン人のつぎにアメリカ大陸に入植したのは、ブラジルのポルトガル人であった。だがブラジルは発見後、長年にわたって金鉱山も銀鉱山も見つからず、したがって国王にほとんど収入をもたらさなかったため、長期にわたってかなりの程度まで無視されてきた。そして、本国に無視されていたこの時期に、ブラジルは成長して強大な植民地になっている。ポルトガルがスペインに支配された時期、オランダがブラジルを攻撃し、十四の州のうち七州を占領した。残りの七州もすぐに占領できるとみていたときに、ポルトガルが独立を回復し、ブラガンサ家が王位を継承した。オランダは当時、スペインと敵対しており、

やはりスペインと敵対するようになったポルトガルとは友好関係になった。そこでブラジルのうち占領していない七州はポルトガル王の支配下に残し、占領済みの部分はオランダが支配することで両国は同意した。大切な同盟国の間で争うには値しないことだとされたのである。だが、オランダ政府はすぐにポルトガル人入植者を抑圧するようになり、入植者側は抗議するだけでは満足せず、武器をとって新たな支配者と戦うようになった。そして本国からは黙認されはしたが、公然たる支援はまったく受けないまま、勇気と決意だけによってオランダ人をブラジルから追い出した。こうして、オランダはブラジルの一部すら維持できないと考えるようになり、全体をポルトガル王に戻すことにした。この植民地にはポルトガル人とその子孫、黒人や先住民との混血が合計六十万人以上いる。アメリカ大陸の植民地で、これほどヨーロッパ系の人口が多いところは他にない。

十五世紀末から十六世紀の大部分の期間、スペインとポルトガルは、世界の大洋を支配する二大海軍国であった。ベネツィアもヨーロッパの全域にわたって商業を行っていたが、その船隊が活躍するのはほぼ地中海にかぎられていたからだ。スペインはアメリカ大陸を発見したことを根拠に、大陸全体に対する領有権を主張していた。強大な海軍力をもつポルトガルがブラジルに植民地を建設するのを妨げることはできなかったが、当時、スペインは恐れられており、ヨーロッパの大部分の国が新大陸の他の部分に植民地を建設す

るのを控えたほどである。フロリダに入植しようとしたフランス人は全員、スペイン人に殺されている。だが十六世紀後半にいわゆる無敵艦隊が敗北するか遭難して海軍力が衰えたため、スペインは他のヨーロッパ諸国による植民地建設を妨害する力を失った。このため十七世紀には、イングランド、フランス、オランダ、デンマーク、スウェーデンなど、外洋に面した港をもつ大国がすべて、新世界に植民地を建設しようと試みている。

スウェーデン人はニュージャージーに入植した。いまでもスウェーデン系の一族が多い点で、本国の支援があればこの植民地が繁栄した公算が高いことが十分に示されている。しかし本国に無視されたため、すぐにニューヨークのオランダ植民地に吸収され、この植民地も一六七四年にイングランドの支配下に入った。

デンマークが新世界で領有したのはバージン諸島のセントトーマス島とサンタクルーズ島という小島だけである。これらの島は独占企業に支配され、この会社が入植者から余った生産物を買い、入植者が必要とする他国の商品を供給する独占権をもっていた。このため購入と販売の両面で、入植者を抑圧する力をもち、抑圧して利益をあげようという誘惑がきわめて強くなる。商人の独占企業による支配はおそらく、どの国にとっても最悪の支配形態である。だが、このような最悪の支配を受けながらも、植民地の発展がまったく止まるまでにはならなかった。もっとも発展が遅くなってはいる。デンマークの前国王フレ

デリク五世（在位一七四六～六六年）がこの独占企業を解散させ、それ以来、植民地は大いに繁栄するようになった。

オランダの植民地はアジアでもそうだが、西インドでも当初、独占企業の支配下におかれた。このため、オランダの植民地のうちいくつかは、古くから住民がおり長い歴史のある国の大部分とくらべれば、急速に発展しているが、新しい植民地の大部分とくらべれば、発展のペースが遅々としている。南アメリカのスリナム植民地はかなり発展しているが、ヨーロッパ各国の砂糖植民地の大部分とくらべて、発展が遅い。ノバ・ベルギア植民地はいまではニューヨークとニュージャージーの二つに分かれているが、オランダの支配が続いていても、大きく発展していたはずである。肥沃な土地が豊富にあり安い点が繁栄をもたらすきわめて大きな要因なので、最悪の支配を受けていても、繁栄の芽を摘まれることはまずないからである。また、本国から遠く離れているために、入植者は密輸によって、独占企業による貿易の独占を多少なりとも回避できる。スリナムでは現在、同社はすべてのオランダ船に貿易を許可しており、積み荷の価値の二・五パーセントを支払えば許可証を発行する。独占を維持しているのはアフリカとアメリカ大陸の間の直接貿易だけであり、これはほぼすべて奴隷貿易である。同社の独占を緩和したことがおそらく主因になって、スリナムは現在、かなり繁栄している。キュラソー島とユースタシア島はオランダが領有

している主要な島だが、すべての国の船舶が入港できる自由港になっている。本国の船だけにしか港が開放されていない植民地がもっと自然条件に恵まれているなかで、この二つの不毛の島が繁栄しているのは、この自由が大きな原因になっているからである。

カナダのフランス植民地は、十七世紀のほとんどの期間、そして十八世紀に入ってからもしばらく、独占企業に支配されていた。このように不利な支配を受けていたので、当然ながら新植民地のなかでは発展が遅かった。しかしいわゆるミシシッピー計画が崩壊した後にこの会社が解散すると、はるかに急速に発展するようになった。イギリスがこの植民地を領有するようになったとき、イエズス会のP・F・X・ド・シャルルボア神父がその二十年から三十年前に推定したものより、人口が二倍近くに増えていた。同神父は植民地全体を旅しており、人口を実際より大幅に少なく推定する理由はなかった。

イスパニューラ島のフランス植民地は、海賊が作った入植地であり、長年にわたってフランスの保護を求めなかったし、政府の権威も認めなかった。海賊の子孫が政府の権威を認めるほどおとなしくなってからも、長期にわたって統治権の行使はごく控えめにする必要があった。この時期に、植民地の人口は急速に増加し、開発が進んだ。フランスの植民地がすべてそうであるように、ここでも独占企業が抑圧した時期があり、疑いもなく発展を遅らせたが、完全に止めることはなかった。そして、独占企業による抑圧から解放され

るとすぐに、急速な繁栄の道に戻っている。いまでは西インド諸島の砂糖植民地のなかでもっとも重要になっており、砂糖の生産量は、イギリスの砂糖植民地すべての合計より多いといわれている。フランスの他の砂糖植民地もすべて、きわめて繁栄している。しかし、北アメリカのイギリス植民地ほど急速に発展しているところはない。

肥沃な土地が豊富にあること、植民地の問題を独自に管理する自治権が与えられてきたことが、植民地繁栄の二大原因になっていると思える。

北アメリカのイギリス植民地にはもちろん、肥沃な土地が大量にあるが、スペイン、ポルトガルの植民地ほどではないし、七年戦争（一七五六～六三年）の前にフランスが領有していた植民地のいくつかとくらべても、とくに多かったわけではない。しかし、政治体制の点で、イギリス植民地はこれら三国の植民地より土地の改良と耕作にはるかに有利になっている。

第一に、未開地の大規模所有は完全に禁止されてきたわけではないが、イギリス植民地の方がはるかに抑制されている。植民地法によって、すべての土地所有者はある期間内に所有地のうち一定比率以上を開発し耕作する義務を負い、この義務を果たさなかった場合、未開の土地を没収して他の人に払い下げることができると規定されている。この規定はおそらく厳格に適用されてきたわけではないだろうが、ある程度の効果をもたらしてきた。

第二に、ペンシルベニアでは、長子相続権が認められておらず、土地も動産と同じように子供たち全員が平等に相続する。ニューイングランドの三つの植民地では、モーセの律法にならって、長子に二倍の権利を与えているだけである。このためこれらの植民地では、ある時期に誰かが大量の土地を買い集めても、一世代か二世代が経過すれば、ふたたび十分に小さな土地に分割される可能性が高い。他の植民地では、イングランド法と同様に長子相続権を認めている。だが、どの植民地でも、土地は封建的な隷属関係を伴わない自由土地保有の形で保有されていて、簡単に譲渡できる。広大な土地を与えられた人は一般に、少額の地代を受け取る権利を留保して、土地の大部分をできるかぎり早く売却するのが有利だと考える。スペインとポルトガルの植民地では、貴族の称号が付随する大規模な所有地には長子相続権が設定されている。こうした大所有地はすべて一人に相続され、事実上、限定付き相続制がとられていて、売却はできない。フランスの植民地ではパリの慣習法が適用され、土地の相続に関してはイングランド法より長子以外の子供に有利になっている。しかし、騎士または臣下に与えられる封建的な土地保有権によって保有されている土地では、その一部が売却された場合、一定期間、領主の相続人か一族の相続人が買い戻し権をもつことになる。そしてフランスの植民地では大所有地のほとんどが、封建的な土地保有権によって保有されているので、売却が妨げられている。だが、新しい植民地で

は、土地は相続によるよりも売却による場合の方がはるかに速く分割されていく。前述のように、肥沃な土地が豊富にあり、安いことが新植民地の急速な発展をもたらす主要な原因である。土地が少数の人に所有されていれば、土地が豊富で安いという条件が破壊される。それに、未開地の大規模所有は、土地開発を妨げる最大の障害である。労働は、土地の改良と耕作に使われたとき、社会にとって生産物がもっとも多くなり、価値が高くなる。この労働の生産物では、労働の賃金と労働者を雇うのに使われた資本の利益とを支払えるだけでなく、働いた土地の地代も支払える。イギリスの植民地では、入植者の労働のうち、土地の改良と耕作に使われる部分が多いが、他の三国の植民地では、土地が少数の手に集中しているために、入植者の労働のうち、他の仕事に使われる部分が多少なりとも多くなるので、イギリス植民地の方が生産物が多くなり価値が高くなる可能性が高い。

　第三に、イギリスの入植者の労働は、量が多く価値の高い生産物を生産するだけでなく、税が軽いために、生産物のうち入植者のものになる部分の比率が高く、入植者はこれを蓄えて、雇用する労働の量をさらに増やすことができる。イギリス植民地の入植者は本国の防衛の費用も、本国の行政の費用も、まったく負担してこなかった。植民地の防衛に必要な費用も、ほぼすべて本国が負担してきた。陸軍と海軍には、行政とは比較にならないほど巨額の経費がかかる。そして、植民地自体の行政経費も、つねにきわめて少なかっ

た。総督、判事、少数の警察官に十分な報酬を支払い、とくに役立つ少数の公共施設を維持するのに必要な経費に通常かぎられてきた。アメリカの動乱がはじまる前、各植民地の年間の行政費用はマサチューセッツでは一万八千ポンドほどであった。ニューハンプシャーとロードアイランドではそれぞれ三千五百ポンド、コネティカットでは四千ポンド前後、ニューヨークとペンシルベニアでそれぞれ四千五百ポンド、ニュージャージーでは一千二百ポンド、バージニアとサウスカロライナではそれぞれ八千ポンドであった。ノバスコシアとジョージアの行政費用の一部はイギリス議会が認めた毎年の補助金で支払われている。それ以外にノバスコシアは年に約七千ポンド、ジョージアは同約二千五百ポンドを植民地の行政費用として負担する。メリーランドとノースカロライナについては正確な金額が分からないが、それ以外の植民地を合計して、アメリカの動乱がはじまる前に北アメリカの行政組織は、住民に年に六万四千七百ポンドの負担しかかけていない。三百万人の住民をかかえる政府、それも優れた政治を行う政府をいかに安い費用で運営できるかを示すものとして、記憶しておくべき実例である。政府の経費のうちもっとも大きな部分である防衛費は、いつも本国が負担してきた。植民地政府は、新しい総督が就任した際、議会が開催される際などの儀式も、十分に威厳のある形で行っているが、行進などの費用のかかることは行わない。教会も質素に運営されている。十分の一税は徴収されていない。聖職

者は数がそれほど多くはないし、適度の聖職給か、信徒の自主的な寄付によって生活している。これに対してスペインとポルトガルは、植民地に課す税金にある程度まで依存している。フランスは植民地から巨額の財政収入を得たことはなく、植民地で徴収される税金は一般に植民地内で使われている。しかし、この三国の植民地政府は、はるかに費用をかけて運営されており、儀式にもはるかに費用をかけている。たとえばペルーに新しい総督が就任したときの儀式に使われる費用は、巨額になることが多い。こうした儀式のために、金持ちの入植者が巨額の臨時税を負担するだけでなく、他の機会にも虚栄心から派手に出費する習慣が入植者の間に広まる。臨時税が重い負担になるだけでなく、これが一因になって、民間人の贅沢と浪費という恒久的な税によって、さらに重い負担を社会が負うことになりかねない。また、この三国の植民地では、教会も住民に重い負担をかける形で運営されている。十分の一税があるし、スペインとポルトガルの植民地では、とくに過酷に取り立てられている。そのうえ、どの植民地でも托鉢《たくはつ》修道士の数が多く、負担になっている。修道士の物乞いが許可されているだけでなく、神聖な行いだとされていて、貧しい階層にはとくに過酷な負担になっている。修道士に寄付するのは義務であり、それを拒めば深刻な罪になると、念入りに教え込まれているのである。それだけでなく、どの植民地でも教会は最大の大土地所有者である。

第四に、余った生産物、つまり生産量のうち自分たちの消費量を超える部分を販売するにあたって、イギリスの植民地はヨーロッパの他国の植民地より厚遇されており、もっと広い市場への販売を許可されている。ヨーロッパ各国は、植民地の貿易を多かれ少なかれ本国で独占しようと努めており、そのために外国船が植民地との貿易を行うのを禁止し、植民地が外国からヨーロッパ商品を買うのを禁じている。しかし、独占の方法は国によって大きく違う。

一部の国は植民地貿易をすべて独占企業に任せ、入植者にはヨーロッパ商品をすべて独占企業から購入し、余った生産物をすべて独占企業に売るよう義務づけていた。このため独占企業にとって、ヨーロッパ商品をできるかぎり高く売り、余った生産物をできるかぎり安く買い、しかも、そのように安い価格であっても、ヨーロッパで高く売れる数量以上には買わないようにすることが利益になる。植民地で余った生産物の価値をつねに低下させるだけでなく、多くの場合に生産量の自然な増加を妨げ、抑えることが独占企業にとって利益になる。新植民地の自然な発展を抑えるために考えだされたとすら思える方法のなかで、一社に貿易を独占させる方法は、間違いなくもっとも打撃が大きい。ところがこれがオランダの政策であった（ただし、十八世紀にオランダの独占企業はさまざまな点で、独占権の行使を放棄している）。デンマークも前国王フレデリク五世の時代まで、同じ政

策をとってきた。フランスもときおりこの政策を採用している。そして最近では一七五五年に、他国がその不合理さに気づいて放棄した後に、ポルトガルがブラジルの主要な州のうちペルナンブコ、マラニョンでこの政策を採用した。

独占企業を設立せず、植民地との貿易をすべて本国の一つの港に限定し、決められた時期に船隊を組むか、単独に船をだす場合には特別の許可を得て、ほとんどの場合には許可証にかなりの金額を支払うよう義務づけている国もある。この政策では、植民地との貿易は本国のすべての人に開放されるが、指定された港を使い、指定された季節に、指定された船で貿易を行うことが条件になる。だが、何人もの商人が資本をだしあって許可された船を仕立てるのだから、全員で協調行動をとるのが利益になると考えるようになる。このため、この方法で行われる貿易はかならず、独占企業の考え方に基づくものにきわめて近くなる。商人は、独占企業と変わらないほど法外な利益を植民地から搾り取る。植民地は必要な商品を十分に供給されず、極端な高値で買わざるをえないし、自分たちの商品を極端に安く売らざるをえない。だがこれが数年前まで、スペインの一貫した政策であった。このため、スペインの植民地では、ヨーロッパ商品が法外な価格で売られていたという。アントニオ・デ・ウリョアによれば、キトでは重量一ポンドの鉄が約四シリング六ペンス、重量一ポンドの鋼が約六シリング九ペンスだったという。植民地の住民が生産物を売るの

は主に、ヨーロッパ商品を買うためである。このため、ヨーロッパ商品が高いほど、自分たちの生産物を安く売っていることになり、前者の高値は後者の安値と同じことである。ポルトガルも植民地に対して、以前のスペインと同じ政策をとっており、ペルナンブコとマラニョンの二州では、さらに悪い政策を最近になって採用した。

植民地との貿易を自国民に完全に開放していて、本国のどの港でも、特別の許可を得なくても、通常の通関手続きをとりさえすれば誰でも行えるようにしている国もある。この場合、商人の数が多いし各地に分散しているので、全員が協調行動をとるのは不可能であり、商人が競争しあうので、法外な利益をあげることはできない。ここまで自由な政策がとられていれば、植民地は適正な価格で生産物を販売でき、ヨーロッパ商品を購入できる。そしてイングランドは、植民地建設の初期にプリマス会社が解散して以来、この政策をとりつづけてきた。フランスも原則としてこの政策をとってきており、いわゆるミシシッピー会社の解散の後には、すべての植民地でこの政策をとっている。このためにイギリスとフランスでは、植民地貿易の利益率は、貿易をすべての国に開放した場合と比較すればもちろん若干高くなっているが、法外にはなっていない。イギリスとフランスの植民地の大部分では、ヨーロッパ商品は途方もない高価格にはなっていない。

植民地が余った生産物を輸出する際にも、イギリスは一部の商品についてだけ、輸出先

を本国に限定する政策をとっている。これらの商品は航海法かその後の法律に列挙されているので、列挙品目と呼ばれている。それ以外は非列挙品目と呼ばれ、他国に自由に輸出できる。ただし、輸出にあたってはイギリスか植民地の船を使い、船主と、船員の四分の三以上がイギリス国民でなければならない。

非列挙品目には、アメリカと西インド諸島にとってとくに重要な商品、つまりすべての種類の穀物、木材、塩漬け食品、魚、砂糖、ラム酒が入っている。

穀物は新しい植民地ではどこでも、農業でまず生産されるものだし、主要な生産物でもある。穀物をきわめて広範囲な市場に販売できるようにする法律によって、人口の少ない植民地内の消費量をはるかに超えるまで穀物生産を拡大するよう奨励し、したがって増加を続ける人口に十分な食料を供給できるように奨励している。

森林におおわれた国では木材はほとんど価値をもたず、木を伐採して開墾する費用が土地改良にあたって最大の障害になる。植民地が木材を広範囲な市場に販売できるようにする法律によって、本来ならほとんど価値をもたない木材の価格を上昇させ、本来なら費用にしかならない伐採で、ある程度の利益を確保できるように配慮している。

改良され耕作されている土地が国土の半分にも満たない国では、家畜は住民が消費できる以上の数に自然に繁殖し、そのためにほとんど価値をもたない場合が多い。だが、第一

編第十一章で示したように、国土の大部分を開発できるようになるのは、穀物価格に対する家畜価格の比率がある水準以上になってからである。アメリカの家畜や食肉を広範囲な市場に販売できるようにする法律によって、土地の改良を進める際にきわめて重要な意味をもつ家畜の価格が上昇するように配慮している。しかし、ジョージ三世治世の一七六四年の法律によって生皮や皮革が列挙品目に加わり、アメリカの家畜の価値を低下させる要因になったことで、この自由な政策の効果がある程度弱まった。

植民地の漁業を振興してイギリスの船舶を増やし、海軍力を強化することを、議会はほぼいつも目的にしているようだ。このため植民地の漁業に対しては、できるかぎり自由を認めて奨励する政策がとられており、この結果、漁業が盛んになっている。ニューイングランドの漁業はとくに盛んで、アメリカの動乱がはじまる前にはおそらく、世界有数の規模に達していた。イギリス本国では捕鯨業は法外な奨励金を与えられながらほとんど発達しておらず、年間の捕獲高が年間の奨励金をそれほど上回っていないと主張する人が多い(この主張が正しいかどうかが分からないが)。ところがニューイングランドでは、奨励金がないまま、捕鯨が大規模に行われている。魚は北アメリカにとって、スペイン、ポルトガル、地中海諸国への主要な輸出品になっている。

砂糖は当初、列挙品目であり、イギリスにしか輸出できなかった。だが一七三一年、砂

糖生産者の主張が認められ、世界のどの国へも輸出できるようになった。しかし、その際に条件をつけられたうえ、イギリスでは砂糖価格が高いために、その効果はほとんどなかった。イギリス植民地で生産される砂糖はその後も、ほぼイギリスとその植民地だけに輸出されている。砂糖の消費量は急速に伸びている。このため、ジャマイカと割譲諸島で開発が進んで、過去二十年に植民地からイギリスへの砂糖輸出量が大幅に増加しているが、他国への輸出量はそれほど増えていないという。

ラム酒は重要な輸出品であり、植民地はこれをアフリカに輸出し、奴隷を購入している。各種穀物、塩漬け食品、魚が列挙品目になり、アメリカ植民地で余った生産物をすべてイギリス本国に輸出するよう義務づけた場合、本国の労働生産物の販売に大きな打撃を与えたはずである。これらの重要な商品が列挙品目から外されただけでなく、米を除くすべての穀物と塩漬け食品の本国への輸出が原則として禁止されたのは、おそらく植民地の利害を考慮したためではなく、この打撃を嫌ったためだろう。

非列挙品目は当初、世界のどの国にも輸出できた。木材と米は一時期、列挙品目になったが、その後に外されたときに、スペイン西端のフィニステレ岬より南のヨーロッパ諸国に市場を限定された。ジョージ三世治世の一七六六年の法律によって、非列挙品目のすべてで、市場が同じ地域に限定された。フィニステレ岬より南のヨーロッパ諸国は製造業国

ではないので、植民地の船舶がこれらの国に商品を輸出しても、イギリス製品と競合する製品をもちかえると恐れる理由はあまりなかった。

列挙品目には二つの種類がある。第一は植民地の特産品であり、本国では生産できないか、ほとんど生産されていない商品である。ここに入る品目には、糖蜜、コーヒー、ココア豆、タバコ、ピメント、生《しょう》姜《が》、鯨の髭《ひげ》、生糸、綿花、ビーバーなどの野生動物の毛皮、インディゴ、ファスティクなどの植物性染料がある。第二は植民地の特産品ではないし、本国でも生産されているが、本国の需要の大部分を満たせるほどではなく、主に外国からの供給に頼っている商品である。ここに入る品目には、マスト、帆桁《ほげた》、船首用材木、タール、ピッチ、テレビン油といった造船用のすべての資材、銑鉄と棒鉄、銅鉱石、家畜の生皮と皮革、炭酸カリがある。第一の種類の商品を大量に輸入しても、本国のどの生産物も、販売の伸びが抑えられたり、打撃を受けたりすることにはなりえない。これら商品の輸出先を本国にかぎるのは第一に、イギリスの商人がこれら商品を植民地で安く買えるようにして本国で売る際の利益率を高めるためであり、第二に、植民地と他のヨーロッパ諸国の間で有利な中継貿易を確立し、これらの商品をまずイギリスに輸入した後にヨーロッパ各国に再輸出するようにして、この貿易の中心、植民地商品の集散地の地位をイギリスが確保するためである。第二の種類の商品については、本国内で生産される同じ種類の商

品の販売には打撃を与えず、外国からの輸入品の販売にだけ打撃を与えるように輸入を管理できるとみられている。適切な関税をかければ、植民地から輸入した商品がかならず本国の商品よりは少し高いが、外国からの輸入品よりは大幅に安くすることが可能だからである。したがって、これら商品の輸出市場を本国に限定すれば、本国の商品の販売を維持しながら、貿易収支がイギリスにとって不利になっていると信じられている国からの輸入を抑制できると考えたのである。

植民地からマスト、帆桁、船首用材木、タール、ピッチ、テレビン油を本国以外の国に輸出するのを禁止する政策によって、植民地では当然ながら木材価格が低くなり、その結果、土地の改良にあたって最大の障害になる開墾費用が上昇する。しかし、十八世紀初めの一七〇三年、スウェーデンのピッチ・タール会社が自社の船を使い、自社が設定した価格で、自社が適切と考える数量を輸出し、それ以外の輸出をすべて禁止して、自社商品のイギリス向け輸出価格を引き上げようとした。この典型的な重商主義政策に対抗し、これら商品の供給をスウェーデンはじめ北方各国に依存する状態からできるかぎり抜け出すために、イギリスはアメリカ植民地からの造船用資材の輸入に奨励金を支給することにした。アメリカでは、これによる木材価格の上昇が、輸出市場を本国にかぎられたことによる価格低下を吸収して余りある状態になった。この二つの法律は同じ時期に制定されたので、

両方の結果、アメリカでの開墾は妨げられるのではなく、逆に刺激されることになった。

銑鉄と棒鉄は列挙品目に入っているが、アメリカ植民地からの輸入に際して、他国からの輸入にかけている高率の関税を免除しており、アメリカでの製鉄所の建設は、列挙品目に入っていることで妨げられる以上に、この免税措置で刺激を受けている。製鉄業ほど木材を大量に使う製造業はないので、森林の多い国の開墾にこれほど寄与する製造業はない。

これらの規制によってアメリカで木材価格が上昇し、土地の開墾を促進する要因になっている点はおそらく、議会が意図したことではないし、理解もしていなかっただろう。したがってこの効果は偶然のものではあるが、だからといって効果が少なくなるわけではない。

アメリカと西インド諸島にあるイギリス植民地の間では、列挙品目、非列挙品目ともに完全な自由貿易が許可されている。これらの植民地はいまでは人口が多く、繁栄しているので、それぞれの植民地にとって、他の植民地が各種生産物を販売できる大規模で広範囲な市場になっている。植民地は全体として、互いに生産物を販売できる大きな国内市場になっている。

しかし、イギリスが植民地の貿易に対してとっている寛大な姿勢は主に、植民地の生産

物のうち未加工のものか、製造のごく初期の段階といえるものの輸出市場に関する点にかぎられている。加工段階がもっと進んだ製品や高級な製品については、植民地の生産物を原材料にするものでも、イギリスの商工業者は独占を確保しようとし、議会に働きかけ、ときには高関税をかけ、ときには植民地での生産を完全に禁止する方法で、植民地にこれらの製造業が確立するのを防いできた。

たとえば、イギリス植民地から輸入される砂糖の関税は、黒砂糖では一ハンドレッド・ウエイト（五十・八キロ）当たり六シリング四ペンス（〇・三一六七ポンド）だが、白砂糖では同一ポンド一シリング一ペニー（一・〇四五二ポンド）である。一段階か二段階の精製を行った棒砂糖では同四ポンド二シリング五・四ペンス（四・一二二五ポンド）である。この高関税が課されるようになったとき、イギリス本国は植民地にとって砂糖を輸出できる唯一の市場だったし、いまでも主要な市場である。したがって、この高関税は当初、輸出用の砂糖の漂白と精製を禁止するに等しかったし、現在でもおそらく、生産量の九割以上を買う市場向けの砂糖の漂白と精製を禁止するに等しい。このため、砂糖精製業はフランスの砂糖植民地ではどこでも盛んだが、イギリスの砂糖植民地では植民地内の市場に向けたものを除いて、ほとんど確立していない。グレナダがフランスの植民地だったころ、ほぼすべての農場で砂糖が精製されていて、少なくとも漂白までは行われていた。ところが割譲諸島

の一部としてイギリスの植民地になると、砂糖精製の作業所はほぼすべて放棄され、一七七三年十月の現在では、島内に二つか三つしか残っていないという。しかし現在、税関の取り計らいで、漂白・精製された棒砂糖も粉状にしてあれば、一般に黒砂糖として輸入されている。

イギリスは銑鉄と棒鉄の輸入関税を免除してアメリカでの銑鉄と棒鉄の生産を奨励しているが、その一方で、アメリカの植民地のすべてで精鋼所や鋼材切断工場の建設を完全に禁止している。植民地の住民が植民地内で消費するためであっても、これらの高度な製品を製造するのを許さず、本国の商工業者から購入して必要を満たすよう求めている。

水運を使って、さらには馬や荷馬車による陸運を使った場合すら、アメリカ産の帽子、羊毛、綿製品を別の植民地に輸出することを禁止している。この規制によって、これら商品で遠隔市場向け製造業の確立を事実上禁止し、入植者によるこの種の製造業を、自家用か同じ植民地内の近隣向けの素朴な家内工業に限定している。

しかし、ある国が自国の生産物を活用して可能なかぎりのものを生産するのを禁止したり、もっとも有利だと判断した方法で自分の資本と労働を使うのを禁止したりするのは、人間のもっとも神聖な権利をあからさまに侵害する行為である。こうした点を禁止する規制は不当ではあるが、いまのところ植民地にそれほどの打撃を与えていない。土地がいま

でもきわめて安く、労働が高価なので、加工段階がもっと進んだ製品や高級な製品はほとんどすべて、本国から輸入した方が自分たちで生産するより安くなっている。このため、植民地はこうした製造業の確立を禁止されてきたが、社会の発展の現段階では、自分たちの利害を考えれば、おそらくはいずれにせよこれらの製造業を確立することはなかっただろう。社会の発展の現段階では、この規制は植民地の産業を制約することはなく、自然にまかせた場合の用途に労働が向けられるのを妨げてはいない。植民地にとって、本国の商工業者の根拠のない警戒感によって、いわれのない奴隷状態におかれていることを象徴しているにすぎない。だが、社会がさらに発展すれば、ほんとうに抑圧的で耐えがたい規制になるかもしれない。

イギリスは、植民地にとってとくに重要な商品の一部の輸出市場を本国市場だけに限定する見返りとして、本国市場でこれら商品のいくつかを優遇する政策をとっている。その方法として、他国からの同様の商品の輸入に高い関税をかける場合もあるし、植民地からの輸入に奨励金を支給する場合もある。関税に差をつける方法では、植民地産の砂糖、タバコ、鉄の輸入を優遇しており、奨励金を支給する方法では、植民地産の生糸、麻と亜麻、インディゴ、造船用資材、建設用材木の輸入を奨励している。輸入奨励金によって植民地での生産を奨励する第二の方法をとっているのは、知りえたかぎりイギリスだけであ

る。第一の方法をとっているのはイギリスだけではない。ポルトガルは他国からのタバコ輸入に高関税をかけるだけでは満足せず、輸入を禁止し、違反者には極刑でのぞむ政策をとっている。

ヨーロッパ商品の輸入に関しても、イギリスは他国よりも植民地に寛大な政策をとっている。

イギリスは輸入品を他国に再輸出する際に、輸入に際して支払われた関税の一部を払い戻しており、ほとんどの品目で少なくとも半分、たいていは半分以上、ときには全額が払い戻しの対象になる。簡単に予想がつくことだが、イギリスでは外国商品の輸入にあたってほとんどすべての品目に重い関税がかかっており、関税を上乗せした価格で再輸出しようとしても、独立した外国がそれを輸入するはずがない。このため、再輸出にあたって関税をある程度まで払い戻さなければ、中継貿易は成り立たない。そして重商主義は中継貿易を重視している。

しかし、イギリスの植民地は独立国ではない。そしてイギリスはヨーロッパ商品を植民地に供給する独占権を握っている。他国がそうしているように、植民地に対して本国で支払われているのと同じ関税を上乗せした価格で輸入するよう強いることもできるはずである。ところが一七六三年までは、外国商品のほとんどで、植民地に再輸出する際にも独立

国に再輸出する際と同様に関税が払い戻されていた。ジョージ三世治世の一七六四年の法律によって、この優遇措置が大幅に縮小され、こう規定された。「ヨーロッパまたは東インドで産出、生産、製造された商品が王国内からイギリスの植民地またはアメリカの入植地に輸出される場合には、旧臨時関税はいかなる部分であっても払い戻さない。ワインと白地の綿織物は例外とする」。この法律が制定される以前には、外国商品のうちかなりの部分は本国でより植民地での方が安く買えた可能性がある。いまでも、一部の商品でそうなっている可能性がある。

植民地貿易に関する規制の大部分が主に、それに従事している商人の助言によって制定されていることに注意すべきだ。このため、規制の大部分で、植民地や本国の利害より、商人の利害が重視されていても不思議ではない。植民地が必要とするすべてのヨーロッパ商品を供給する独占権、植民地で余った商品を本国での商人の事業に打撃を与えないものにかぎって購入する独占権を商人が得ていることで、植民地の利害が犠牲にされ、商人の利害が守られている。ヨーロッパとアジアから輸入した商品を植民地に再輸出する際に、大部分の品目で独立国に再輸出する場合と同様の戻し税を認めることで、本国の利害が犠牲にされ、商人の利害が守られており、重商主義の考え方にしたがって国の利害をとらえた場合にすらそういえる。商人の利害からは、植民地に再輸出する商品に対する支払いを

できるかぎり少なくし、したがって、イギリスへの輸入に際して支払った関税をできるかぎり取り戻せるようにするのがいい。そうなっていれば、植民地で同じ量の商品を売って利益率を高くするか、販売量を増やして同じ利益率を確保するか、どちらかの方法で利益の総額を増やすことができる。植民地にとっても、ヨーロッパ商品をできるかぎり安い価格で、できるかぎり大量に入手できれば利益になる。だが、本国にとって、これが利益になるとはかぎらない。本国にとっては、これらの商品の輸入に際して支払われた関税のうちかなりの部分を払い戻すことで財政収入が減少するうえ、植民地市場では戻し税のために外国製品を安い価格で販売できるので、本国の製品が価格競争に負ける結果になりかねない。ドイツの亜麻布をアメリカ植民地に再輸出する際の戻し税が大きな要因になって、イギリスの亜麻布産業の発展が妨げられているといわれている。

植民地貿易に関するイギリスの政策は、他国と同様に重商主義の精神に基づいてはいるが、全体として、どの国の政策よりも寛大であり、抑圧的ではない。

イギリスの植民地は、貿易を除くすべての点で、自治権が完全に認められている。すべての点で本国の住民と同じ権利を認められ、本国の住民と同じように、入植者代表の議会によってこの権利が保証されており、植民地議会は植民地政府を維持するための課税権をもつ唯一の機関だと主張している。住民を代表する議会が行政当局より高い権威をもって

いるので、植民地の住民はどれほど貧しくても、どれほどの嫌われものであっても、法律を守っているかぎり、植民地の総督ににらまれようが、植民地政府の行政官や軍人ににらまれようが、恐れる理由はない。植民地議会は本国の下院と同様に、住民すべてを平等に代表しているとはいえないが、本国の下院よりその状態に近い。行政当局は議員を買収する手段をもたないか、本国政府の支援があるためにその必要がないので、議会はおそらく有権者の意向にもっと敏感に反応する。植民地の立法府のうち、イギリスの貴族院にあたる参議会は、世襲貴族で構成されているわけではない。ニューイングランドの三植民地など、いくつかの植民地では、参議会委員は国王に指名されるのではなく、住民の代表によって選ばれている。イギリスの植民地には世襲貴族の制度はまったくない。自由な国ではどこでもそうだが、イギリスの植民地でも、資産や実力が同じであれば、古い時期の入植者の子孫は新参の者より尊敬されるが、尊敬されるだけであって、近隣の住民にとって迷惑な特権は何ももっていない。アメリカの動乱がはじまる前には、植民地議会は立法権をもつだけでなく、行政権の一部ももっていた。コネティカットとロードアイランドでは、議会が総督を選出していた。他の植民地でも収入役を選出し、収入役は議会が決めた税金を徴収し、議会に対して直接に責任を負っていた。このため、イギリスの植民地では、本国よりも住民が平等の権利をもっている。植民地の住民の方が共和主義的であり、ニュー

イングランドの三植民地ではとくにそうだが、政治も共和主義的であった。

これに対してスペイン、ポルトガル、フランスは、植民地を専制支配している。専制的な政府は一般に役人に裁量権を与えているが、植民地の場合には首都からの距離が極端に離れているので、当然ながら、役人による支配が通常以上に暴力的になる。専制支配のもとでは、首都では国内のどの地域よりも自由が認められる。国王自身は、法秩序を乱し、国民の大多数を抑圧して利益を得られるはずはないし、そうしたいと考えるはずもない。首都では、国王がいるために、役人がみな多少なりとも国王の機嫌を損ねるのを恐れているが、首都から離れた地方では、民衆の苦情が国王の耳に達する可能性が低いので、民衆を抑圧しても危険ははるかに少ない。そしてアメリカ大陸にあるヨーロッパ各国の植民地は、歴史上に知られる大帝国のもっとも遠隔の地方よりもさらに遠くにある。イギリス植民地政府は、首都からきわめて遠くにある地方の住民に完全に安全を保証した点で、おそらく世界の歴史にも例のないものである。だがフランスの植民地も、スペインやポルトガルの植民地とくらべれば、統治がつねに寛大で穏健である。植民地政府の行動がこのように優れているのは、フランスという国の性格や、国の性格を決める政府の性格によるものであり、フランスではイギリスと比較すれば、政府が横暴ではあるが、スペインやポルトガルとくらべれば、法の支配が確立しており、自由である。

だが、イギリスの政策の優位を示しているのは主に、北アメリカ植民地が発展している点である。砂糖の生産地域では事情が違っている。フランス植民地はイギリス植民地の大部分と少なくとも変わらないほど発展しているし、おそらくはそれ以上に発展している。イギリスの砂糖植民地では、北アメリカの植民地とほぼ変わらないほど住民の自由が認められているのに、とくに発展しているわけではない。だがフランスの砂糖植民地では、イギリス植民地とは違って、生産した砂糖の精製を抑制する政策はとられていない。そしてもっと重要な点として、植民地政府の性格によって、黒人奴隷の管理が優れている。

ヨーロッパ各国の植民地では砂糖黍《さとうきび》は黒人奴隷を使って栽培されている。ヨーロッパの温和な気候のもとで育った人間には、西インド諸島の灼熱のなかで畑を耕すのは無理だとされている。そして現在のところ、砂糖黍畑はすべて人力で耕されている（ただし、犂《すき》を導入すれば効率があがると主張する人が多い）。家畜を使った耕作では、家畜をどこまでうまく管理できるかで、利益と成功が大きく左右されるように、奴隷を使った耕作でも、奴隷の管理が優れているかどうかで、利益と成功の程度が大きく変わるはずである。そして奴隷の管理の点で、フランス植民地の方がイギリス植民地よりも優れていることは一般に認められていると思う。主人の暴力から奴隷をわずかなりとも保護する点では、かなりの程度専制的に統治されている植民地の方が、住民の自由を保証している植民地より、法

をうまく執行できる可能性が高い。奴隷制という不幸な制度を認める法律がある国ではどこでも、行政当局は奴隷を保護しようとするとき、主人の私有財産の管理にある程度まで干渉することになる。そのうえ、自由な国では主人はおそらく植民地議会の議員か、少なくとも議員を選ぶ選挙権をもっているので、行政当局は最大限に注意深く、慎重に行動しなければならない。主人に敬意を払わなければならないので、奴隷を保護するのがさらに難しくなっている。だが統治がかなり専制的な国では、行政当局が住民の私有財産の管理に干渉し、管理の方法が気に入らなければ逮捕状を発行するのがごく普通のことなので、奴隷を保護するのははるかに容易だ。そして、ごく普通の人間愛からも、奴隷を保護したくなるのは自然である。行政当局の保護があれば、主人は奴隷をそう馬鹿にすることはできず、少しは大切にし、ていねいに扱う。ていねいに扱われれば、奴隷は主人に忠実になり、頭を使って働くので、この両面からもっと役立つようになる。奴隷は自由人の使用人に近くなり、誠実になり、主人の利益を重視するようにもなる。こうした美徳は自由人の使用人にはよくみられるが、主人が完全に自由を保証されている国で普通の方法で扱われている奴隷には、決してみられないものである。

自由な国より専制的な国の方が奴隷の状態が良いことは、どの時代のどの国の歴史をみても明らかだと思える。ローマの歴史をみても、主人の暴力から奴隷を保護するために権

力者が干渉したとの記録が残っているのは、帝政時代になってからである。最初の記録は、初代皇帝アウグストゥスの面前で、ウェディウス・ポリオが些細な失敗を理由に奴隷の一人を切り刻んで池の魚の餌にするよう命じたとき、皇帝が憤然として、その奴隷だけでなく、奴隷全員をただちに解放するようポリオに命令したというものだ。共和制のもとでは、奴隷を保護できるほどの権威をもつ行政官はいないし、まして主人を罰することができるほどの権威をもつ行政官はいない。

フランスの砂糖植民地、とくにイスパニューラ島の植民地では、社会の発展をもたらした資本がほとんどすべて、植民地内の土地の改良と耕作を徐々に進めて蓄積されたものである点にも注目すべきだ。資本はすべて、入植者が土地と労働の生産物かその対価を、優れた経営によって徐々に蓄積し、生産物をさらに増やすために使ってきたものである。これに対してイギリスの砂糖植民地では、土地の改良と耕作に使われる資本は大部分、本国から送られてきており、入植者が土地と労働の生産物を蓄積してきたものだけではない。イギリスの砂糖植民地の繁栄は、かなりの程度まで本国が大いに繁栄していることの結果であり、本国の富の一部が植民地にもあふれでた結果だともいえる。これに対してフランスの砂糖植民地の繁栄はすべて、入植者が適切に経営してきた結果であり、したがってイギリス植民地の入植者よりも経営が優れていたはずである。そしてこの点が何よりも目立つの

が、奴隷の管理の巧みさである。

ヨーロッパ各国が植民地についてとってきた政策の概要は以上の通りである。

以上から明らかなように、ヨーロッパ各国の政策は、当初の植民地建設についても、植民地の統治に関するかぎりはその後のアメリカ植民地の繁栄についても、自慢できる点がほとんどない。

愚かさと不正こそが、当初の植民地建設の試みの基礎になり方向を決めた考え方の特徴だったようだ。金銀の鉱山を見つけ出そうというのは愚かな考えであった。そして、まったく無防備な先住民、ヨーロッパ人を攻撃するどころか、初期の冒険家を親切にあたたかく迎えた先住民の所有物を強奪したのは不正な考えであった。

その後に植民地を建設した冒険家のなかには、金銀の鉱山を見つけ出そうという途方もない計画だけでなく、もっと適切でもっと健全な動機ももっていた人がいる。しかしこうした動機に関してすら、ヨーロッパの政策には自慢できる点がほとんどない。

イギリスの清教徒が本国で抑圧を受け、自由を求めてアメリカに逃れて、ニューイングランドに四つの植民地を建設した。イギリスのカトリック教徒がそれ以上に過酷に抑圧され、メリーランドに植民地を建設した。クエーカー教徒はフィラデルフィアに植民地を建設した。ポルトガルのユダヤ人が宗教裁判にかけられて資産を没収され、ブラジルに追放

されたが、みずから範を示すことによって、やはり追放されて植民地の当初の住民になっていた重罪人や売春婦にある種の秩序と労働の習慣を根づかせ、砂糖黍栽培を教えた。これらの植民地で農業をおこした入植者は、ヨーロッパ各国政府の賢明な政策のためではなく、混乱と不正のためにアメリカ大陸にわたったのである。

とくに重要な植民地のうちいくつかでは、計画にも実行にも、ヨーロッパ各国の政府はほとんど何の寄与もしていない。メキシコの征服はスペイン枢密院ではなく、キューバ総督が計画したものである。計画を実行したのはそれを任された大胆な冒険家であり、すぐにとんでもない冒険家にまかせてしまったと後悔した総督から最大限の妨害を受けながらも目的を達成している。チリ、ペルーをはじめ、アメリカ大陸のスペイン植民地のほぼすべてを征服した冒険家も、スペイン王の名において征服し植民地を建設する許可を得ただけで、それ以外には国の支援を受けていない。すべて冒険家が自分でリスクを負い、自分で経費を負担して実行している。スペイン政府は、ほとんど何の助力もしていない。イギリス政府も、北アメリカのとくに重要な植民地のいくつかを建設する際に、何の寄与もしていない。

植民地が確立し、大きくなって本国の関心を集めるようになると、本国政府が植民地に関してまず制定したのはつねに、植民地の貿易を本国が独占することを狙った法律であっ

た。植民地の輸出市場を本国に限定し、植民地を犠牲にして本国の市場を拡大し、その結果、植民地の繁栄を刺激し促進するのではなく、妨害する法律だったのだ。ヨーロッパの国ごとに植民地政策に違いがあったといっても、貿易独占の方法の違いがとくに基本的な点の一つであったにすぎない。そのなかで最善のイギリスの政策も、他国の政策よりも自由を否定し植民地を抑圧する力がごくわずかに弱いだけであった。

ではヨーロッパの政策は、アメリカの植民地を建設し、現在の繁栄を築くうえで、どのように貢献したというのだろうか。一つの点で、たった一つの点でだけ、大きく貢献した。人びとの偉大な母という点で。つまりこれほど偉大な事業を実行する能力があり、偉大な帝国の基礎を築く能力がある人材を生み出し育てた点で。そして世界の他の地域には、このような人材を育てられる政策を実行している国はないし、実際にそのような人材を育てた国はない。活動的で冒険心が旺盛な建設者を教育し、偉大な見識をもつ人材に育てた点で、植民地はヨーロッパの政策に助けられている。だが植民地内の政治に関しては、とくに大きくとくに重要な植民地のうちいくつかは、これ以外に何の寄与も受けていない。

第三節　アメリカの発見と喜望峰経由のインド航路の発見によってヨーロッパが得た利益

ヨーロッパの政策によってアメリカの植民地が得た利点はこの程度のものであった。では、アメリカの発見と植民地化によって、ヨーロッパはどのような利益を得たのであろうか。

この利益は二つに分けられる。第一は、ヨーロッパ全体を一つの地域と考えたときに、この大きな動きから得た一般的な利益である。第二は、植民地を獲得した国が、植民地統治の権限を行使して、自国の植民地から獲得した利益である。

ヨーロッパ全体を一つの地域と考えたとき、アメリカの発見と植民地化によって得た一般的な利益は、第一に生活が豊かになったこと、第二に産業が拡大したことの二点である。

アメリカで余った生産物がヨーロッパに輸入されるようになって、ヨーロッパの住民はそれ以前にはなかった商品を入手できるようになった。新たな商品には利便品や必需品もあれば、娯楽品、装飾品もあり、その結果、生活が一層豊かになった。

アメリカの発見と植民地化によって産業が拡大したことは、誰でもすぐに認める点だろう。第一に、スペイン、ポルトガル、フランス、イギリスなど、植民地と直接に貿易を行う国で産業が拡大した。第二に、直接の貿易関係はないが、他国を介して自国の生産物を植民地に送っているすべての国で産業が拡大した。たとえばオーストリア領のフランドル地方やドイツの一部の国はスペインなどを経由して、亜麻布などの製品を大量にアメリカに販売している。これら各国では明らかに、自国の余った商品の市場が拡大し、その結果、生産を増加させるよう刺激を受けたはずである。

それだけでなく、この大きな動きによって、ハンガリーやポーランドのように、おそらく自国で生産した商品をアメリカ向けに販売したことがない国の産業も、刺激を受けたはずである。この点はそれほど明白だとはいえないが、刺激を受けたことに疑問の余地はない。ハンガリーやポーランドでもアメリカの商品の一部が消費されており、新世界から供給される砂糖、チョコレート、タバコに対する需要がある。そしてこれらの商品は、ハンガリーやポーランドの生産物か、その生産物の一部を使って購入したもののかで購入しているはずだ。アメリカの商品は両国にとって、自国の余った生産物と交換するためにもちこまれた新たな価値、新たな商品である。これらの商品がもちこまれて、自国の余った生産物に新たな市場、これまでより大きな市場が生まれた。そのために自国の生産物の価値が

高まり、生産を増加させるよう刺激を受けている。自国の商品はおそらく、アメリカにはまったく輸出していないだろうが、他国に輸出しており、その対価を使ってアメリカの余った生産物のうち、その国が輸入したものの一部を自国に輸入する。こうしてハンガリーやポーランドは、アメリカで余った生産物が端緒になってはじまった貿易の流れのなかで、自国商品の市場を見つけ出す。

この大きな動きによって、アメリカに商品を送ったこともなく、アメリカの商品を購入したこともない国ですら、生活が豊かになり、産業の拡大が促されているかもしれない。こうした国すら、アメリカ貿易の刺激を受けて余った生産物が増加した国から、他の商品をそれ以前より大量に供給されている可能性がある。商品が豊富になれば、生活はかならず豊かになり、産業がかならず拡大する。各種の生産物が供給され、余った生産物と交換するよう求められたはずである。この結果、これらの国では余った生産物の市場が拡大したはずであり、生産物の価値が上昇して、生産を増やすよう刺激を受けたはずである。ヨーロッパの一大通商圏に年間に投入され、さまざまな循環によって通商圏内にある各国に年間に分配される商品の量が、アメリカから余った生産物がもちこまれたことで増加したはずである。このため、取引される商品の量の増加に伴って、通商圏内の各国に供給される量も増加し、各国で生活が豊かになり、産業が拡大したとみられる。

本国が植民地との貿易を独占しているために、これら各国で、そしてとくにアメリカの植民地で、生活の豊かさと産業の拡大が抑えられ、少なくとも独占がなかった場合に達成できるはずの水準に達しなくなっている。この独占が重しになって、人類の産業のうちかなりの部分を動かす大きなバネの一つの動きがにぶくなっている。植民地商品の価格がすべての他国で高くなるので、消費が減少し、それによって植民地の産業の発展が抑えられ、他国では生活の豊かさと産業の拡大が抑えられる。他国では、生活を豊かにする商品の価格が高くなるので、豊かさが抑えられ、生産物で得られる商品の量が少なくなるので、生産の拡大が抑えられる。植民地で他国の商品の価格が高くなるので、同様に他国での産業の拡大が抑えられ、植民地の生活の豊かさと産業の拡大が抑えられる。植民地貿易の独占は、その国で得られるとされる利益のために、他のすべての国で生活の豊かさを損ない、産業を抑圧するものであり、植民地ではとくに打撃が大きくなる。すべての他国の貿易を一つの市場からできるかぎり排除するだけでなく、植民地の貿易を一つの市場だけにできるかぎり限定する。そして、一つの市場からは排除されるが、他の市場がすべて開放されている状況と、一つの市場に限定されていて、他の市場がすべてが閉ざされている状況とでは、違いがきわめて大きい。だが植民地の余った生産物が源泉となったからこそ、アメリカの発見と植民地化によってヨーロッパで生活が豊かになり、産業が拡大したのだ。本

国による植民地貿易の独占は、この源泉の力を本来のものより弱める要因になる。

本国が自国の植民地から獲得する利益には、二つの種類のものがある。第一は、すべての帝国が支配下の属領から得られる一般的な利益である。第二はヨーロッパ各国のアメリカ植民地のように、特殊な性格をもった属領から得られるはずの特殊な利益である。

すべての帝国が支配下の属領から得られる一般的な利益には、第一に防衛のために使える兵力がある。第二に属領からの財政収入があり、本国の行政費用の一部を負担する。ローマの植民地はときに応じてどちらも負担した。ギリシャの植民地はときには兵力を提供したが、財政負担にはめったに応じていない。植民地は本国の支配を認めていなかった。戦時には同盟軍としてともに戦うが、平時に支配を受け入れることはまずなかった。

アメリカにあるヨーロッパ各国の植民地は、本国の防衛のために兵力を提供したことは一度もない。植民地自体を防衛できる兵力すらもっていない。本国が戦ったさまざまな戦争では、植民地の防衛のために本国がかなりの兵力を割かなければならないのが通常であった。したがってこの点で、ヨーロッパ各国の植民地は例外なく、本国の軍事力を強める要因ではなく、弱める要因になっている。

スペインとポルトガルだけは、本国の防衛や行政のために使える財政収入を植民地から得ている。ヨーロッパの他国、とくにイギリスが植民地で得る税収は、平時に植民地に投

じる財政支出に見合ったものになることはめったになく、戦時に必要な経費を賄えたことは一度もない。このため、植民地は本国にとって財政の負担になっており、収入源にはなっていない。

こうした植民地から本国が得られる利点はすべて、アメリカ植民地のように特殊な性格をもった属領から得られるはずの特殊な利益からなっている。そして、植民地貿易の独占が、この特殊な利益のすべてをもたらす唯一の源泉だとされている。

本国が植民地貿易を独占していることから、たとえばイギリスの植民地では、余った生産物のうち、いわゆる列挙品目に入るものはすべて、イギリス以外の国には輸出できない。他国はイギリスから購入するしかない。このためイギリスではどの国よりも、これらの商品の価格が低くなり、生活の豊かさに大きく寄与するはずである。同様に、産業の拡大にも大きく寄与するはずだ。イギリスは自国の余った生産物を列挙品目との交換に使うとき、他国がそれぞれの生産物を同じ商品との交換に使うときより、有利な価格を得られるはずである。たとえば、自国の植民地で生産される砂糖やタバコを自国の製品で購入するとき、他国が同じ砂糖やタバコを同様の製品で購入するときより、大量に購入できる。したがって、自国で生産した製品でイギリス植民地産の砂糖やタバコを購入するとき、イギリスの方が他国よりも価格面で有利な分、製造業に対する刺激も大きくなる。このため、イギ

植民地貿易の独占によって、植民地をもたない国では生活の豊かさと産業の拡大が抑えられ、少なくとも独占がなかった場合に達成できるはずの水準に達しなくなるので、植民地をもつ国がもたない国より有利になるようにみえる。

しかしこの有利さはおそらく、絶対的なものではなく、相対的なものにすぎない。植民地をもつ国が有利になるのは、他国の産業と生産を抑制するからであって、自由貿易の場合に自然に達する以上に自国の産業と生産を振興できるからではない。

たとえばイギリスはメリーランドとバージニアのタバコの貿易を独占しているために、フランスより安く買っているのは確かだ。毎年、輸入したタバコのうちかなりの部分をフランスに再輸出しているのだから。だが、フランスをはじめとする各国がメリーランド、バージニアとの自由貿易を以前から一貫して許されていれば、タバコはもっと安い価格でこれら各国に入ってきただろうし、イギリスももっと安い価格で買えたはずである。市場がはるかに拡大していて、タバコの生産量がいまではるかに増えていた可能性があり、おそらく増えていただろう。タバコ農場の利益率は、現在でも穀物農場の利益率より若干高いといわれているが、そうなっていれば、穀物農場に対して自然な水準まで下がっていたはずだ。タバコの価格は現在の水準より若干低くなっていた可能性があり、おそらく低くなっていただろう。イギリスも他国も同じ量の商品で、メリーランドとバージニアから

タバコをいまより大量に買えたはずであり、自国の商品をもっと高い価格で売れたはずである。このため、タバコが安く豊富なことでイギリスや他国で生活が豊かになる効果と産業が拡大する効果は、自由貿易の方が現在の方法よりも若干大きくなっていたはずである。自由貿易を採用していればもちろん、イギリスは他国より何らかの点で有利な状況にはならなかっただろう。植民地からタバコを幾分安い価格で買うことができ、その結果、自国の商品を幾分高い価格で売れたかもしれない。だが、他国とくらべて安い価格で買うことも、高く売ることもできなかっただろう。おそらく、絶対的な有利さを獲得できただろうが、相対的な有利さは確実に失っていただろう。

　しかし、植民地貿易で相対的な有利さを獲得するために、そして、他国を植民地貿易からできるかぎり締め出そうという不公正で悪質な計画を実行するために、イギリスは、自国が、そして他のすべての国が植民地貿易から得られるはずだった絶対的な有利さの一部を犠牲にしただけでなく、他の貿易分野のほぼすべてで、絶対的にも相対的にも不利益を被ることになったとみられる。そう信じる理由、それもかなり確かな理由があるのだ。

　航海法によってイングランドが植民地貿易を独占したとき、それ以前にイングランドの植民地との貿易に使われていた外国資本は当然、引き揚げられた。イングランドの資本は、それ以前にはこの貿易の一部しか担っていなかったが、その後はすべてを担うようになっ

た。それ以前には植民地が必要とするヨーロッパ商品の一部だけを供給するのに使われていた資本が、ヨーロッパ商品の供給に使われる資本のすべてになった。だが、必要量の全量を供給することはできなかったので、供給したものは当然、きわめて高い価格で販売されることになった。それ以前には植民地で余った生産物の一部だけを購入するのに使われていた資本が、これら生産物の購入に使われる資本のすべてになった。だが、それ以前に近い価格で全量を買うことはできないので、購入された部分もきわめて安い価格で買われることになった。商人はきわめて高い価格で売り、安い価格で買うのだから、それに使われた資本は、利益率がきわめて高くなり、他の貿易分野で通常の水準を大幅に上回ったはずである。植民地貿易の利益率がきわめて高ければ、他の分野で使われてきた資本の一部がかならず植民地貿易に引きつけられる。そして、この資本の移動によって、植民地貿易で競争が徐々に激しくなり、他の貿易分野では逆に、競争が徐々に緩和したはずである。利益率は植民地貿易で徐々に低下し、他の分野で徐々に上昇し、やがてどの分野でも新しい水準、それ以前よりある程度高い水準に落ちついたはずだ。

このように、他の貿易分野から資本を引きつけること、すべての分野で利益率が若干高くなることの影響が、植民地貿易の独占が確立された時点だけでなく、その後現在にいたるまで続いている。

第一に、植民地貿易の独占によって、他の貿易分野から植民地貿易に資本がたえず流入している。

イギリスでは航海法の制定以来、富が大幅に増加してきたが、植民地ほどの勢いで増加してこなかったのは確かだ。ところで、どの国でも貿易は富に比例して自然に増加し、余った生産物も、生産物の総量に比例して自然に増加する。イギリスは植民地の貿易のほぼすべてを独占しているが、イギリスの総資本は植民地貿易の拡大に見合ったほどには増加していない。このため、他の貿易分野で使われてきた資本の一部をつねに引きつけなければ、そして本来なら植民地貿易から他の貿易分野に流れるはずの資本を大量に引き止めておかなければ、この植民地貿易を続けることができなかった。この結果、航海法の制定以来、植民地貿易は拡大しつづけてきたが、他の分野の貿易、とくにヨーロッパ貿易は衰退しつづけてきた。輸出用の製造業は、航海法が制定される前にはヨーロッパの近隣諸国の市場や、少し遠くにある地中海沿岸諸国の市場に適応していたが、いまでははるかに遠い植民地市場に、つまり、多数の競争相手がいる市場ではなく、独占している市場に適応するようになっている。他の貿易分野が衰退してきた原因について、サー・マシュー・デッカーらの論者は、税金が高く、不適切であること、労働の賃金が高いこと、生活が贅沢になってきたことなどをあげているが、実際には植民地貿易の行き過ぎた拡大が原因なのだ

ろう。イギリスの商業資本は巨額だが、無限ではない。航海法の制定以来、大幅に増加してきたが、植民地貿易はさらに大幅に拡大しているので、他の貿易分野から資本の一部を引きつけなければ、したがって他の貿易分野をある程度衰退させなければ、植民地貿易は続けられなかったとみられる。

イングランドは以前から貿易大国であり、航海法によって植民地貿易を独占する以前にも、植民地貿易がかなりの規模に達する以前にすらも、商業資本は巨額だったし、たえず増加を続けてきたとみられる点に注目すべきだ。クロムウェルの時代の第一次イギリス・オランダ戦争（一六五二〜五四年）では、海軍力がオランダより強かった。チャールズ二世治世の初期にはじまった第二次イギリス・オランダ戦争（一六六五〜六七年）でも、フランスとオランダの連合海軍と少なくとも同等であり、おそらくそれより強かった。だが現在では、海軍力の優位は当時とほとんど変わっていないとみられる。少なくとも、オランダが貿易の規模に対する海軍力の比率を当時と同じ水準に維持していればそういえる。だが、二度にわたるイギリス・オランダ戦争のどちらでも、航海法はイングランドの海軍力を強める要因にはなっていない。航海法は第一次イギリス・オランダ戦争のとき、基本的な法律が作られただけであった。第二次イギリス・オランダ戦争がはじまる前に完全に法制化されたが、期間が十分に経過していなかったので、どの条項でも大きな効果があらわれるまで

になっていなかったし、とくに植民地貿易の独占を定めた条項の効果があらわれるまでにはなっていなかった。当時は植民地も、植民地貿易の規模も現在よりはるかに小さかった。ジャマイカ島は不健康な原野におおわれていて、人口は少なく、耕地も少なかった。ニューヨークとニュージャージーはオランダの植民地であった。西インド諸島のセントクリストファ島は半分がフランス植民地だった。西インド諸島のアンティグア島、アメリカのサウスカロライナとノースカロライナ、ペンシルベニア、ジョージア、ノバスコシアにはまだ入植していなかった。バージニア、メリーランド、ニューイングランドには入植がはじまっており、すでに大いに繁栄していたが、当時はおそらく、ヨーロッパでもアメリカでも誰一人として、これら植民地の富、人口がこれほど急速に増加し、社会がこれほど急速に発展するとは予想していなかったし、そうなる可能性があるとすら考えていなかっただろう。当時は要するに、ある程度の規模があるイングランドの植民地のうち、状況が現在と近かったのは西インド諸島のバルバドス島だけであった。イングランドは航海法の制定後しばらくの間、植民地貿易の一部を獲得していただけである（航海法が制定から何年もの間、厳格には適用されなかったからだ）。当時、貿易大国としてのイングランドの地位を支えていたのも、貿易に基づく海軍大国の地位を支えていたのも、植民地貿易ではなかった。海軍大国の地位を支えていたのは、ヨーロッパ各国との貿易と地中海沿岸諸国と

の貿易であった。だが、ヨーロッパと地中海の貿易でイギリスが現在握っているシェアでは、海軍大国の地位を支えることはできない。拡大を続けてきた植民地貿易がすべての国に開放されていれば、そこでイギリスは一定のシェアを確保でき、そしておそらくきわめて高いシェアを確保できたはずであり、それ以前から大規模だった貿易総量がその分、増加したはずである。ところが植民地貿易を独占したために、植民地貿易の増加がそのまま貿易総量の増加につながるのではなく、貿易の地域構成を大きく変えるだけになった。

第二に、植民地貿易の独占によって、すべての国がイギリス植民地で自由貿易を許されていた場合よりも、イギリスでさまざまな分野の商業の利益率が高くなった。

植民地貿易の独占によって、イギリスの資本のうち植民地貿易に使われる部分の比率が、自然にまかせた場合よりもかならず高くなる。また、外国資本をすべてイギリス植民地の貿易から締め出しているので、植民地貿易に使われる資本の総額は、自由貿易の場合に自然に使われるはずの総額より少なくなる。そして、植民地貿易では資本の競争が本来より緩くなっているので、利益率がかならず高くなっている。そして、イギリス資本の競争が他のすべての貿易分野でも緩くなっているので、他の貿易分野でもイギリス資本の利益率がかならず高くなっている。航海法が制定された後のある時期にイギリスの商業資本がどれだけあり、どのような状態になっていたとしても、植民地貿易の独占によって、こ

の独占が続くかぎり、イギリスの通常の利益率は植民地貿易でも他の貿易分野でも本来の水準より高くなっている。航海法の制定以来、イギリスの通常の利益率は確かに大幅に低下してきたのだが、航海法による植民地貿易の独占で押し上げられていなければ、通常の利益率はさらに大幅に低下していたはずである。

ところが、どの国でも通常の利益率が本来の水準より高くなっていれば、その国は独占権をもたない貿易分野のすべてで、絶対的にも相対的にも不利になる。

その国は絶対的に不利になる。独占権をもたない貿易分野で本来より高い利益率を確保するには、自国に輸入した外国製品と、外国に輸出した自国製品をともに、本来より高く売るしかない。その国は本来より高く買い、高く売るしかないので、買う量も売る量も少なくなり、生活の豊かさも産業の拡大も本来より抑えられる。

その国は相対的に不利になる。独占権をもたない貿易分野で、同じように絶対的に不利になっていない国が本来よりさらに有利になるか、本来ほど不利ではなくなるからだ。他国の方が自国より生活を豊かにでき、産業を拡大できるようになる。他国が自国より優れている場合には差が拡大し、劣っている場合には差が縮小する。その国の生産物の価格は本来より高くなるので、他国の商人は外国市場で、その国の商人より商品を安く売れることになり、その国が独占権をもたない貿易分野のほぼすべてで、その国を駆逐できるよう

になる。

　イギリスの商人は、自国の労働賃金が高いために自国製品が外国市場で価格競争に負けると主張することが多いが、資本の利益率が高い点については沈黙している。他人の収入が高すぎると文句をいうが、自分の収入が法外な点については何も語らない。しかしイギリスの資本の利益率が高い点は、労働の賃金が高い点と変わらないほど、製品価格の高さをもたらす要因になっていることが多いし、おそらくもっと大きな要因になっていることも少なくないとみられる。

　以上のように、イギリスの資本は貿易分野の大部分にあたる独占権をもたない分野から、一部は引き揚げられ、一部は駆逐されたといえるはずである。とくにヨーロッパ各国との間、そして地中海沿岸諸国との間の貿易で打撃を受けてきた。

　資本の一部はこれらの貿易分野から引き揚げられてきた。植民地貿易は拡大を続けているし、ある年に使われた資本だけでは翌年に不足する状態が続いているため、利益率が高く魅力的だからである。

　資本の一部はこれらの貿易分野から駆逐されてきた。イギリスで資本の利益率が高くなっているために、イギリスが独占していない貿易分野のすべてで、他国が有利な立場にたっているからである。

植民地貿易を独占しているために、イギリス資本の一部が本来なら使われているはずの他の貿易分野から引き揚げられているので、イギリス植民地との貿易から排除されていなければ流入しなかったはずの外国資本がかなり、他の貿易分野に流入せざるをえなくなっている。他の貿易分野では、イギリス資本の競争が緩まり、イギリス資本の利益率が本来より上昇している。これに対して、外国資本の競争は激しくなり、外国資本の利益率が本来より下がっている。このどちらの要因からも、他の貿易分野のすべてで、イギリスは相対的に不利になっている。

しかし、植民地貿易は他のどの貿易分野よりもイギリスにとって有利だとする反論もあるだろう。植民地貿易の独占によって、イギリス資本のうちこの貿易に投じられる部分の比率が本来より上昇しており、その結果、イギリスにとってどの分野よりも有利な部分に資本が使われるようになったという反論である。

国にとって、自国の資本のもっとも有利な使い道は、生産的労働を最大限に維持できるものであり、その国の土地と労働による年間生産物を最大限に増やせるものである。そして国内消費用の貿易に使われる資本が維持できる生産的労働の量は、第二編第五章で論じたように、資本の回転数に比例する。たとえば一千ポンドの資本を国内消費用の貿易に使い、この資本をつねに年に一回回収できるのであれば、その国では一千ポンドで一年間維

持できる量の生産的労働をつねに雇用できる。資本が年に二回転か三回転するのであれば、二千ポンドか三千ポンドで一年間維持できる量の生産的労働をつねに雇用できる。このため、近隣諸国との間の貿易は一般に、遠方の国との貿易より有利である。同じ理由で、国内消費用の貿易は、これも第二編第五章で論じたように、一般に多角貿易よりも有利である。

だが、植民地貿易の独占がイギリスの資本の使い道に与える影響をみていくと、資本の一部が、すべての場合に、近隣諸国との貿易からもっと遠方の国との貿易に強制的に振り向けられ、多くの場合に、国内消費用の直接貿易から多角貿易に強制的に振り向けられる。

第一に、植民地貿易の独占によって、すべての場合に、イギリスの資本の一部が強制的に、近隣諸国との間の国内消費用直接貿易から、もっと遠方の国との貿易に振り向けられる。

ヨーロッパ諸国や地中海沿岸諸国との貿易に使われていた資本の一部がかならず、もっと遠方にあるアメリカと西インド諸島との貿易に振り向けられるが、この貿易は距離が遠いためだけでなく、これら植民地に特有の要因によっても、資本の回転がかならず遅くなる。新植民地は第一編第九章で論じたように、つねに資本が不足している。土地の改良と

耕作に有利に使うことができ、高い利益率を確保できる量よりも、資本がつねに大幅に少ない状態にある。このためいつも、自分たちがもっている以上に資本の需要がある。そして資本の不足を補うために、本国からできるかぎり借りようと努力しており、いつも、本国に対する債務をかかえている。そして資金を借りる際には、借用証書を作って本国の金持ちから借り入れる方法も使うが、もっとも一般的なのは、ヨーロッパ商品の購入にあたって、取引先が許容する限界まで、支払いを繰り延べる方法である。このため、年間には代金の三分の一も支払わないことが多く、この比率がさらに低い場合もある。したがってイギリスの商人が植民地貿易に投じた資本の回収が、三年以内にできることはめったになく、ときには四年から五年以上もかかることがある。たとえば一千ポンドのイギリス資本を回収するまでに五年かかるとすると、イギリスでは一年で一回転する場合の五分の一しか生産的労働を雇用できない。つねに雇用できる労働は、一千ポンドで一年間維持できる量ではなく、二百ポンドで一年間維持できる量にすぎなくなる。入植者はもちろん、ヨーロッパ商品に高い価格を支払い、長期の手形に対する利子を支払い、支払期日がきた手形の更新にあたって手数料を支払っているので、支払いの遅れで取引先が被る損失を補っており、おそらく補ってあまりあるほどだろう。だが、取引先の損失は補えても、イギリスが被る損失は補えない。資本の回収に時間がかかる貿易でも、商人にとっての利益率は、

もっと回転が速く、回収期間が短い貿易と変わらないか、もっと高いだろうが、商人が居住する国にとっての利点、つまり国内でつねに維持される生産的労働の量、土地と労働による年間生産量はかならず少なくなる。アメリカとの貿易では一般に、ヨーロッパのどの国との貿易とくらべても、地中海沿岸諸国との貿易とくらべてすら、資本の回収が遅いだけでなく、不規則で不確実であり、西インド諸島との貿易ではさらにそうであることは、これらの貿易を行った経験があるものなら、誰でもすぐに認めるはずだと思われる。

第二に、植民地貿易の独占によって、多くの場合に、イギリスの資本の一部が強制的に国内消費用の直接貿易から多角貿易に振り向けられる。

イギリス以外の国に輸出できない列挙品目のなかには、数量がイギリス国内の消費量を大幅に超えていて、その部分を他国に再輸出するしかない商品がいくつかある。だが再輸出にあたっては、イギリスの資本の一部を国内消費用の多角貿易に使わざるをえなくなる。たとえば、メリーランドとバージニアからは毎年、九万六千樽以上のタバコを輸入しているが、国内の年間消費量は一万四千樽を上回らないとされている。このため八万二千樽以上をフランス、オランダ、バルト海沿岸諸国、地中海沿岸諸国などに再輸出しなければならない。この八万二千樽のタバコを輸入し、他国に再輸出し、他国から商品か金銀をもちかえる貿易に使われるイギリス資本は、国内消費用の多角貿易に使われている。国内消費

量を大幅に超える部分を売却するために、多角貿易に資本を振り向けるしかなくなっているのである。この資本の全額がイギリスに戻ってくるまでに何年かかるのかを計算するときには、アメリカからの回収期間と他国からの回収期間を合計しなければならない。国内消費用にアメリカとの間で行う直接貿易すら、回収まで三年から四年以上かかることが多いのだから、この多角貿易に使われた資本をすべて四年から五年以内に回収できる可能性は低い。アメリカとの直接貿易ですら、一年に一回転する資本で維持できる量の三分の一から四分の一の労働しか継続的には雇用できないのだから、この多角貿易でつねに雇用できる労働は、四分の一か五分の一にすぎなくなる。イギリスの主要な港のいくつかでは、タバコの再輸出にあたって輸入国の取引先に信用を供与するのが一般的である。もっともロンドン港では現金で売買されている。「はかったら払え」が原則だ。このためロンドン港では、多角貿易による資本回収は、アメリカとの直接貿易よりも、売れ残ったタバコを倉庫に寝かしている期間だけ遅くなるにすぎないが、その期間がきわめて長くなることもある。だが、植民地がタバコの輸出市場をイギリスだけにかぎられていなければ、イギリスにはおそらく、国内消費に必要なものをほとんど上回らない量しか輸入されないだろう。イギリスが現在、大幅に余るタバコを再輸出して国内消費用に購入している外国商品は、おそらく、国内産業の直接の生産物によって、つまり国内で生産される製品の一部によっ

て購入することになろう。現在ではこれらの製品がほぼすべて、一つの大きな市場に適応するものになっているが、多数のもっと小さな市場に適応するものになっていただろう。イギリスは国内消費用に一つの大規模な多角貿易を行うのではなく、もっと小規模な国内消費用直接貿易をいくつも行っていただろう。その場合、資本の回収までの期間が短いので、大規模な多角貿易に現在使われている資本の一部だけで、それも小さな部分、おそらく三分の一から四分の一に満たない部分だけで、この小規模な直接貿易のすべてを行うことができ、同じ量の労働を国内で継続して雇うことができ、イギリスの土地と労働による年間生産物を、同じように支えることができただろう。こうして貿易の目的をすべて、もっと少量の資本によって達成できるので、大量の資本が余って他の目的に、つまりイギリス国内の土地を改良し、製造業を拡大し、商業を拡大するために使えるようになっていただろう。そして少なくとも、これらの用途にすでに使われている資本と競争するので、すべての用途で資本の利益率が低下し、イギリスはすべての分野で、他国に対する優位を現在よりもさらに拡大できていただろう。

もう一つの点として、植民地貿易の独占によって、イギリスの資本の一部が国内消費用の直接貿易や多角貿易から中継貿易に振り向けるよう強制されている。その結果、多かれ少なかれイギリスの産業を支えるはずの資本が、一方では植民地の産業を、他方では他国

の産業を支えるために使われるようになった。

たとえば、イギリスでは消費しきれず、毎年再輸出する八万二千樽ものタバコによって購入する商品は、すべてがイギリス国内で消費されるわけではない。その一部は、たとえばドイツやオランダから輸入する亜麻布のように、植民地に送られてそこで消費される。だが、タバコを輸入するために使われたイギリスの資本のうち、その後に亜麻布の購入に使われた部分は、イギリスの産業を支えるものにはならず、一方では植民地の産業を支え、他方では植民地のタバコを買って自国の製品を売る国の産業を支えることになる。

それだけでなく、植民地貿易の独占によって、イギリスの資本が、自然に任された場合よりはるかに高い比率で植民地貿易に強制的に振り向けられ、その結果、イギリスの産業の各部門の間で自然に保たれるはずの均衡が、まったくくずれているように思える。イギリスの産業は多数の小規模な市場のそれぞれに適応するのではなく、主に植民地という一つの大市場に適応している。イギリスの商業は多数の小さな水路を流れるのではなく、主に一つの大水路を流れるように誘導されている。しかしこれによって、イギリスの商工業の全体的な構造が本来より不安定になり、国全体が不健全になった。イギリスの現状を身体にたとえるなら、器官の一部が肥大化しすぎたために、各器官の釣り合いがとれていれば避けられる危険な病気にかかりやすくなり、不健康になっているようなものだ。自然な

ものより無理に太くした血管があり、国内の商工業が自然な比率を超えて大量にそこを流れるように強制されているので、その大血管の流れが少しでも止まれば、国全体がきわめて危険な混乱状態に陥る可能性が高くなっている。このため、植民地との関係断絶が予想されるようになると、イギリスではスペイン無敵艦隊やフランス軍の侵攻のとき以上に恐怖が広まった。十分な根拠があったかどうかはともかく、この恐怖心があったからこそ、少なくとも商人の間で印紙税の撤回が歓迎されたのだ。植民地市場から完全に締め出されれば、それがほんの数年のことであっても、イギリスの商人の大部分は貿易が完全に止まると考えていたし、製造業者の大部分は事業が壊滅すると考えていたし、労働者の大部分は職がなくなると考えていたのである。だが、ヨーロッパ大陸にある近隣諸国の一つとの貿易が断絶してもやはり、これらの階層のうちある部分では仕事が止まるか混乱する可能性が高いのだが、そのような事態が予想されても、国全体に恐怖が広がることはない。細い血管の一部がつまっても、血流が太い血管に簡単に流れるので、危険な状態にはならない。だが、太い血管がつまれば、その直接の結果として痙攣《けいれん》か脳卒中か死が避けられない。奨励金か、自国や植民地の市場の独占によって一部の製造業が肥大化し、不自然なまでに拡大していた場合、その一つで事業が短期間中断しただけで、騒動や混乱が起こり、政府はあわてふためき、議会の審議すら紛糾させることが少なくない。であれば、イギリス製

造業のうちこれほど大きな部分が突然、完全に止まったときに、どれほど大きな混乱と困惑が起こるか分からないと考えられたのである。

植民地貿易の独占を定めた法律を少しずつ段階的に緩和していき、最終的には大部分を自由にすることが、将来にわたってこの危険をなくす唯一の方法だと思える。この方法をとれば、肥大化しすぎた事業から資本の一部を引き揚げて、利益率は低くなるが、他の事業に振り向けることができるようになり、振り向けざるをえなくすらなる。これによって国内産業のうち肥大化した部門が徐々に縮小し、他の部門が徐々に拡大して、産業全体が自然で適切で健全な均衡を回復するようになる。この均衡は完全な自由があればかならず達成されるし、完全な自由がなければ維持できない。植民地貿易を一気にすべての国に開放すれば、一時的に混乱が起こるだけでなく、現在、植民地貿易に労働と資本を投じている人の大部分が取り返すことができない大きな損失を被りかねない。イギリスの消費量を超える八万二千樽のタバコの輸入に使われている船舶が突然、運航できなくなることだけでも、深刻な事態だとみられるだろう。重商主義の規則がもたらす影響は、これほど深刻なのである。危険な疾患を引き起こして国全体の健康を危険にさらすだけではない。この疾患は治療が難しく、治療しようとすると、少なくとも一時的には、さらに深刻な混乱をもたらすことが少なくないのだ。植民地貿易をどのようにして段階的に自由化していくの

か、どの規制をまず撤廃し、どの規制を最後まで残しておくのか、完全な自由と正義という自然な制度をどのようにして徐々に回復していくのかは、将来の政治家と議員の課題とするしかない。

イギリスは一七七四年十二月一日、アメリカの十二植民地の不買協定によって、植民地貿易のうちきわめて重要な部分から完全に排除されたが、それからすでに一年以上たった現在、予想外の幸運が五つ重なったために、一般に恐れられていたほどの打撃を受けていない。第一に、これら植民地は不買協定を結ぶ準備の段階で、市場に適した商品を大量に購入したので、イギリスには在庫がなくなっていた。第二に、一七七五年にスペイン艦隊からの一時的な需要があったため、ドイツと北方諸国の商品、とくに亜麻布が買い尽くされ、通常ならイギリス市場ですら国内製品と競合するこれらの商品が流入してこなかった。第三に、ロシアとトルコが講和条約を結び、トルコ市場の需要が一時的に急増した。戦争中、そしてロシア艦隊がエーゲ海を制圧していた間、トルコでは輸入がほとんどとまっていたからである。第四に、北ヨーロッパ諸国で、イギリス商品に対する需要が何年も前から毎年増加を続けている。第五に、一七七二年にポーランドが分割され、混乱が収まったことから、同国の市場が開かれ、ポーランドの一時的需要が北ヨーロッパ諸国の需要増に加わった。これらの要因は第四を除いてすべて一時的で偶然のものであり、植民地貿易の

うちきわめて重要な部分からの排除がさらに長引く不幸な事態になれば、イギリスはある程度の打撃を受けるだろう。しかしその場合でも、打撃を徐々に受けることになるとみられ、一度に受けた場合ほど激しくはならないだろう。その間に、イギリスの労働と資本は新しい事業と方向をみつけだし、打撃が極端になるのを防げるとも思える。

以上のように、植民地貿易の独占のために、イギリスの資本のうち、植民地貿易に使われる部分の比率が、本来より高まってきた。すべての場合に、近隣諸国との貿易からもっと遠方の国との貿易に、多くの場合に、国内消費用の直接貿易から多角貿易に、ある場合には、国内消費用の貿易から中継貿易に、資本が振り向けられてきた。つまりどの場合にも、生産的労働を大量に維持する貿易から、生産的労働をはるかに少ない量しか維持できない貿易に資本が振り向けられてきた。また、イギリスの商工業のうちきわめて大きな部分が一つの市場だけに適応したことから、生産物が多様な市場に適応している場合より、商工業全体が脆弱になり、不安定になった。

植民地貿易それ自体の影響と、植民地貿易の独占の影響とを、注意深く分けて考えるべきである。植民地貿易自体は、かならず好影響を与える。これに対して植民地貿易の独占は、かならず悪影響を与える。だが、好影響がきわめて強いので、植民地貿易は独占による悪影響があっても、全体としては好影響の方が大きく、しかもかなり大きい。ただし、

好影響が本来よりかなり弱くなっている。

植民地貿易は自然で自由な状態にあれば、イギリス産業の生産物に遠くはあるが大きな市場を開き、ヨーロッパ諸国や地中海沿岸諸国という近隣の市場の需要を超える部分の生産物を販売できるようになる点で好影響を与える。植民地貿易が自然で自由な状態にあれば、近隣の市場に輸出してきた生産物を植民地に振り向けることにはならず、自国の余った商品と交換できる新たな商品をたえず提示され、商品の生産を増やすようたえず刺激を受けることになる。植民地貿易が自然で自由な状態にあれば、イギリスで生産的労働の増加をもたらす要因にはなるが、それ以前から行われていた労働の方向をどのような点でも変えることはない。植民地貿易が自然で自由な状態にあれば、他国との競争によって、新市場でも新事業でも、利益率が通常の水準を上回るまでに上昇することはない。新市場が登場しても、既存の市場から商品が引き揚げられることはなく、新市場に供給される新たな商品を、いうならばみずから作りだす。そしてこの新たな商品が新たな資本になって新たな事業を生み出すので、既存の事業から資本が引き揚げられることもない。

これに対して植民地貿易の独占は、他国との競争を排除するので、新市場と新事業の資本の利益率を上昇させ、既存の市場から商品を引き揚げ、既存の事業から資本を引き揚げる動きを作りだす。植民地貿易でのイギリスのシェアを本来の水準より高めることこそが、

独占の目的であり、そう主張されている。独占がなかった場合よりイギリスのシェアが高くならないのであれば、独占権を確立する理由はない。だが、貿易の他部門の大部分より資本の回収が遅く、距離も遠い部門に、自然にまかせた場合より高い比率で国の資本を投じるよう強制すれば、年間に維持される生産的労働の総量と、その国の土地と労働による年間生産物の量がかならず本来より少なくなる。国内の居住者の収入は、自然にまかせた場合ほど増加しなくなり、そのため、資本を蓄積していく力も本来より弱まる。どの時点にも、資本によって維持できる生産的労働の総数が本来より少なくなるうえ、資本の増加の勢いも本来より弱くなって、維持する生産的労働の総数をたえず増やしていくのが妨げられる。

しかしイギリスでは、植民地貿易自体の自然な好影響が独占の悪影響より大きいことから、植民地貿易は独占などの問題がある現在の状態でも国全体にとって有利になっており、しかも大いに有利になっている。植民地貿易によって獲得した新たな市場と事業は、植民地貿易の独占の結果失われた既存の市場と事業より、はるかに規模が大きい。植民地貿易によっていうならば新たな生産物と新たな資本が作りだされ、それによってイギリスで維持される生産的労働の量は、もっと回転が速い他の貿易部門から資本が引き揚げられて失われたはずの生産的労働の量より多い。だが、現状で植民地貿易がイギリスにとって

有利になっているのは、独占があるからではない。独占があるにもかかわらず有利になっているのだ。

植民地貿易によって生まれるのは、ヨーロッパの製造業製品の新市場であって、土地生産物の市場ではない。農業はどの新植民地にとっても最適の産業である。土地が安いために、どの産業よりも農業が有利になっている。このため、植民地では土地生産物が豊富にあり、他国から輸入するどころか、通常は大量に余っていて輸出できる。新植民地では農業が人手を他の産業から引きつけるか、他の産業に流れないようにしている。必需品を生産する製造業にあてられる人手すらきわめて少なく、まして装飾品の生産に人手をかけることはできない。必需品でも装飾品でも、製品の大部分は植民地で生産するより他国から買う方が安い。植民地貿易によって、ヨーロッパでは主に製造業が刺激を受け、農業は製造業の拡大によって間接的に刺激を受けている。植民地貿易によってヨーロッパの製造業で仕事が増え、土地生産物の新たな市場が生まれている。ヨーロッパで、穀物や家畜、パンや食肉のもっとも有利な市場である国内市場が、アメリカとの貿易によって大幅に拡大しているのだ。

だが、人口が多く繁栄している植民地との貿易を独占しても、それだけでは、どの国も製造業を確立することはできないし、維持することすらできない。この点は、スペインと

ポルトガルの例をみれば明らかである。両国は大規模な植民地を獲得する以前には、製造業国であった。世界でもとくに豊かで肥沃な植民地を獲得した後に、製造業が衰退した。

スペインとポルトガルでは、独占の悪影響が他の要因によって増幅し、おそらく植民地貿易自体の自然な好影響を上回るまでになっているのだろう。悪影響を増幅している要因には以下があるとみられる。他の種類の独占がある。金銀の価値をほとんどの国より低下させている規制がある。外国市場への販売を不可能にする不適切な輸出関税がある。国内の地域間の商品輸送にかかるさらに不適切な税金があり、これによって国内市場が狭まっている。そして何よりも大きな要因になっているのは、法の運用が恣《し》意《い》的で偏っていることだ。裕福で地位の高い債務者を保護して、適正な債権者による支払いの要求をしりぞけることが少なくないので、国内の勤勉な人は、傲慢な権力者が消費する商品を生産するのを恐れるようになっている。権力者に商品を販売するときに掛け売りを拒否することはできないし、掛け売りした場合に代金を支払ってもらえるかどうか、まったく不確かだからである。

これに対してイギリスでは、植民地貿易自体の自然な好影響が他の要因で増幅し、独占の悪影響よりはるかに強くなっている。好影響を増幅している要因には以下があるとみられる。全般的な取引の自由があり、これはある程度の制約があるが、他国と少なくとも同

等か、おそらくは他国より認められている。輸出の自由があり、国内産業の生産物をほぼすべての品目にわたって、ほぼすべての国に、輸出関税を支払うことなく輸出できる。そしておそらくもっと重要な要因として、国内産業の生産物を国内のどの地域の間でも輸送できる無制限の自由があり、輸送にあたって、どの当局にも報告する義務はないし、どのような種類の尋問や検査を受けることもない。そして何よりも大きな要因になっているのは、法の運用が平等で公正なことだ。これによって、最下層の国民でも権力者に権利を尊重されるようになっており、すべての国民が自分の労働の成果を自分で得る権利を保障されていて、すべての種類の産業にもっとも強くもっとも効果的な刺激を与えている。

イギリスの製造業は植民地貿易によって確かに発展してきたのだが、それは独占があるからでない。独占があるにもかかわらず発展してきたのだ。独占のために、イギリスの製造業製品は量が増えてきたのではない。その一部で質と形が変わってきたのであり、資本の回転が速く回収までの期間が短い市場に適応したものから、資本の回転が遅く回収までの期間が長い市場に適応したものへと変わってきたのだ。このため、イギリスの資本の一部が、大規模な製造業を維持できる用途から、はるかに小規模な製造業しか維持できない用途に振り向けられており、したがって、イギリス全体で製造業の規模の拡大ではなく、縮小をもたらす要因になっているのである。

このため、植民地貿易の独占は、重商主義の卑劣で悪質な手段がすべてそうであるように、他のすべての国の産業を沈滞させ、そして主に植民地の産業を沈滞させる一方で、利益をはかろうとした自国の産業の拡大をもたらすどころか、逆に産業の縮小をもたらす要因になるのである。

植民地貿易の独占によって、その国の資本がある時点にどれほどの規模であっても、その規模で維持できる生産的労働の量を本来なら達成できる水準まで増やすのが妨げられ、勤勉な居住者が本来なら達成できる水準まで収入を増やすのが妨げられる。そして資本は収入を節約してしか増やすことができないので、独占によって収入が本来の水準まで増加するのが妨げられる結果、資本が本来のペースで増加するのが妨げられ、したがって、それによって維持する生産的労働の量の増加が抑えられ、勤勉な住民の収入増が抑えられる。このため収入の大きな源泉の一つである労働の賃金も、独占によってかならず、本来の水準ほどには増加しなくなる。

植民地貿易の独占によって、商業資本の利益率が上昇するので、土地の改良が妨げられる。土地改良の利益は、改良前の土地の生産量と、資本を投入したときに得られる生産量との差によるものである。この差が十分に大きく、同じ資本を商業に投じたときより利益率が高ければ、各種の商業から土地の改良に資本が引きつけられる。利益率が低ければ、

土地の改良から商業に資本が引きつけられる。商業資本の利益率を上昇させる要因があれば、土地改良の利益率の優位が縮小するか、不利が拡大する。優位が縮小した場合には、土地改良への資本流入が妨げられるし、不利が拡大した場合には、土地改良から資本が流出する。そして、植民地貿易の独占の結果、土地の改良が妨げられるので、収入のもう一つの大きな源泉である土地の地代でも、自然な増加がかならず妨げられる。さらに、植民地貿易の独占の結果、資本の利益率が上昇するので、市場金利がかならず、本来の水準より上昇する。そして年間に得られる地代に対する土地の価格の比率、つまり通常の土地売買価格が年間地代の何年分にあたるのかは、金利が上昇すればかならず下落し、金利が下落すればかならず上昇する。このため、植民地貿易の独占は地主の利益を二つの点で損なう。第一に地代の自然な上昇が抑えられ、第二に、年間地代に対する比率でみた土地の価格が低下する。

植民地貿易の独占によって確かに、商業資本の利益率が上昇するので、商人の収入がある程度増加する。だが、資本の自然な増加を妨げるので、国内の住民が資本の利益から得られる総収入を増加させるのではなく、逆に減少させる要因になる。資本が巨額で利益率が低い方が通常、資本が少なく利益率が高いときより収入が多くなるのだ。植民地貿易の独占によって利益率は上昇するが、利益の総額が本来のペースで増加していくのが妨げら

れる。
収入の源泉である労働の賃金、土地の地代、資本の利益のすべてが、植民地貿易の独占の結果、本来の水準ほどには増加しなくなる。植民地貿易の独占は国内のごく一部の階層の小さな利益を促進するために、国内では他のすべての階層の利益を損ない、他のすべての国ではすべての住民の利益を損なっているのだ。

植民地貿易の独占がある階層にとって利益になっているといえるのは、あるいは利益になりうるのは、ただ一つの点、通常の利益率を高める点のためである。だが、これまで述べてきたように、利益率が高い場合には、国全体がさまざまな悪影響を受けるうえ、おそらくはもう一つ、これら悪影響を合計したものよりさらに致命的な悪影響、しかも事実をみていくなら、高利益率と切り離せないとみられる悪影響を受ける。利益率が高い場合にはかならず、商人が本来なら自然に身につけている倹約の精神が破壊されると思えるのである。利益率が高ければ、倹約という美徳には何の意味もなく、金に糸目をつけない贅沢こそが、裕福な商人の立場にふさわしいものだと思えてくる。巨額の商業資本をもつ大商人は、どの国でもかならず全産業の指導者であり指揮者であり、大商人の行動はどの階層の行動よりも、勤勉な労働者にとって模範になり、その生活習慣に大きな影響を与える。雇い主が真面目で倹約につとめていれば、労働者も同じ美徳を身につける可能性が高い。

雇い主がずぼらで気まぐれであれば、雇い主の指図にしたがって仕事をしている労働者も、雇い主のものに似た生活習慣を身につけるだろう。このため、本来なら資本を蓄積しようとする姿勢がとくに強い階層の間で、資本の蓄積が妨げられる。生産的労働の維持にあてられる資金が、本来ならこの資金を増やそうとする傾向がとくに強い人たちの収入によっても増えていかない。国内の資本は増えていくどころか、逆に少しずつ減っていき、国内の資本で維持される生産的労働の量は、毎日少しずつ減っていく。カディスとリスボンの商人は法外な利益を獲得しているが、そのためにスペインとポルトガルの資本は増加しているだろうか。とくに貧しい両国で、貧困が解消されてきただろうか。産業が盛んになってきただろうか。カディスとリスボンという貿易都市では商人が派手に支出するため、法外な利益をあげていても、国内の総資本が増加するどころか、法外な利益を生み出す資本を維持することすらできないようだ。外国資本が毎日のように、カディスとリスボンの貿易に割り込んできているともいえる。自国資本だけで行うのが難しくなってきた貿易に外国資本が侵入するのを防ぐために、スペインとポルトガルは植民地貿易の独占という馬鹿げてもいるし腹立たしくもある束縛をさらに強めようと、つねにつとめている。アムステルダムとこの両都市で商人の生活習慣をくらべてみれば、利益率が高いときと低いときとで、商人の行動と性格がどれほど違うかを実感できるだろう。ロンドンの商人は全体とし

て、現時点ではカディスやリスボンの商人ほど王侯気取りにはなっていない。アムステルダムの商人ほど真面目で倹約につとめているわけでもない。そして、ロンドンの商人の多くは、カディスやリスボンの商人の大部分よりはるかに金持ちだが、アムステルダムの多くの商人ほど金持ちではないとされている。だが、利益率は一般に、ロンドンの商人はカディスやリスボンの商人よりかなり低く、アムステルダムの商人よりはかなり高い。安易な儲けは身につかずという言葉もある。どの都市でも金《かね》の使い方は一般に、実際にどれだけの金を使う力があるかではなく、使った金をどれだけ簡単に稼げると考えられているかに左右されるようだ。

　このように、独占によって一つの階層が得られる唯一の利益も、さまざまな点で国全体の利益を損なうものである。

　自国の顧客になる人を増やすことだけを目的に植民地帝国を作るのは一見、商人の国にふさわしい計画だと思えるかもしれない。だが、実際には商人の国にはまったくふさわしくない計画であり、商人が政府に大きな影響力をもつ国だけにふさわしい計画である。そうした国の政治家は、そしてそうした国の政治家だけが、国民の血と財産を使って帝国を建設し維持すれば利点があると夢想できるのである。商人にこう提案してみるといい。わたしにすばらしい農園を買ってくれたら、他の店より少々高くても、かならずこの店で衣

類を買うようにすると。商人がこの提案に乗り気になるはずはない。だが農園の代金を負担するのが誰か別の人で、しかも衣類をすべて自分の店から買うよう義務づけてくれるのであれば、商人はその人に感謝するはずだ。イングランドは国内で暮らしにくいと感じていた一部の国民のために、遠い国に広大な農地を購入した。購入のために支払った対価はじつのところごくごく少なく、国内の農地なら地代の三十年分が通常の価格だが、この場合には土地を発見し、沿岸地域を調査し、自国が領有すると宣言するために何回かの航海を行うのに必要な費用をほとんど超えていない。土地は良好だし、広さは十分にあり、農業に適した土地が大量にあるし、当初は生産物を自由に販売できたので、三十年から四十年の間に(一六二〇年から六〇年までに)、入植者が多くなり、繁栄するようになり、イングランドの商人が顧客を独占したいと考えるほどになった。このため、当初の購入代金や、その後の開発の費用の一部を負担したのは自分たちだと主張することはなかったが、議会に対して、アメリカの入植者に今後、二つのときに自分たちの店だけを使うよう義務づけてほしいと陳情した。第一は必要とするヨーロッパ商品を購入するとき、第二は商人が買いたいと考える商品を販売するときである。第二の点で制限を設けたのは、入植者の生産物をすべて買うのは都合が悪いと考えたからだ。商品の一部はイングランドに輸入すると、自分たちが国内で行っている事業の障害になりかねない。そこで、この部分は入植者が輸

出できるところに輸出するようにすればいいと考えた。輸出先は遠い方がいい。このため、植民地の輸出市場をフィニステレ岬より南にある国に限定するよう提案した。航海法の有名な条項は、いかにも商人らしいこの提案によって作られたのである。

この独占の維持が現在まで、イギリスの植民地支配の主な目的であった。もっと正確にいうなら、おそらく唯一の目的であった。貿易の独占が植民地の主な利点だとされてきた。植民地は財政収入や兵力によって本国の行政や防衛を支えたことはないのだから。貿易の独占が植民地支配の主要な象徴であり、植民地支配でこれまで得てきた唯一の果実だったのである。イギリスが植民地支配を維持するためにこれまで支出してきた経費は、実際にはこの独占を支えるためのものであった。アメリカで動乱が起こるまで、平時には、歩兵二十個連隊の給与、歩兵連隊に必要な武器、軍需品、特別食料品の経費、北アメリカと西インド諸島の広大な沿岸で他国の密輸船を取り締まるために大規模な海軍力を維持する経費を負担した。この平時の防衛費はすべてイギリス本国の財政収入で負担され、植民地支配のために本国が負担した経費のうち、最小の部分でもあった。経費の全額を知りたいのであれば、この平時の防衛費に、植民地を自国の属領だと考えているために、さまざまな機会に支出した国防費の利子を加えなければならない。さらに、とりわけ七年戦争の戦費の全額と、その前のスペイン戦争(一七三九〜四八年)の戦費の一部を考慮しなければな

らない。七年戦争は完全に植民地争奪のための戦争であり、ドイツだろうが西インド諸島だろうが、世界のどこの戦闘で支出されたものであれ、すべて植民地のための経費だと考えるのが適切である。七年戦争の戦費は合計九千万ポンドを上回り、これを巨額の国債発行、土地税の十パーセントの付加税、減債基金からの借り入れで賄っている。一七三九年にはじまったスペインとの戦争も、主に植民地をめぐるものであった。その主な目的は、南アメリカ北岸のスペイン植民地との間で密貿易を行えるよう、イギリス植民地の船舶に対するスペイン海軍の臨検を阻止することにあった。この種の経費は実際にはすべて、植民地貿易の独占を支えるために与えられた奨励金である。表立っては、製造業を振興し、イギリスの商業を拡大することが植民地貿易独占の目的だと主張された。だが実際には、商業資本の利益率を上昇させ、商人が他の大部分の貿易分野より資本の回転が遅く、回収までに時間がかかる分野に、本来より高い比率で資本を投入できるようにするものであった。どちらの点も、奨励金を支給して防止できるのであれば、奨励金を支給する価値がおそらくあると思えるものだ。

したがって現在の植民地経営の方法では、イギリスは植民地を支配することで損失を被っているだけである。

イギリスは植民地に対する支配権を自発的に放棄し、植民地がみずから総督を選び、独

自に法律を制定し、みずからが適切に判断して和戦を取り決めるようにすべきだと提案しても、世界のどの国もかつて採用したことがないし、今後も採用しようとは考えない提案になるだろう。これまで植民地の支配権を自発的に放棄した国はない。支配がどれほど厄介でも、支配に必要な経費にくらべて、そこから得られる収入がどれほど少なくても、この点に変わりはない。植民地の放棄は、その国の利益になることが少なくないとしても、かならず国の誇りを傷つけるし、おそらくそれ以上に重要な点として、かならず国の支配者層の個人的な利益に反する。とくに治安が悪く、国民の大部分にとってとくに不利益な植民地を支配していれば、支配者層は責任があり利益を得られる官職の任命権や、富と名声を獲得する機会をいくつも握っていられるが、支配権を手放せば、こうした権利や機会も手放すことになるからだ。どれほど理想の実現に熱意を燃やす政治家でも、いずれは実現すると期待できる形で、このような政策を提案することはまずできないだろう。だが、この政策が採用されれば、イギリスは平時の植民地防衛に要する年間費用の負担をただちになくせるうえ、現在の植民地と通商条約を結んで、自由貿易の保障をとりつけることができるだろう。そうできれば、植民地貿易を独占している現状よりも、商人にとっては不利になるとしても、大多数の国民にとって有利になるだろう。このように最善の友と別れることになれば、植民地では本国に対する自然な愛情が、最近の紛争によってまったく消

えてしまったとしても、おそらくすぐに復活するだろう。その後何世紀にもわたって、分離独立にあたって取り決めた通商条約を尊重するだろうし、それだけでなく、貿易でも戦争でもイギリスの味方になり、暴力的で反抗的な非支配者ではなく、もっとも忠実で、好意的で、誠実な同盟国になるだろう。一方が親のような愛情をもち、他方が子供のような敬意を払う関係が、イギリスと植民地の間で復活するかもしれない。古代ギリシャの植民地とその本国の間にあったように。

　帝国にとって植民地が有利になるためには、植民地は平時に防衛費用をすべて負担するだけでなく、帝国全体の統治に必要な一般経費を分担しなければならない。植民地はそれぞれ、多少なりとも一般経費が増える要因になる。したがって、一般経費を分担しない植民地があれば、帝国の他の部分が不釣り合いに重い負担を強いられることになる。戦時に国が臨時財政収入を必要とする際にも同じ理由で、平時の負担と同じ比率で各植民地が負担しなければならない。イギリスが平時の財政収入でも戦時の臨時財政収入でも、植民地から得ている収入がこの適切な比率に達していないことは、誰もがすぐに認めるだろう。植民地貿易の独占によって、イギリス国民は収入が増加しているので、税金をもっと負担できるようになっており、植民地での財政収入の不足を補えていると考えられている。だがこの独占は、以上で論じてきたように、植民地にきわめて重い負担をかけてはいるが、

そして、イギリスの一部階層で収入を増やしているのだろうが、国民の大部分にとっては、収入の増加どころか減少をもたらす要因になっており、そのため、税金を支払う能力が高まるどころか低下している。植民地貿易の独占で収入が増えているのは一つの階層だけであり、第五編で論じるように、この階層だけに他の階層より高い比率で税金をかけるのは不可能だし、高い比率で税金をかけようと試みることすら、政治的に無謀である。したがってこの階層から特別に税金を徴収することはできない。

植民地に課税するには、植民地議会で決める方法と、イギリス議会で決める方法がある。

イギリス政府が植民地議会に働きかけても、植民地の行政と防衛に必要な経費を負担するだけでなく、イギリス政府の一般経費を適切に分担するのに十分な税金を住民から徴収する仕組みをつくるよう説得できるとは、きわめて考えにくい。イングランドの議会すら、国王が直接に監視しているなかでも、そのように運営できるようになり、経費の負担に合意するほど協力的になるまでには長い年数がかかっており、しかもこの場合に負担したのは自国の行政と防衛に必要な経費なのである。行政と防衛の組織にできる官職のかなりの部分について、官職そのものか任命権を議会の議員に分配してはじめて、そのような運営体制をイギリス議会でようやく確立できた。だが植民地議会は国王から遠く離れているし、

議員はそれぞれ状況が違い、有権者にも違いがあるので、国王が同じ手段を使えたとしても、議会を管理するのはきわめて難しいだろうし、その手段が欠けている。すべての植民地議会の主要な議員に大英帝国の行政組織の官職かその任命権を与えて、地元で不人気になってでも行政組織を支えるために有権者に課税しようと考えるまでにするのは不可能だろう。大英帝国の行政組織が支払う給与はほぼすべて、これら議員にとって見ず知らずの人が受け取ることになるのだから。そのうえ本国政府は、いくつもの植民地議会の多数の議員のうち、どの議員が重要なのかを理解できるはずもなく、その結果、頻繁に議会を怒らせ、たえず失敗を繰り返すことになるので、このような方法で植民地議会を管理するのは現実的ではないだろう。

それに、帝国全体の防衛と維持に何が必要なのかを、植民地議会が適切に判断できるとは想定できない。帝国の防衛と維持についての配慮を植民地議会にゆだねることはできない。この配慮は植民地議会の任務ではないし、それに必要な情報を入手する仕組みをもっていない。植民地議会は教会区委員会のように、地域の問題については適切な判断をくだせるかもしれない。だが、帝国全体の問題を判断するための適切な手段はもっていない。自分たちの地域が帝国全体でどのような比率を占めているのか、他の地域とくらべて富と重要性がどれほどあるのかすら、適切に判断することはできない。植民地議会は他の地域

を直接に指揮監督しているわけではないからだ。帝国全体の防衛と維持のために何が必要なのか、それぞれの地域がどれだけの比率でその費用を負担すべきなのかは、帝国全体を指揮監督している議会にしか判断できない。

このため、植民地に対する課税は割当によるべきであり、イギリス議会が各植民地の負担額を決め、植民地議会がそれぞれの状況に適した形で税金を決め徴収するべきだと提案されてきた。この方法であれば、帝国全体に関することは、帝国全体を指揮監督しているイギリス議会が決定し、各植民地の内部の問題は、それぞれの議会が管理できる。この場合、植民地はイギリス議会に代表を送らないことになるが、過去の事実をみていけば、イギリス議会の割当が不当なものになる恐れはない。イギリス議会はこれまで、議員を選出していない地域に過度な重荷を負わせるようなことはまったくなかった。チャンネル諸島のガーンジー島とジャージー島は議会の権威に対抗する手段をまったくもっていないが、イギリス国内のどの地域よりも税金が軽い。イギリス議会は、十分な根拠があるのかどうかはともかく、植民地に課税する権利をもつとされており、この権利を行使するにあたってこれまで、本国の住民の納税額に対して適正な比率に近いものすら要求してこなかった。また、植民地の納税額を本国で課す土地税の増減に比例して増減させるようにすれば、イギリス議会はみずからの有権者に同時に課税しないかぎり、植民地に課税できない

ことになり、植民地は議会に事実上の代表を送っていることになるとも考えられよう。

帝国が領土内の税金をいわば一括して国王が決めるのではなく、各地方が支払うべき総額だけを決め、一部の地方では国王が税金を決めて徴収するが、他の地方ではそれぞれの議会が適切と考える方法で税金を決め徴収できるようにしている例はないわけではない。フランスの一部の州では、国王が適切と考える税金を課しているだけでなく、適切と考える方法で税金を決めて徴収している。他の州では、総額を決めるだけで、税金の決定と徴収はそれぞれの州議会にまかせている。植民地に納税額を割り当てる方法をとった場合、イギリス議会と植民地議会の関係は、フランス国王と州議会の関係にほぼ近くなる。フランスでは、議会をもつ特権を維持している州は、国内でとくにうまく統治されている州だとされている。

この方式であれば、本国の側では、植民地が税金を適正な比率で分担することにはならないと恐れる理由が十分にあるとしても、植民地の側は、本国の住民よりも重い税金を負担することになると恐れる正当な理由がなくなる。イギリス議会は以前から、フランス国王が議会をもつ特権を維持している州に対して確立しているような権威を、植民地に対してもっていなかった。植民地議会は本国によほどの好意をもっていないかぎり（これまでになかったほど巧みに管理しなければ、好意をもつとは考えにくいが）、イギリス議会がき

わめて適正に植民地の分担額を決めたとしても、それを回避し拒否する理由をさまざまに見つけ出すだろう。フランスとの戦争がはじまり、ロンドンを防衛するためにただちに一千万ポンドの戦費を調達しなければならないと想定しよう。この戦費は議会の資金を利払いの担保にして、借り入れなければならない。議会はこの資金の一部を国内で課税し、残りをアメリカと西インド諸島の各植民地議会に割り当てて調達すると提案する。この提案がすぐに受け入れられて戦費を借り入れることがはたしてできるだろうか。資金の一部は植民地議会の反応に依存している。植民地議会は戦場から遠く離れていて、戦況がどうなろうと自分たちにはあまり関係がないと考えている場合もあるのではないだろうか。このような提案ではおそらく、国内での課税によって返済できる部分しか借り入れることができないだろう。こうして、これまでもつねにそうであったように、戦費を調達するために借り入れた債務はすべて、イギリス本国だけが負担することになり、帝国全体ではなく、帝国の一部だけが負担することになる。イギリスはおそらく、領土を拡大しながら、財政支出だけを増やし、財源を拡大してこなかった歴史上唯一の国であろう。他国は一般に、帝国の防衛費の大部分を植民地に負担させ、本国の負担を軽減してきた。イギリスでは逆に、植民地の負担を軽減して、重荷をほぼすべて本国で負っている。イギリス本国が法律上は従属的な地位にあるはずの植民地と対等な立場にたつためには、イギリス議会が植民

地に納税額を割り当てる際に、植民地議会がそれを回避し拒否しようとしても、割当がただちに有効になるようにする手段をとるべきである。だが、どのような手段を使うべきかは簡単には思いつかないし、いまだに誰も提案できていない。

また、イギリス議会が植民地に課税する完全な権限を確立し、植民地議会の同意を得る必要がなくなった場合、その時点で植民地議会は重要性を失い、それとともに、アメリカ植民地の指導者は全員、重要性を失うことになる。国の政治に参加したいと人が考えるのは主に、それによって重要な人物になれるからである。どのような自由な政治体制でも、その国の一流の人材である指導者層の大部分が、各自の重要性を維持し守る力をどれだけもっているのかによって、その体制の安定性と持続性が決まる。こうした指導者層の内部で、互いに相手の重要性に攻撃を加え、自分の重要性を維持しようとする動きが、国内の党派争いや野心をめぐる駆け引きのすべてである。アメリカの指導者も、他国の指導者と同様に、自分の重要性を維持したいと望んでいる。アメリカの指導者は植民地議会もイギリス議会と同じ権威をもつと考えており、その議会がイギリス議会の下部機関、上部の決定を遂行するだけの存在に成り下がってしまえば、重要性を大部分失うと感じるか考えているのである。このため、イギリス議会による納税額割当を拒否し、野心と気概のある人なら誰でもそうするように、自分の重要性を守るために武器をとることを選んだのだ。

古代ローマの共和制が衰退に向かっていたとき、ローマの防衛と帝国の拡大の負担を主に担っていた同盟国は、ローマ市民の特権をすべて自分たちに認めるよう要求した。ローマがこれを拒否すると、同盟市戦争がはじまった。この戦争の過程で、ローマは反乱派から距離をおく程度に応じて、大部分の同盟市に個別にこの特権を与えていった。イギリス議会は植民地に課税する権利を主張している。そして植民地は代表を送っていない議会によって課税されることを拒否している。それぞれの植民地が十三州連合から離脱した場合、本国と同じ税制度を採用することの見返りに、本国の住民と同じ貿易の自由を認め、帝国の財政収入に寄与する比率に応じた数の代表をイギリス議会に送る権利を認め、その後に納税負担が増えた場合にそれに応じて議員数を増やすと確約すれば、重要性を獲得する新しい方法、野心の新たな目標になるもっと魅力的な機会を各植民地の指導者に示すことができる。そうすれば、植民地の指導者は、植民地内の党派争いという小さな富籤《とみくじ》で小さな当たり籤を狙って時間を無駄にするのではなく、自分の能力と幸運について誰でも自然にもつ自惚れによって、イギリスの政治というはるかに大型の富籤ではるかに大きな当たり籤を引き当てたいと望むようになるかもしれない。アメリカの指導者の重要性を維持し、野心を満足させるには、これ以上に明快な方法はないと思えるが、いずれにせよ何らかの方法を考案しなければ、アメリカの指導者が自発的にイギリスの支配を受け入れると

は考えにくい。そして武力で屈伏させようとした場合に流される血はすべて、同胞の血か、そうでなければ同胞として迎え入れたい人の血であることを考えるべきである。事態がここまで紛糾しても、武力だけで植民地を簡単に屈伏させることができると自惚れているのであれば、よほどの愚か者である。大陸会議と呼んでいるものの決議を取り仕切っている人はおそらくいま、ヨーロッパで最高の地位にある指導者すらめったに感じないほど、自分の重要性を強く感じているはずだ。商店主、商人、弁護士から政治家になり議員になり、広大な国のために新しい形態の政府を考える役割を担うようになった。そしてこの国は世界でもとくに強大な帝国になるのだと、これらの政治家は自負しており、確かにそうなる可能性が高い。大陸会議にはおそらく、五百人がさまざまな形で直接に関与しているし、おそらくは五十万人がこの五百人のもとで活動していて、その全員がやはり、活動ぶりに応じて各自の重要性が高まったと感じている。アメリカを支配している人はほぼ全員、いまでは以前よりも高い地位についたと感じているし、以前には予想すらできなかったほど高い地位についたと感じている。野心の新たな目標をこれらの人かその指導者に示さないかぎり、人間としてごく普通の精神をもっているのであれば、命をかけてこの地位を守ろうとするだろう。

パリ高等裁判所の裁判官だったC・J・F・エノーによれば、フランスのユグノー戦争

（一五六二～九八年）の際に結成されたカトリック教徒同盟について細部にわたる記録が残されていて、いまでも人気を集めているが、当時はおそらく、この同盟はそれほど重要なニュースだと考えられていなかった。だが、同盟の参加者は重要な地位についていると考えた。そしていま残されている無数の回顧録は大部分、自分が重要な役割を演じたのだと自惚れた人が、同盟の戦いを記録し飾りたてようとして書いたものだという。パリの市民がどれほど頑強に戦い、どれほど恐ろしい飢饉に耐えて降伏を拒否したのかは、よく知られている。そしてこのときに戦った相手は、フランスの歴史で最善の国王として、後にもっとも敬愛されたアンリ四世（治世一五八九～一六一〇年）なのである。パリ市民の大部分、あるいはその指導者は各自の重要性を守るために戦ったのであり、旧政府が復活すれば重要性がなくなると予想していたのだ。イギリスの植民地も、本国との合併に同意するようイギリスが説得しないかぎり、パリ市が最善の国王から自分たちを守るために頑強に戦ったように、最善の本国から自分たちを守るために戦いつづける可能性が高い。

　古代には代議制という考え方はなかった。ある国の市民が別の国の市民権を与えられると、その国に大挙して出掛け、その国の市民とともに投票し議論に参加するしか市民権を行使する方法がなかった。イタリアの住民の大部分にローマの市民権を与えたとき、ローマの共和制はまったく機能しなくなった。ローマ市民とそれ以外を見分けることはできな

くなった。どの部族も構成員を見分けられなくなった。さまざまな流民が市民集会に入り込めるようになり、ほんとうの市民を追い出して共和国の問題を決定できるようになった。だが、アメリカが五十人から六十人の議員をイギリス議会に送るようになっても、下院の警備員は誰が議員で誰が議員でないかを見分けるのに苦労するはずがない。ローマではイタリアの同盟市と合併したことの必然的な結果として政治体制が崩壊したが、イギリスが植民地と合併しても、政治体制が危うくなる可能性はまったくない。それどころか、合併によって政治体制が完成し、合併しなければ不完全なままになるだろう。帝国のすべての部分の問題について審議し決定をくだす議会は、適切な情報を入手するために、帝国のすべての部分から代表が選ばれていなければならない。だが、植民地との合併が簡単に実行できるとか、実行にあたって困難に、それも大きな困難にぶつかることはないとか主張するつもりはない。だが、克服できないとみられる困難があるという話を聞いたことはない。主要な問題はおそらく、合併という政策の本質によるものではなく、大西洋の両岸に住む人びとの偏見と世論によるものだろう。

　大西洋のこちら側に住むイギリス人は、アメリカの議員の数が多くなりすぎて政治体制の均衡が崩れ、国王の影響力が強くなりすぎるか、民主主義の力が強くなりすぎるのではないかと懸念している。だが、アメリカの議員数がアメリカでの税収に比例するようにす

れば、管理すべき議員の数は管理に使える手段とまったく同じ比率で増えていくし、管理に使える手段は管理すべき議員の数とまったく同じ比率で増えていく。したがって、政治体制のなかで君主制の部分と民主的な部分の力関係は、以前とまったく同じになるだろう。

大西洋の向こう側に住むアメリカの住民は、中央政府の所在地から遠く離れているので、さまざまな抑圧を受けるのではないかと恐れている。だが、代表が議会におり、その数は当初からかなり多くなるので、そうした抑圧を受けないようにするのは容易だろう。距離があっても、議員が有権者に依存する関係がそれほど弱まるわけではなく、議員は議会に議席を得て、それによる利益を得ているのはすべて、有権者の支持のお陰だと感じることに変わりはないだろう。このため議員は自分の利益を考えて、首都から遠く離れた地方で官吏か軍人が不法な行動をとったとき、有権者の支持を強めるために、議会の一員としての権限をすべて使って抗議するだろう。また、アメリカが首都から遠い点も長くは続かないだろうと、アメリカ生まれの人は自負するだろうし、そう考える理由もあるように思える。これまで、アメリカでは富と人口がきわめて急速に増え、社会がきわめて急速に発展してきたので、一世紀もたてば、アメリカの方がイギリスより納税額が多くなるとも考えられる。そうなれば、帝国の首都は当然、帝国全体の防衛と維持にもっとも貢献して

いる部分に移転することになろう。

アメリカの発見と、喜望峰回りのインド航路の発見は、人類の歴史のなかでもとくに偉大で重要な出来事であった。その影響は現在の段階でもきわめて大きいが、この二つの発見からまだ三世紀もたっていないので、これほどの短期間では影響のすべてがあらわれることはありえない。この二つの偉大な出来事から、人類がどのような利点を得られるのか、あるいはどのような不幸な結果になるのかは、人間の知恵では予想できない。世界のなかでとくに遠くにあるいくつかの地域を多少なりとも結び付けることで、そして、それぞれの不足を補いあい、それぞれの生活を豊かにし、それぞれの産業を刺激しあうことで、全体的には人類に好影響を与えていると思える。だが、アジアとアメリカの先住民にとって、この二つの出来事によって得られるはずだった商業的な利益が、それらによって起こった恐ろしい不運のためにすべて失われている。しかしこの不運は、これらの出来事自体の性質によるものではなく、偶然によるものだとみられる。この二つの発見の時期にたまたま、ヨーロッパ人は圧倒的に強い力をもっていたため、遠方の国で、何の処罰も受けることなく、正義にもとる行動をあらゆる種類にわたってとることができた。おそらくは今後、これらの国の住民はもっと強くなり、あるいはヨーロッパ人の力が弱まって、世界各地の住民が対等の勇気と力をもつようになるとも思える。そうなってはじめて、互いに恐怖心を

もつようになり、一部の国の不正を抑えることができるようになり、各国が互いの権利を認めあうようになるだろう。だが、各国間の力の均衡をもたらす要因としては、各国が知識とあらゆる種類の改良を伝えあうこと以上のものはないと思える。そしてすべての国が互いに広範囲な貿易を行っていけば、自然に、いや必然的に、これらの点を伝えあうことになる。

ところで、この二つの発見がもたらした主な影響の一つとして、この発見がなければ考えられなかったほど、重商主義がもてはやされ、高く評価されている。重商主義の目的は、土地の改良と耕作によってではなく商工業によって、農村の産業によってではなく都市の産業によって国富を増やすことにある。そしてアメリカの発見とインド航路の発見の結果、ヨーロッパの商業都市は世界のうちのごく小さな地域（ヨーロッパのうち大西洋沿岸部分と、バルト海と地中海に面した国）を対象に製造業と商業を行うのではなく、アメリカで繁栄している多数の農民のために製造を行い、アジア、アフリカ、アメリカのほぼすべての国のために貿易を行い、ある意味で製造も行うようになった。二つの新しい世界がヨーロッパ産業の市場になり、どちらの世界も旧世界よりはるかに広大だし、新世界のうち一つは日に日に成長しているのである。

アメリカに植民地をもち、アジアと直接に貿易している国は確かに表向き、この偉大な

通商の栄光をすべて獲得している。だが、他国も、この通商から排除することを狙った不公正な制約を受けているが、実際の利益という点では、もっとシェアが高い場合も少なくない。たとえばスペインとポルトガルの植民地は、本国でよりも他国での方が産業を刺激する力が強くなっている。亜麻布という一つの品目だけで、両国の植民地は年に三百万ポンド以上を消費するといわれている（この金額が正しいとは断言できないが）。そしてこれほど消費される亜麻布のほぼすべてを供給しているのは、フランス、フランドル、オランダ、ドイツである。スペインとポルトガルはごく一部しか供給していない。両国の植民地にこれほど大量の亜麻布を供給するために使われている資本は毎年、これら他国の住民に分配され、所得になっている。この貿易の利益だけがスペインとポルトガルで支出され、カディスとリスボンの商人による贅沢な浪費を支えている。

各国が植民地貿易を独占するために制定した規制によってすら、それによって利益を得ようとした国の方が、それによって排除しようとした国よりも大きな打撃を受けることが少なくない。他国の産業に対する不公正な抑圧が、いうならば抑圧者の頭上に跳ね返り、他国よりも自国の産業を破壊するのである。たとえば、この規制によって、ハンブルクの商人はアメリカ市場向けの亜麻布をロンドンに送るしかなく、ドイツ市場向けのタバコをロンドンから持ちかえるしかなくなっている。亜麻布を直接にアメリカに送ることはでき

ないし、タバコを直接にアメリカで買うことはできないからだ。このため、ハンブルクの商人はおそらく本来より亜麻布をある程度安く売り、タバコをある程度高く買うしかなくなっている。この結果、利益率がおそらく若干低くなっている。だが、ハンブルクとロンドンの間の貿易では、アメリカとの直接貿易でおそらく可能なものより、資本をはるかに速く回収できる。アメリカでもロンドンでと同様に、支払いが期限通り行われるとしてもそうだが、実際にはそうなっていない。このためイギリスが設けた制約の範囲内の貿易によって、この制約で排除された貿易に携わった場合よりも、ハンブルクの商人が自分の資本でつねに雇えるドイツの労働の量が多くなる。商人にとっては、ロンドンとの貿易はアメリカとの直接貿易より利益率がおそらく低いだろうが、ドイツにとっての利点が少なくなるわけではない。これに対して、植民地貿易の独占によってロンドン商人の資本がいうならば自然に引きつけられる事業では、事情がまったく違っている。植民地貿易は、他の大部分の事業より商人にとっての利益率は高いだろうが、回収に時間がかかることから、国にとって有利にはなりえない。

このように、ヨーロッパのすべての国が自国の植民地との貿易による利点をすべて独占しようとして不公正な政策をさまざまに採用してきたが、どの国も、植民地を抑圧する権力を平時に維持し、戦時に防衛するための経費をすべて本国で負担するだけで、利益を独

占することはまったくできていない。植民地を所有することによる不利益だけは、どの国も完全に自国で抱え込んでいる。植民地との貿易による利益は、多数の国と分け合うしかなくなっている。

一見、アメリカとの大規模な貿易の独占に最高の価値があるように思えることには、疑う余地はない。欲に目がくらんだ野心家にとっては当然ながら、政治と戦争の混乱のなかで、アメリカ貿易の独占が戦うに値する魅力的な対象だと思えてくる。だが、この貿易はきわめて魅力的だからこそ、きわめて大規模だからこそ、それを独占した場合に受ける打撃が大きくなる。つまり、その性格上、他の大部分の用途とくらべて国にとって利点が少ない用途に、本来より高い比率で国内の資本が使われるようになるのである。

第二編第五章で論じたように、どの国の商業資本も、その国にとってもっとも有利な用途を自然に求める。中継貿易に資本が使われる場合、その国は自国の資本で貿易を行っているすべての国の商品の集散地になる。だが、資本の所有者はかならず、貿易相手国から集めた商品をできるかぎり自国内で売ろうとする。こうして輸出に伴う手間とリスクと経費を避けようとするのであり、そのため、同じ商品を輸出した場合に予想されるものより価格がかなり低くなっても、利益率が若干低くなっても、よろこんで国内で販売する。つまり商人は自然に、中継貿易をできるかぎり国内消費用の貿易に転換しようとする。商人

が資本を国内消費用の貿易に投じた場合にも、同じ理由で、外国市場向けに集めた商品をできるかぎり自国内で売ろうとする。こうして、国内消費用の貿易をできるかぎり国内商業に転換しようとする。商業資本はこのように、どの国でも自然に、近い市場を求め、遠い市場を避けようとする。自然に、資本の回収が速い市場を求め、資本の回収に時間がかかる市場を避けようとする。自然に、資本がある国か所有者が居住している国で維持できる生産的労働がもっとも多くなる用途を求め、もっとも少なくなる用途を避けようとする。自然に、自国にとって通常もっとも有利な用途を求め、有利さがもっとも少ない用途を避けようとする。

　だが、遠い市場向けの用途、つまり、通常なら自国にとっての有利さがもっとも少ない用途の一部で利益率がたまたま上昇し、近い市場向けの用途を選択する自然な傾向を相殺してあまりあるほどになった場合には、利益率が高いために、近い市場向けの用途から資本が引きつけられ、すべての用途で利益率が適正な水準に戻るまで、これが続くことになろう。この場合に利益率が高いのは、そのときの社会の状況では、遠い市場向けの用途で他の用途とくらべて資本が不足している証拠であり、社会全体の資本が各種用途に最適な比率で分配されていない証拠である。何かが本来よりも安く買われているか高く売られている証拠であり、国民のすべての階層の間で達成されるはずだし、自然に達成されるもの

でもある平等な状態と比較して、ある階層が高く買っているか安く売っていて、多少なりとも圧迫を受けている証拠でもある。同じ資本を使った場合、遠い市場向けの用途は、近い市場向けの用途と同じ量の生産的労働を維持することはできないが、それでも、近い市場向けの用途と同じように社会の福利にとって必要である。遠い市場向けの用途で扱う商品がおそらく、近い市場向けの事業の多くを進めるうえで必要なのだろう。だが、そのような商品を扱う商人の資本の利益率が適切な水準を上回っているのであれば、それら商品の価格があるべき水準、自然価格より若干高くなっており、近い市場向けに事業を行っている人がみな、この高価格によって多少なりとも圧迫を受けていることになる。したがってこの場合、圧迫を受けている人の利益を考えれば、近い市場向けの用途から資本がある程度引き揚げられ、遠い市場向けの用途に振り向けられて、その用途で利益率が低下し、そこで扱う商品の価格が自然価格まで下がる必要がある。この特別な場合には、資本の一部が通常なら国にとって有利な用途から引き揚げられ、通常なら国にとって有利さがもっと少ない用途に振り向けられることが、国全体にとって利益になる。そしてこの特別な場合にも、通常の場合と同様に、各人の自然な利益と好みが国全体の利益と完全に一致し、資本の一部を近い市場向けの用途から引き揚げ、遠い市場向けの用途に振り向ける動きが起こる。

このように、各人は自己利益と好みとによって、通常の場合に社会にとってもっとも有利な用途に自分の資本を自然に振り向けようとする。だが、この自然な選好のために、そうした用途に振り向けられた資本が多すぎる状況になれば、その用途では利益率が低下し、他のすべての用途で逆に利益率が上昇して、各人はすぐに資本配分の間違いを改めようとする。したがって法律が介入しなければ、各人は自己利益と好みによって、社会全体の利益にもっとも適合したものにできるかぎり近い比率で、社会の総資本をその社会にあるすべての用途に自然に分配しようとするのである。

重商主義によるさまざまな規制はかならず、もっとも有利で自然な資本配分を多かれ少なかれ混乱させる。そして、アメリカ貿易とアジア貿易に関する規制はおそらく、他のどの規制よりも大きな混乱をもたらす。この二つの大陸との貿易には、他の貿易部門よりはるかに大きな資本が使われるからである。だが、この二つの部門で資本配分の混乱をもたらしている規制は、性格が大きく違う。どちらの場合にも、独占が大きな要素になっているが、独占の種類が違う。いずれにせよ、何らかの形の独占が重商主義の政策を支える唯一の柱になっているようだ。

アメリカとの貿易では、すべての国が自国植民地の市場をできるかぎり独占しようとしており、そのために他国を植民地との直接貿易から排除しようとしている。十六世紀の大

部分、ポルトガルはアジア貿易も同じ方法で管理しようとつとめ、そのために、インド航路を発見したのは自国だから、インド洋を航海する権利は自国だけにあると主張した。オランダはいまでも、他のヨーロッパ諸国をモルッカ諸島との直接貿易から排除している。この種の独占は明らかに他のヨーロッパ諸国を対象とするものであり、ヨーロッパの他国はこの独占のために、自国資本の一部を使って参入した方が有利だともいえる貿易部門から排除されるだけでなく、生産国から直接に輸入できるのであれば得られる価格よりもある程度高い価格で、その貿易で扱われる商品を購入するしかなくなる。

だが、ポルトガルの力が弱まった後、インド洋を航行する独占権を主張できる国はなくなり、インド洋の主要な港はいまでは、すべてのヨーロッパ諸国の船に開かれている。ところが、ポルトガルとここ数年のフランスを例外として、アジア貿易はどの国でも独占企業によって行われている。この種の独占は、実際には独占を設けた国の国民を対象にするものである。このため、国民の大部分は資本の一部を使って参入した方が有利だともいえる貿易部門から排除されるだけでなく、国民が誰でもその貿易を自由に行えるようになっていた場合よりもある程度高い価格で、その貿易で扱われる商品を購入するしかなくなる。たとえばイングランドの東インド会社が設立されて以来、イングランドの他の住民はアジア貿易から排除されたうえ、この貿易で輸入される商品を消費する際に、東インド会社が

独占の結果として得る特別利益だけでなく、これほど大規模な会社を運営していく際には避けがたい詐欺や不正による特別損失も負担して、高い価格を支払わなければならなくなった。したがって、この第二の種類の独占では、第一の種類の独占よりもさらに、非合理であることがはっきりしている。

この二種類の独占はどちらも、社会の資本の自然な配分に多かれ少なかれ混乱をもたらす。だが、混乱のもたらし方はつねに同じというわけではない。

第一の種類の独占では、独占を確立した貿易につねに、自然にまかせた場合よりも高い比率で社会の資本が引きつけられる。

第二の種類の独占では状況によって、独占を確立した貿易に資本が引きつけられることもあるし、逆に資本がその貿易から排除されることもある。貧しい国では、独占の当然の結果として、本来より多い資本がその貿易に引きつけられる。豊かな国では、独占の当然の結果として、本来ならその貿易に使われるはずの資本がかなりの程度、排除される。

たとえばスウェーデンやデンマークなどの貧しい国では、アジア貿易が独占企業に独占されていなければ、おそらくは一隻の船も運航できなかっただろう。独占企業が設立されれば、冒険家が刺激を受ける。独占権があれば、自国市場では競争相手を排除できるし、外国市場では他国の商人と同じ機会を得られる。独占権があれば、かなりの量の商品でき

わめて高い利益率を確実に確保できるし、きわめて大量の商品でかなりの利益率を確保できるかもしれない。これらの貧しい国の貧しい商人にとって、アジア貿易は距離がきわめて遠く、きわめて不確実な冒険だと思えるはずであり、このような特別の奨励策がなければ、自分のささやかな資本をこの貿易に賭けようとは、おそらく考えることすらないだろう。

オランダなどの豊かな国では逆に、貿易が自由であればおそらく、現在よりはるかに多くの船がアジア貿易に使われているはずである。オランダの東インド会社は資本が限られており、本来ならこの貿易に進出してくるはずの大商業資本を、おそらくは大量に排除している。オランダの商業資本は巨額なので、過去にも現在もときには他国の国債に、ときには他国の商人や冒険家への融資に、ときには国内消費用の極端な多角貿易に、ときには中継貿易にあふれだしている。近い市場向けの用途にはすでに資本が限度まで使われており、この用途で許容できる範囲の利益率を得られる事業にはすべて資本が投じられているので、オランダの資本は遠い市場向けの用途に当然ながら流入している。アジアは、ヨーロッパの製品と、アメリカで生産される金銀などの商品の市場として、ヨーロッパとアメリカの合計以上に広大だからである。

資本の自然な配分が混乱すれば、混乱が起こっている社会にかならず悪影響を与える。

本来なら引きつけられるはずの資本をある分野の貿易から排除しても、ある分野の貿易に本来以上に資本を引きつけても、どちらの場合にもそうなる。オランダでは、独占がなければアジア貿易は現状よりはるかに大規模になっているはずであり、資本の一部がその部分にとってもっとも有利な用途から排除されていることで、かなりの損失を被っているはずである。スウェーデンやデンマークでは、独占企業がなければアジア貿易は現状の規模にはなっていないはずであり、おそらくまったく関与していない可能性が高い。このため、現状では多少なりとも不適切な用途に自国の資本の一部が引きつけられていることで、かなりの損失を被っているはずである。おそらく現状では両国にとって、価格が少々高くなっても、他国からアジア商品を購入する方が、わずかな資本の一部をこれほど遠い市場向けの用途に使うより有利だろう。アジア貿易では資本の回収までの期間がきわめて長く、自国で維持できる生産的労働の量が少ないが、自国では雇用が不足し、生産が少なく、やるべきことは多いのだから。

このように、国によっては独占企業がなければ、アジア貿易を直接に行うことはできないだろうが、だからといって独占企業を設立すべきだとはいえない。現状ではアジアとの直接貿易を行うべきでないといえるだけである。アジア貿易のために一般に独占企業が必要だといえないことは、ポルトガルが一世紀以上にわたって、独占企業を設立することな

く、この貿易をほぼ一手に行ってきた点をみれば明らかである。

民間の商人では、ときおり送る船に商品を用意しておくためにアジア各地の港に代理人を維持するには資本が不足するといわれている。代理人がいなければ、商品を集めるのに時間がかかるので、本国に帰るのに適した季節に出航できなくなることが多くなり、大幅な遅れによる余分な経費で利益をすべて食い尽くすだけでなく、巨額の損失を被ることも少なくないとされているのだ。しかしこの主張が正しいとするなら、大規模な貿易は独占企業がなければ実行できないことになり、すべての国での事実に反している。大規模な貿易はどれも、主要部分とそれに必要な付属部分のすべてを一人の商人の資本だけで行えるようなものではない。ある国が大規模な貿易を行える段階になれば、その主要部分に資本を投じる商人と、付属部分に資本を投じる商人とが自然にでてくる。こうして、大規模な貿易の各部分でそれぞれ多数の商人が活躍するが、一人の商人が自分の資本ですべての部分の事業を行っていることはめったにない。したがって、その国がアジア貿易に進出できる段階に達していれば、資本の一部がこの貿易の各部分に自然に分配される。何人かの商人はアジアに住んで、ヨーロッパに住む商人が送る船に商品を供給するために自分の資本を使うのが自分の利益になると考える。ヨーロッパの各国が確保した居留地は現在、独占企業が保有しているが、これを国が直接に防衛するようにすれば、少なくともその居留地

を所有する国の商人にとって、安全に楽に住める場所になる。ある時期にある国の資本のうち、いうならば自然にアジア貿易に流れる量が、この貿易のすべての部分を行うのに不足するのであれば、その国がその時点ではまだこの貿易に進出する段階に達していないこと、アジア商品を自国で直接に輸入するのではなく、価格が高くてもしばらくは他のヨーロッパ諸国から買う方が有利であることを示す証拠である。これらの商品を高い価格で買うために被る損失が、その時点の状況でアジアとの直接貿易より必要で有益で適切でもある用途から巨額の資本を引き揚げた場合に被る損失に等しくなることは、まずありえない。

アフリカとアジアの沿岸には、ヨーロッパ各国がかなりの規模の居留地を多数もっているが、アメリカ大陸や西インド諸島とは違って、繁栄する大植民地はまだ作られていない。アフリカと、アジアのいくつかの国には、未開の民族が住んでいる。だが、これらの民族も悲惨で無力なアメリカ先住民ほど弱くはないし、自分たちを守る力がないわけではない。また、それぞれの国土の自然な肥沃度の割に、住民の数が多い。アフリカとアジアでとくに未開の民族でも牧畜民族であり、コイコイ人もまたそうだ。これに対してアメリカ大陸では、メキシコとペルーを除くすべての地域で、先住民はすべて狩猟民族であった。そして牧畜民族と狩猟民族では、同じ面積、同じ肥沃度の土地で維持できる人数にきわめて大

きな違いがある。このためアフリカとアジアでは、土地の大部分から先住民を追い出してヨーロッパ人の入植地を拡大するのはもっと難しい。そのうえ、前述のように独占企業はその性格上、新植民地の成長を妨げる要因になるので、アジアに作られた植民地がほとんど発展していない主因はおそらく、独占企業による支配なのだろう。ポルトガルはアフリカでもアジアでも独占企業を設立することなく貿易を行っており、アフリカ沿岸のコンゴ、アンゴラ、ベンゲラと、インドのゴアの植民地は迷信や各種の悪政によって打撃を受けてはいるが、それでも少しはアメリカ大陸の植民地に似た状況になっていて、住民の一部はすでに数代にわたって住みつづけているポルトガル人である。喜望峰とバタビアのオランダ植民地は現在、アフリカとアジアではヨーロッパ人の住民がとくに多く、どちらも地理的な条件に恵まれている。喜望峰の先住民は、アメリカ大陸の先住民とほとんど変わらないほど未開で、自衛の力がなかった。それに、ヨーロッパからアジアへの航路のいわば中間に位置する寄港地であり、ヨーロッパ船のほとんどが往路にも帰路にも寄港する。これらの船舶に新鮮な食料と果物、ときにはワインを供給するだけで、入植者が余った生産物を販売する市場としてかなりの規模になる。喜望峰がヨーロッパとアジアの中間にあるように、バタビアはアジアの主要国の中央に位置する。インドから中国や日本にいたる航路のうち、もっとも往来が多い航路に面しており、ほぼ中間に近い。ヨーロッパと中国の間

を航海する船のほとんどが寄港する。それだけでなく、地域貿易の中心になっており、ヨーロッパ人だけでなく、インド人が行う貿易の中心にもなっており、中国人や日本人、トンキン、コーチシナ、マラッカ、セレベス諸島の住民の船も頻繁に寄港する。この二つの植民地はこのように有利な地理的条件に恵まれているので、独占企業が抑圧的な性格によって成長を抑えることがあっても、それを克服できている。バタビアではさらに、世界でもおそらくはもっとも不健康な気候条件という障害も克服できている。

イギリスとオランダの東インド会社は、この二つ以外には大規模な植民地を建設していないが、どちらもかなりの地域を征服している。だが、支配下においた住民の支配の方法に、独占企業の本来の性格がとくに顕著にあらわれている。オランダはモルッカ諸島で、豊作の年に収穫された香料のうち、満足できる利益率でヨーロッパで販売できると予想する量を超える部分をすべて焼却するという。オランダ人が居住していない島では、自生する丁子《ちようじ》やナツメグの蕾《つぼみ》や若葉を集めてきた地元の住民に特別価格を支払う野蛮な政策によって、これらの木をほとんど絶滅させ、オランダ人が居住している島ですら、これらの木が大幅に減少しているという。これらの島での生産量すら、自社の市場には多すぎるのだから、住民がその一部を他国に売る方法を見つけ出せば打撃になる。独占を維持する最善の方法は、自社が市場にもちこむもの以外は根絶するようにすることだと考えたのである。

それ以外の抑圧の方法も使って、モルッカ諸島の先住民の数を、それほど多くない駐留部隊と、香料を積み込むためにときおり寄港する自国船舶に、新鮮な食料などの生活必需品を供給するのに必要な水準まで減らしている。だが、ポルトガルが支配していた時代すら、これらの島は人口がかなり多かったという。イギリスの東インド会社は、ベンガルを支配するようになってまだそれほど期間がたっていないので、ここまで破壊的な支配体制は築いていない。だが、東インド会社の統治方法は、オランダの東インド会社のものと性格がまったく同じである。同社現地事務所の責任者が農民に、芥子《けし》畑を犂《すき》返して米などの穀類を生産するよう命令することが珍しくないという。食料の不足を防ぐためというのが表向きの理由だが、実際の理由は、そのときにたまたま自分が大量に保有している阿片を高く売れるようにすることにある。逆に、米などの穀類の生産をやめて、芥子を栽培するよう命令することもある。このときは阿片で一儲けできると予想しているのだ。東インド会社の従業員はさまざまな機会をとらえ、貿易だけでなく国内商業でも、ベンガルでとくに重要な部門の一部を独占して私腹を肥やそうとしてきた。このようにして私利をはかる動きを放置していれば、東インド会社の従業員がいずれ、売買を勝手に独占した商品の生産を自分が購入できる量に制限するだけでなく、満足できる利益をあげられる量にすら制限しようと試みるのは避けがたい。一世紀か二世紀のうちには、イギリスの東インド会社もオ

ランダの東インド会社と変わらないほど破壊的な政策をとってきたことが、おそらくは明らかになるだろう。

だが、東インド会社が征服した地域の主権者になっていることを考えれば、この破壊的な政策ほど同社の真の利益に反するものはない。ほとんどすべての国で、主権者は国民の収入から自分の収入を引き出している。このため、国民の収入が多いほど、土地と労働による年間生産物が多いほど、主権者の収入も多くなりうる。主権者にとって、年間生産物をできるかぎり増やすことが利益になる。どの国でもそうだが、ベンガルのように主権者が主に地代から収入を得ている国ではとくにそういえる。地代はかならず土地生産物の量と価値とに比例し、量も価値も市場の大きさに左右される。土地生産物の量はつねに、それに対する支払いができる人の消費量に多少なりとも近くなるし、そうした人が支払う価格はつねに、買い手の間の競争の激しさに比例する。このため、主権者にとって、自国の生産物のためにできるかぎり大きな市場を確保し、取引の自由を完全に認めて、できるかぎり買い手の数を増やし、競争が激しくなるようにすることが利益になる。そしてそのために、独占をすべて廃止するだけでなく、生産物の国内輸送に関する制限、輸出の制限、生産物と交換できる各種商品に対する輸入の制限をすべて廃止するのが、主権者にとって利益になる。こうすれば、土地生産物の量を増やし、価格を高められる可能性が高くなり、

したがって、そのうち主権者の収入になる部分が増える可能性が高くなる。

だが、商人の会社は他国を支配するようになっても、自分を主権者だとは考えられないようだ。商人として商品を売買することが自分たちの主要な事業だとする考えは変わらない。じつに奇妙で馬鹿げたことだが、主権者の立場は商人の立場に付随するもの、従属すべきものにすぎず、インドで商品を安く買ってヨーロッパで売るときの利益率を高めるための手段にすぎないとみている。この目的を達成するために、支配する国の市場から競争相手をできるかぎり排除し、それによって少なくとも一部の商品で、その国で余る生産物の量を、自社の需要をようやく賄えるだけの量か、ヨーロッパで販売したときに適切だと考える利益率を確保できると予想できる量に減らそうとしている。こうして商人としての習慣から、おそらくそうは意識していないだろうがほとんど必然的に、通常の業務のなかで主権者の立場で得られる恒久的で大きな利益より、独占商人の立場で得られる一時的で小さな利益を優先し、オランダがモルッカ諸島を扱っているのと同じ方法で支配する国を扱うようになっていくだろう。東インド会社は主権者の立場からは、ヨーロッパから運ばれてくる商品がインドの領地でできるかぎり安く売られ、ヨーロッパに輸出されるインド商品ができるかぎり高く売られることが利益になる。だが商人としてはまったく逆が利益になる。主権者としての利益は、自社が支配している国の利益と一致している。商人とし

ての利益はそれと正反対である。

東インド会社による支配の性格は、ヨーロッパの本社の経営方針に関してすら、このように基本的な欠陥、そしておそらくは是正ができない欠陥のあるものだが、インドでの実際の行政の性格はなおさら欠陥がはっきりしている。インドでの行政組織は商人の協議会にならざるをえない。商業が尊敬すべき職業であることに疑いの余地はないが、世界のどの国でも、国民に畏敬されるような権威を商人はもっておらず、力を行使しないかぎり、国民がみずから商人に服従しようとすることはない。商人の協議会が国民を服従させようとすると軍事力を使うしかなく、このため、商人による統治はかならず軍事的で専制的なものになる。だが、商人にとって本来の仕事は商業なのである。雇い主の勘定で、委託されたヨーロッパ商品をインドで売り、その代金でヨーロッパ市場向けにインド商品を買うのが本来の仕事である。ヨーロッパ商品をできるかぎり高く売り、インド商品をできるかぎり安く買い、そのために自分が店を開いている地域で、できるかぎり競争相手を排除するのが本来の仕事だ。このため、インド行政の性格は、東インド会社の商業に関するかぎり、本社の経営方針に一致している。インドの行政を独占の利益に従属するものにし、したがって、少なくとも一部の商品で、インドで生産の自然な伸びを抑えて、余った生産物の量が会社の需要をようやく賄えるだけになるようにする性格をもっているのである。

そのうえ、行政組織の幹部がみな、多かれ少なかれ自分の勘定で取引しており、それを禁止しても効果はない。本社から一万マイルも離れていて目がほとんど届かないところにある支店の幹部が、本社の命令だけで自分の勘定で事業を行うのをすぐにやめると考えるほど馬鹿げたことはない。自分が使える手段を使えば一財産を作れるのに、その希望をすべて捨て、雇い主から支給されるそこそこの給与で我慢するなどと考えられるだろうか。東インド会社の給与は高くも低くもないが、同社が貿易で得ている実際の利益を考えれば、精一杯なのが通常だから、給与が増えることはまずないのだ。こうした状況で自分の勘定での事業を禁止すれば、支店の上級幹部が本社の命令を実行するとの口実のもとに、上司の機嫌を損ねた不運な部下を抑圧できるようになる点以外に、何の効果もないだろう。同社の従業員は当然ながら、会社の貿易事業で確立しているのと同様の独占を、個人的な事業でも確立しようとする。思う通りに行動するのを許されていれば、この独占を公然と直接に確立するために、自分が選んだ商品を競争相手が売買するのを禁止するだろう。そしてこれは、おそらく独占を確立する方法としては最善であり、抑圧がもっとも少なくなるものである。しかし、本社からの命令でそうできなくなると、同じような独占を秘密裡に間接的な方法で確立しようとし、インドにはるかに破壊的な打撃を与える方法をとるだろう。秘密の代理人、少なくとも公然とは認めない代理人を使って自分が選んだ部

門の商業を行い、行政権を総動員し、法律を悪用して、邪魔になる競争相手を苛め、破滅させるだろう。そして、同社の従業員が自分の勘定で行う事業は当然ながら、同社の事業よりもはるかに広範囲な品目にわたる。同社の事業はヨーロッパとの貿易にかぎられており、インドの貿易のうちの一部にすぎない。だが従業員による私的な事業は、貿易と国内商業のあらゆる分野にわたるだろう。同社による独占は、インドの余った生産物のうち、自由貿易が許されていた場合にヨーロッパに輸出される部分の自然な成長を妨げるだけである。だが従業員による独占は、国内消費用であれ輸出用であれ、事業の対象になったすべての生産物で、自然な成長を妨げることになり、したがってインド全体の耕作の衰退と人口の減少をもたらす要因になる。従業員が事業の対象として選んだとき、あらゆる種類の生産物の量を、生活必需品の生産量すら、従業員が購入でき、満足できる利益率で販売できると予想できる量にまで減少させるだろう。

　従業員の立場の性格を考えると、従業員の方が雇い主である東インド会社よりも、統治している国の利益に反しても、自分の利益を厳しく追求しようとするはずである。統治している国は東インド会社が領有しているのであり、同社は自分が領有している国の利益にある程度配慮しないわけにはいかない。だが、従業員にとってインドは自分の国ではない。同社の真の利益は、同社にそれを理解する能力があれば、インドの利益と一致することが

分かるはずだ（ただし、東インド会社の株主の利益は、同社が支配するインドの利益と一致しているわけではない。そして株主は株主総会での投票権をもっているので、インドの統治のあり方にある程度の影響力をもつ。詳しくは第五編第一章第三節を参照）。東インド会社がインドを抑圧しているのは主に無知のためであり、また商人らしい偏見の浅ましさのためである。だが、従業員の真の利益はインドの利益とはまったく一致しない。だから完全な情報を得ても、抑圧をやめるとはかぎらない。このため、本社からだされる規則は、弱いものでしかないことが多いが、それでもほとんどの場合、インドのためを考える善意に基づいている。これに対してインドに駐在する従業員が制定する規則は、もっと優れているが、おそらくそれほど善意に基づくわけではないことがある。インドを統治している政府はきわめて特殊な性格をもっていて、当局者の全員が国を抜け出したいと考えており、したがってできるかぎり早くその仕事を終わりにしたいと希望している。国の利益にはまったく関心がなく、そして資産をすべてもって抜け出せば、その翌日に国全体が地震で消えてなくなっても知ったことではないと思っているのである。

このように論じたからといって、東インド会社の従業員が一般に人格に問題があると非難するつもりはまったくなく、ましてや、個人の人格を非難するつもりはない。ここで問題にしているのは統治の制度であり、従業員がおかれている状況であって、その状況のな

かで行動している個人の性格ではない。みな、状況が自然に命じるところにしたがって行動しているのであって、東インド会社の従業員を声高に非難している人もおそらく、同じ状況におかれたときにもっと正しい行動がとれるわけではない。マドラスとカルカッタの協議会は戦争と交渉にあたって何度も、ローマ共和国の全盛期の元老院でも誇りに思うほどの決断力と英知をもって行動している。ところが協議会の委員は戦争や政治とはまったく違った職業のために教育を受けてきている。協議会がおかれた状況だけによって、教育も経験もなく、先例すらもないまま、ただちに必要な偉大な資質を身につけ、自分たちも気づかなかった能力と人格を獲得するようになったのだと思える。そういう機会にぶつかったとき、誰も予想しなかったほど寛大な精神を発揮したのだから、別の機会に少し性格が違う行動をとったとしても驚くには値しない。

以上に示すように、東インド会社のような独占企業はあらゆる面で有害であり、それが設立された国に多かれ少なかれ不利益をもたらし、その支配を受けるようになった国の住民には、破壊的な打撃を与えるのである。

第八章　重商主義の帰結

輸出の奨励と輸入の抑制の二つは、重商主義が国を豊かにするための主要な手段として提唱している政策だが、ある種の商品に関して逆の政策をとり、輸出を抑制して輸入を奨励しているようだ。だが、最終的な目標はつねに同じであり、貿易収支を有利にして国を豊かにすることだと主張されている。製造業の原料、事業用の機器や道具については輸出を抑制しており、自国の製造業が有利になり、外国市場で他国の競争相手より製品を安く売れるようにすることが目的になっている。それほど価格が高くない少数の商品の輸出を抑制すれば、他の商品をもっと大量に、もっと高い価格で輸出できると主張されている。製造業の原料については輸入を奨励し、自国の製造業が安い原料を使えるようにして、もっと価格が高い製品が大量に輸入されるのを防ぐと主張されている。少なくともイギリスの法令集を調べた範囲では、事業用の機器や道具については輸入を奨励する規定はない。製造業が発展してある程度の規模に達すると、事業用の機器や道具の生産を目的とする製

造業が重要になり、数も多くなる。機器や道具の輸入をとくに奨励すれば、これら製造業の利益を大きく損ねることになる。このため、事業用の機器や道具の輸入は奨励されるどころか、禁止されていることが多い。こうして、エドワード四世治世の一四六三年の法律によって、羊毛用の梳《す》き櫛《ぐし》の輸入は、アイルランドからのものか、難破船からの拾得物か戦利品として持ち込まれる場合を除いて禁止された。エリザベス一世の一五九七年の法律でこの禁止の期間が延長され、その後の法律で無期限に禁止されるようになった。

製造業の原料の輸入は、ときには他の商品に課されている関税の免除によって、ときには奨励金によって奨励されている。

いくつかの国からの羊毛、すべての国からの綿花、未加工の亜麻、大部分の染料、アイルランドと植民地からの大部分の未加工皮革、イギリス領グリーンランドからの海豹《あざらし》皮革、植民地からの銑鉄と棒鉄など、多数の製造業原料の輸入が通関手続きを適切に行うことを条件に、関税をすべて免除され、奨励されている。おそらく、商工業者が自分たちの利益を追求するために議会に強く働きかけて、これらの関税免除をはじめとする多数の商業法規を強引に認めさせたのだろう。とはいえ、関税免除自体はまったく公正で適正であり、国の必要に反しない形ですべての原料にまで対象を拡大できれば、社会全体にとって確実に利益になるだろう。

しかし、イギリスの大製造業の事業主が貪欲なことから、関税免除の対象が製造業用の未加工の原料とみなせるものから大幅に逸脱している場合がある。ジョージ二世治世の一七五〇年の法律によって、粗製亜麻糸に対する輸入関税が重量一ポンド当たりわずか一ペニーになり、それ以前の帆布用亜麻糸の同六ペンス、フランス製とオランダ製の同一シリング（十二ペンス）、バルト海沿岸地域製とロシア製の重量一ハンドレッド・ウェイト（百十二ポンド）当たり二ポンド十三シリング四ペンス（重量一ポンド当たり約五・七ペンス）から大幅に引き下げられた。だが、製造業者はすぐにこの引き下げでも満足しなくなった。六年後の一七五六年には、一ヤード当たりの価格が十八ペンスを超えないときにイギリス製とアイルランド製の亜麻布輸出に奨励金を支給すると規定したのと同じ法律で、粗製亜麻糸に対するこの低率の輸入関税すら廃止された。だが、亜麻糸の生産に必要なさまざまな工程には、亜麻糸から亜麻布を生産する工程よりもはるかに大量の労働が使われる。亜麻の栽培と仕上げに必要な労働はいうまでもないが、一人の織工がつねに仕事が得られるようにするには、少なくとも三人から四人の紡績工が必要である。つまり、亜麻布の生産に必要な労働のうち、五分の四以上が亜麻糸の生産に使われているのである。だが紡績工はみな貧しく、たいていは女性であり、国内各地に分散しており、支援も保護も受けていない。イギリスの大製造業の事業主は、紡績工が生産した亜麻糸の販売ではなく、織工が生産し

た亜麻布の販売で利益を獲得しているのだ。亜麻布をできるかぎり高く販売することに関心をもっているように、原材料をできるかぎり安く買うことにも関心をもっている。そこで、議会に強く働きかけて、亜麻布輸出に対する奨励金、すべての外国からの亜麻布輸入に対する高関税、国内消費用のフランス製亜麻布の輸入禁止を獲得し、国内で製品をできるかぎり高く売れるようにしている。そして外国製の亜麻糸の輸入を奨励する政策を獲得し、国内製の亜麻糸と競争させることで、貧しい紡績工から亜麻糸をできるかぎり安く買えるようにしている。貧しい紡績工の収入を低く抑えようとしているとともに、織工の賃金も低く抑えようとしており、亜麻布の価格を引き上げようとしているのも、原材料の価格を引き下げようとしているのも、労働者のためではまったくない。重商主義の政策によって奨励されているのは主に、金持ちと権力者が利益を得る産業である。名もなく貧しい庶民が利益を得る産業は、無視されるか抑圧されることが多い。

　亜麻布の輸出奨励金、亜麻糸の輸入関税免除はどちらも、当初は十五年の期限付きで認められたが、その後二回にわたって期間が延長され、一七八六年六月二十四日の後の議会会期終了とともに期限切れになると決められている。

　製造業の原材料の輸入に奨励金を支給する政策は、主にアメリカ植民地からの輸入だけに対象が限定されている。

イングランドでこの種の奨励金が最初に認められたのは十八世紀初めであり、アメリカからの造船用資材の輸入が対象であった。造船用資材とされたのは、マスト、帆桁《ほげた》、船首用材木と、大麻、タール、ピッチ、テレピン油である。マスト用材木で一トン当たり一ポンド、大麻で同六ポンドの奨励金は、スコットランドからの輸入にも対象が広げられた。この輸入奨励金制度はその後、同じ率で変更なく続いてきたが、大麻に対するものは一七四一年一月一日に廃止され、マスト用材木に対するものは一七八一年六月二十四日の後の議会会期終了とともに期限切れになると決められた。

タール、ピッチ、テレピン油に対する輸入奨励金はこの間に何度も変更されている。当初はタールとピッチで一トン当たり四ポンド、テレピン油で同三ポンドであった。その後、タールでは、一トン当たり四ポンドの奨励金の対象が特殊な方法で生産されたものに限定され、その他の良質で純粋な販売用タールでは、同二ポンド四シリング（二・二ポンド）に引き下げられた。ピッチの輸入奨励金は同一ポンドに、テレピン油の輸入奨励金は同一ポンド十シリング（一・五ポンド）に引き下げられた。

製造業の原材料に対する輸入奨励金のうち二番目に認められたのは、イギリス植民地からの藍《あい》の輸入に対するものであり、ジョージ二世治世の一七四七年の法律で規定された。植民地産の藍がフランス産最高級品の四分の三の価格になっているとき、重量一ポンド当

たり六ペンスの奨励金が支払われるようになった。この奨励金も、他のほとんどの場合と同じように期限付きであり、その後に何度か延長されたが、同四ペンスに引き下げられた。そして、一七八一年三月二十五日の後の議会会期終了とともに期限切れになると決められた。

三番目の輸入奨励金が認められたのは、アメリカ植民地の反発を受けて硬軟の政策を使い分けるようになった時期にほぼあたっており、ジョージ三世治世の一七六四年の法律で、植民地からの大麻と粗製亜麻を対象に規定された。期間は一七六四年六月二十四日から一七八五年六月二十四日までの二十一年間である。当初の七年は一トン当たり八ポンド、つぎの七年間は同六ポンド、最後の七年間は同四ポンドである。スコットランド産のものは対象になっていない。スコットランドは気候条件が最適とはいえず、亜麻は栽培されることがあるが、生産量が少なく、質も低い。スコットランド産の亜麻に奨励金を支給すれば、イングランドでの栽培に与える打撃が大きくなりすぎるだろう。

四番目の輸入奨励金は、ジョージ三世治世の一七六五年の法律で、アメリカからの木材輸入を対象に認められた。期間は一七六六年一月一日から一七七五年一月一日までの九年間である。当初の三年間は標準規格の上質樅《もみ》厚板百二十枚当たり一ポンド、その他の角材五十立方フィート当たり十二シリング（〇・六ポンド）、つぎの三年間は樅厚板が同十五シリ

ング（〇・七五ポンド）、その他角材が同八シリング（〇・四ポンド）、最後の三年間は樅厚板が同十シリング（〇・五ポンド）、その他角材が同五シリング（〇・二五ポンド）である。

五番目の輸入奨励金は、ジョージ三世治世の一七六九年の法律で、イギリス植民地からの生糸輸入を対象に認められた。期間は一七七〇年一月一日から一七九一年一月一日までの二十一年間である。当初の七年間は価格百ポンド当たり二十五ポンド、つぎの七年間は同二十ポンド、最後の七年間は同十五ポンドである。養蚕と製糸は人手がかかる仕事なので、賃金の高いアメリカではこれほどの奨励金があっても、大した効果は期待できないという。

六番目の輸入奨励金は、ジョージ三世治世の一七七一年の法律で、イギリス植民地からの各種木樽、樽板、樽底板を対象に認められた。期間は一七七二年一月一日から一七八一年一月一日までの九年間である。当初の三年間はそれぞれに決められた数量当たり六ポンド、つぎの三年間が同四ポンド、最後の三年間が同二ポンドである。

最後に七番目に認められた輸入奨励金は、ジョージ三世治世の一七七九年の法律によるものであり、アイルランドからの大麻の輸入を対象にしている。アメリカ植民地からの大麻と粗製亜麻に対するものと同様に、期間は一七七九年六月二十四日から一八〇〇年六月二十四日までの二十一年間である。やはり七年ずつ三期間に分かれており、それぞれの期

間の奨励金もアメリカ植民地に対するものと同じである。ただし、アメリカ植民地に対するものとは違って、粗製亜麻は対象になっていない。アイルランド産の亜麻に奨励金を支給すれば、イギリスでの亜麻栽培に与える打撃が大きくなりすぎるだろう。この奨励金制度が作られたとき、イギリス議会とアイルランド議会の関係は、以前のイギリス議会とアメリカ植民地議会の関係とそれほど変わらないほど悪化していた。だが、アイルランドに与えられたこの優遇策が、アメリカ植民地向けの優遇策とは違って、良い兆候になるよう希望したい。

アメリカ植民地からの輸入に奨励金を支給するのと同じ商品を他国から輸入する際には、かなりの関税がかけられてきた。アメリカ植民地の利害は、本国の利害と一致しているとされたからだ。アメリカの富は本国の富だと考えられた。アメリカに金銀を送っても、貿易収支が黒字なのですべて本国に戻ってくるため、アメリカに経費を支出してもイギリスが貧しくなることはまったくないとされた。アメリカ植民地はあらゆる面で本国と一心同体であり、アメリカへの支出は自国の資産を開発するためのものであり、自国民の高収益事業に投じられたものだとされた。この考え方がいかに愚かなのかは、いまでは手痛い経験によって十分に明らかになっているので、ここで何かを述べる必要はないだろう。アメリカ植民地が確かにイギリスの一部だとするなら、輸入奨励金は実際には生産奨励金だ

と考えることもできるが、その場合にはまさに生産奨励金として批判の対象になるだけである。

製造業の原材料の輸出は、ときには全面的に禁止され、ときには高率の輸出関税で抑制されている。

毛織物業界はどの業界よりも、自分たちの産業の成功と拡大が国の繁栄にとって不可欠だと議会を説得するのに成功している。外国からの毛織物の輸入を完全に禁止する法律によって国内消費者に対する独占を確保しただけではなく、羊と羊毛の輸出禁止によって、牧羊農家と羊毛生産者にとっての市場も独占している。財政収入を確保するための法律の多くが過酷すぎるとの非難は、まったく正当なものである。それまで一貫して正当で合法的だとみられてきた行為が法律で犯罪になると決められ、重い刑罰が科されるようになるのだから。だが、イギリスの税法のうちとくに過酷なものすら、商工業者が大騒ぎをし、不合理で抑圧的な独占を支えるために議会に認めさせた法律のいくつかとくらべれば、まだまだ穏当で寛大だと断言できる。古代アテナイの過酷な立法者、ドラコンの法律のように、商工業者の独占を守るために作られた法律はすべて、血で書かれているといえるだろう。

エリザベス一世治世の一五六六年の法律によって、羊や子羊を輸出したものは、初犯の

場合には全動産の没収と禁固一年の刑に加えて、市《いち》のたつ日に市場町で左手を切り落として晒《さら》し、再犯の場合には重罪犯として死刑に処すと規定された。イングランドの羊の品種が外国で繁殖するのを防ぐことが、この法律の目的だったようだ。チャールズ二世治世の一六六二年の法律によって、羊毛の輸出が重罪とされ、重罪犯として刑罰を受け財産を没収されると規定された。

イングランドが人道にもとる国だと非難されないように、これらの法律が実際には適用されなかったと考えたい。だが、このうちエリザベス一世の法律は知りえたかぎり、他の法律で撤廃されたことはなく、上級弁護士のウィリアム・ホーキンズはこの法律がいまでも有効だと考えているようだ。もっとも、チャールズ二世の一六六〇年の法律によって、事実上撤廃されたとも考えられる。以前の法律で定めた罰則を廃止するとは明記していないが、新しい罰則として、輸出した羊一頭当たり二十シリングの罰金と、輸出した羊とそれに使った船舶に対する持ち分の没収を規定し、未遂の場合にも同じ罰則を適用すると規定したからだ。一六六二年の法律は、ウィリアム三世治世の一六九五年の法律で正式に廃止されている。この法律にはこう規定されている。「羊毛の輸出を禁止するために制定されたチャールズ二世の一六六二年の法律は、多数の規定の一つとして、羊毛の輸出を重罪とみなすと規定したが、罰則が過酷なために、違反者の摘発が有効に行われていない。した

がって本法により、前記法律のうち当該犯罪を重罪とみなすとした規定は廃止し、無効とする」

しかし、比較的寛大なこの法律によって規定された罰則も、それ以前の法律で規定され、この法律で廃止されなかった部分の罰則も、やはりきわめて過酷である。動産をすべて没収されるうえ、輸出した羊毛の重量一ポンド当たり三シリングの罰金を科され、これは羊毛価格の四倍から五倍にあたる。未遂の場合にも同じ罰金を科される。この犯罪で有罪とされれば、商人の場合もそうでない場合も、代理人らに対する債権や勘定の支払いを請求できなくなる。財産がどれほどあっても、これほど過酷な罰金を支払う能力があってもなくても、羊毛を輸出したものを完全に破滅させることがこの法律の意図なのである。だが、国民の大多数はこの法律の立案者ほどには腐敗していないので、この条項が適用された例は聞いたことがない。この罪で有罪とされたものが判決後三か月以内に罰金を支払えなかった場合、七年間の流刑になり、期間が終わる前に帰ってきた場合には重罪犯として処刑され、聖職者特権は適用されない。船の所有者がこの法律に違反する行為を黙認した場合、船と装備に対する持ち分を没収される。船長と船員がこの法律に違反する行為を黙認した場合、動産をすべて没収され、禁固三か月に処せられる。その後の法律によって、船長に対する刑が禁固六か月になった。

羊毛の輸出を防ぐために、羊毛の国内取引に対してきわめて厄介で抑圧的な制限が加えられている。羊毛は箱、樽、桶、袋、櫃《ひつ》などに入れて運搬してはならず、革か布で包み、その表面に三インチ（約七・六センチ）以上の大きな文字で「羊毛」また「織糸」と表記しなければならない。これに違反した場合には羊毛と包装を没収し、所有者か運送人に重量一ポンド当たり三シリングの罰金を科す。日の出から日没までを除いて、馬や馬車を使って運送してはならず、海岸から五マイル以内の地域で運送してはならない。これに違反すれば羊毛、馬、馬車を没収する。海に面した村から、または海に面した村を通って、羊毛が運搬されるか輸出された場合、羊毛の価値が十ポンド以下の場合には二十ポンドの罰金をその村に科す。十ポンド以上の場合にはその価値の三倍と裁判費用の三倍にあたる罰金を科す。これに対する訴訟は一年以内であれば起こすことができる。罰金は村の住民のうち二人が支払い義務を負い、その後に治安判事が村の全員の負担金を決めて二人に弁済する。これは窃盗の場合に使われているのと同じ方法である。そして、村と話し合ってこの支払いを安くすませたものがいれば、五年の禁固に処せられ、誰でもこれを告発できる。以上の法律はイギリス全土に適用されている。

そして、ケント州とサセックス州では、もっと厄介な規制が設けられている。海岸から十マイル以内に住む羊毛の所有者は、羊毛を刈り取ってから三日以内に、刈り取った頭数

と保管場所を税関の次長に書面で報告しなければならない。羊毛を売る際にも、数と重量、買い手の住所氏名、輸送先を同様に報告しなければならない。また、この二つの州では、海岸から十五マイル以内の住民は、羊毛を購入するにあたって、購入した羊毛を海岸から十五マイル以内の住民には売らないという国王あての誓約書を提出しなければならない。この二つの州で羊毛を海岸の方向に運搬しているのが見つかった場合、この誓約と保証がないかぎり、羊毛は没収され、重量一ポンド当たり三シリングの罰金を科される。前述の報告がないまま、海岸から十五マイル以内に羊毛が保管されていた場合、羊毛は押収され没収される。押収された羊毛の所有権を主張するものは、敗訴した場合に裁判費用の三倍と罰金を支払うと財務府裁判所に保証しなければならない。

内陸の商業がここまで制限されているのだから、沿岸商業が自由になっているはずがない。羊毛の所有者が海路で他の港や場所に運ぶために、近くの港か海岸に羊毛をみずから運搬するか、運搬を依頼する場合、羊毛を積み出し港の五マイル以内に運ぶ前に、貨物の重量、荷印、個数を積み出し港の税関に申告しておかなければならず、これに違反すれば羊毛、馬、馬車、他の貨物を没収され、羊毛の輸出を禁じた法律による処罰を受ける。だが、これを定めたウィリアム三世の一六八八年の法律には、このような寛大な規定もある。「この規定は、海岸から五マイル以内であっても、羊毛を刈り取った地点から自宅に

運搬するのを妨げるものではない。ただし、刈り取りの後十日以内に、かつ羊毛を運び出す以前に、刈り取った羊毛の正確な数と保管場所を税関次長に自筆の書面にて報告し、かつかかる羊毛を搬出する際には、三日前までに搬出する意思を税関次長に自筆の書面にて証明することを条件とする」。羊毛を海上輸送する場合には、報告した通りの港で陸揚げすることを保証しなければならず、税関職員の立ち会いのないまま一部でも陸揚げされた場合には、他の貨物の場合と同様に羊毛は没収され、他の場合と同様に、重量一ポンド当たり三シリングの罰金を科される。

イギリスの毛織物製造業界は以上のような極端な制限と規制を正当化するために、こう断言する。イングランド産羊毛は独特のものであり、どの国の羊毛よりも品質が高い。他国産の羊毛では、イングランド産羊毛をある程度加えなければ、まともな毛織物にならない。高級毛織物の生産にはイングランド産羊毛が不可欠である。このため、羊毛の輸出を完全に防ぐことができれば、イギリスは世界の毛織物貿易をほぼ独占できる。競争相手がいなくなるので、望む通りに価格を引き上げることができ、貿易収支が大幅な黒字になって、短期間のうちに信じられないほどの富を蓄積できる。この見方は、かなりの数の人が断言する見方のほとんどがそうであるように、そうは主張しない人の間でも広く信じられてきたし、いまでも信じられている。毛織物の事業について詳しくは知らないか、とくに

研究したことがない人の大部分は、これが事実だと固く信じているのである。だが、イングランド産羊毛が高級毛織物の生産に不可欠だとの主張は完全に間違いであり、それどころか、高級毛織物の生産にはまったく適していないのである。高級毛織物はスペイン産羊毛で生産されており、イングランド産羊毛をスペイン産の羊毛に混ぜて使えば、布地の品質がある程度落ちるのが避けられないほどだ。

第一編第十一章で論じたように、こうした規制によって、イングランド産羊毛の価格は、現時点で自然にまかせた場合に達成されるはずの価格より低くなっているだけでなく、エドワード三世の時代（一三二七～七七年）とくらべても大幅に下がっている。スコットランド産の羊毛の価格も、イングランドとの合併（一七〇七年）によって同じ法規が適用されるようになった結果、約半分に下がったといわれている。ジョン・スミス師がきわめて正確で優れた著書『農村商業史——羊毛に関する覚書』に記した点だが、最高級のイングランド産羊毛の国内価格は通常、アムステルダム市場できわめて質の低い羊毛が通常売買されている価格よりも低いという。これらの法規は、羊毛の価格を自然で適切な価格と呼べるものより低く抑えることを公然たる目的としており、予想された通りの効果をあげていることは疑う余地がないようだ。

この価格の低下によって羊毛の生産が抑制されるので、年間の生産量は以前より減って

いるほどではなくても、市場が自由で開かれていて、自然で適正な水準まで価格が上昇していた場合に現状で達成されるものより少なくなっているはずだと考える人もいるだろう。だが、年間の生産量は、この法規の影響をおそらく少しは受けているとしても、それほど大きな影響は受けていないとみられる。牧羊農家が労働と資本を使うとき、羊毛の生産は主な目的ではない。羊毛の販売よりも、食肉用の羊の販売の方が利益が多いと予想している。そして食肉用に販売したときの平均的で通常の価格によって、羊毛の平均的で通常の価格の低さが補われていることが多いはずである。本書第一編第十一章で、こう論じた。「羊毛か生皮の価格を自然に決まる水準より低下させる要因になる法規は、社会が発展し耕作が進んだ国ではかならず、食肉価格をある程度上昇させる要因になるはずである。改良された耕地を使って飼育される牛や羊の価格は、改良された耕地について地主が当然に予想する地代と、農業経営者が当然に予想する利益を支払えるものでなければならない。そうでなければ、すぐに飼育のために耕地が使われなくなるからだ。そして、この価格のうち羊毛と生皮で支払われない部分は、食肉で支払われなければならない。羊毛と生皮で支払われる部分が少ないほど、食肉で支払われる部分が多くなければならない。地主と農業経営者にとっては、全額が支払われさえすれば、この価格が家畜の各部分にどのように配分されるかはどうでもいいことである。このため社会が発展し、耕作が進んだ国では、

地主や農業経営者の立場での利害には、このような法規の影響はあまりない。ただし、地主や農業経営者にとっても消費者の立場での利害には、食料品価格の上昇によって影響が及ぶ可能性がある」。以上の理由で、羊毛価格が低下していても、社会が発展し耕作が進んだ国では、羊毛の年間生産量が減少しない可能性が高い。ただし、羊肉価格の上昇によって羊肉の需要が若干少なくなっており、それに伴って生産が若干少なくなっているとはいえる。だがこの影響はおそらく、それほど大きくないだろう。

このように、羊毛の年間生産量に与える影響はそれほど大きくないとしても、品質に与える影響は大きいはずだと考えられるかもしれない。イギリスの羊毛の品質は、以前より下がっていることはないにしろ、社会の発展と耕作の現状から当然達成されるはずの水準より、価格の低下にほぼ見合った分だけ低くなっているはずだとする見方もあるだろう。羊毛の品質は、品種と牧草に左右され、毛を刈り取るまでの全期間にわたる羊の管理と清潔さに左右されるので、これらに対する注意は、それに必要な労働と費用を羊毛の価格によって賄える程度を超えるはずがないと予想するのが当然である。だが、羊毛の品質はかなりの程度、羊の健康、発育ぶり、大きさに左右される。したがって、羊を食肉用として肥育するために必要な注意を払っていれば、ある面では羊毛の品質も向上していく。このため、イギリスでは羊毛価格が低下してきたなかでも、十八世紀にすら羊毛の品質が大幅

に向上してきたといわれている。羊毛価格がもっと高ければ、羊毛の品質はもっと向上してきたとも思える。だが、羊毛価格が低い点が障害になっていても、明らかに、品質が向上しなくなるほどにはなっていない。

このように、羊毛の取引に対する暴力的な規制は、予想されるほどには羊毛の生産量にも品質にも深刻な影響を与えていないとみられる（ただし、品質への影響はおそらく、生産量への影響よりかなり大きいと思われる）。そして、羊毛生産者の利益はある程度まで損なわれたはずだが、全体的にみれば、想像されるよりはるかに打撃が小さかったと思われる。

しかし、だからといって羊毛輸出の完全な禁止が正当化されるわけではない。ただし、輸出にあたってかなりの関税をかけるのは正当だといえる。

国民の一つの階層の利益をはかることだけを目的に、程度がどうであれ別の階層の利益を損なうのは、主権者がすべての階層の国民に負っている義務、つまり公正と平等に政治を行う義務に明らかに反している。そして羊毛の輸出禁止は確かに羊毛生産者の利益をある程度損なっており、その目的は毛織物業界の利益をはかること以外にない。

国民のすべての階層は、主権者か国を支えるために納税する義務を負っている。羊毛の輸出にあたって一トッド（十二・七キログラム）当たり五シリングか、ことによれば十シリン

グの輸出関税をかければ、かなりの財政収入を確保できる。この方法なら、輸出禁止とくらべて羊毛生産者の利益に与える打撃がいくぶん少ないだろう。羊毛の価格を輸出禁止によるほど低下させることにはおそらくならないからだ。毛織物業界は十分に有利な立場を確保できるだろう。輸出が禁止されている現在ほどには、羊毛を安く買うことはできないだろうが、それでも外国の競争相手がイギリス産の羊毛を買うときより、少なくとも五シリングか十シリング安く買えるうえ、他国の競争相手とは違って、運賃と保険料を負担しなくてすむ。かなりの財政収入を確保できるうえ、誰にとっても不都合がこれほど少ない税を考えだすのは、ほとんど不可能である。

羊毛の輸出を禁止し、過酷な罰則で守らせようとしているが、これで輸出を完全に防ぐことはできない。よく知られているように、羊毛は大量に輸出されている。国内市場と外国市場の価格差がきわめて大きいので、密貿易の誘惑が大きく、厳しい法律でも防ぐことはできない。不法な輸出では、密貿易を行うもの以外の誰にとっても利益にならない。輸出を合法化して関税をかければ財政収入を確保できるので、おそらくはもっと厄介で不都合な他の税をかけなくてもよくなり、すべての国民にとって利益になるかもしれない。

仕上げ工が使うフラー土《ど》は、毛織物の製造と漂白に必要だとされており、輸出が禁止されて、羊毛輸出の場合とほぼ同様の罰則が設けられている。タバコ・パイプ用の粘土すら、

フラー土とは違うことが認識されていながら、性質が似ているとの理由で、またタバコ・パイプ用の粘土といつわってフラー土が輸出されかねないという理由で、輸出が禁止され、同じ罰則が適用されている。

チャールズ二世治世の一六六二年の法律によって生革と鞣《なめし》革は、靴かスリッパの形になっているものを除いて、輸出が禁止された。この法律で製靴業界は、牧畜業界にとっての市場を独占するとともに、鞣革業界にとっての市場も独占することになった。その後の法律で、鞣革業界は一ハンドレッド・ウェイト（百十二ポンド）当たりわずか一シリングの少額の輸出関税を支払えば、この独占の例外を認められることになった。また、鞣革をそれ以上の加工を行わないまま輸出する際にも、物品税の三分の二の還付を受けられるようになった。革製品はすべて無関税で輸出できるうえ、輸出にあたって物品税を全額還付される。これに対して牧畜業界はいまでも、昔と同様に市場を独占されている。牧畜業者は国内各地に分散して住んでおり、他の国民に独占を押しつけるために、あるいは自分たちに押しつけられた独占についての例外を認めさせるために団結するのがきわめて難しい。製造業者はどの業種でも大都市に多数集まって住んでいるので、簡単に団結できる。牛の角《つの》でさえ輸出が禁止されている。これによって角加工業と櫛《くし》製造業という小さな業界がこの点で、牧畜業にとっての市場を独占している。

完全な製品ではなく半製品の輸出が禁止されるか、関税によって抑制されているのは、皮革製品にかぎったことではない。直接に使用でき消費できる商品に仕上げるために必要な工程が残っているのであれば、それは自分たちの仕事にするべきだと製造業者は考えている。このため、毛糸と梳毛糸の輸出は禁止され、羊毛と同じ罰則が適用されている。白地の毛織物にすら輸出関税がかけられており、イギリスの染物業界は毛織物業界にとっての市場を独占している。毛織物業界はおそらく、この独占から自分たちを守ることもできただろうが、主要な毛織物業者の多くは染物業を兼業している。時計の側や文字盤も、輸出が禁止されている。時計業界はこれらの部品の価格が外国の買い手との競争によって上昇するのを望んでいないようだ。

エドワード三世治世（一三二七〜七七年）、ヘンリー八世治世（一五〇九〜四七年）、エドワード六世治世（一五四七〜五三年）の古い法律によって、ほぼすべての金属の輸出が禁止され、鉛と錫だけが例外とされた。おそらく、生産量がきわめて多かったためだろう。当時、鉛と錫が貿易のかなりの部分を占めていた。ウィリアム三世とメアリ二世の時代の一六九四年の法律によって、鉱業振興のために国内の鉱石から生産された鉄、銅、黄鉄の輸出が解禁された。その後、ウィリアム三世の一六九七年の法律で、国内産、外国産を問わず、すべての種類の棒銅の輸出が解禁された。だが、砲金、鐘青銅、屑真鍮と呼ばれる青銅と真

鍮の未加工品の輸出はいまでも禁止されている。これら金属を加工した製品は無関税で輸出できる。

製造業の原材料は輸出が禁止されていなくても、高率の輸出関税がかけられていることが多い。

ジョージ一世治世の一七二一年の法律で、イギリスのほぼすべての生産物と製品について、それまでの法律で規定されていた輸出関税が原則として撤廃され、無関税で輸出できることになった。だが、例外として輸出関税が残された品目があった。明礬《みょうばん》、鉛、鉛鉱石、錫、鞣革、緑礬《りょくばん》、石炭、羊毛用の梳き櫛、白地の毛織物、菱《りょう》亜《あ》鉛鉱《えんこう》、すべての種類の皮革、膠《にかわ》、莵の毛、野莵の毛、各種の毛、馬、一酸化鉛である。馬以外はすべて製造業の原料、半製品（製造業の材料）か、事業用の機器や道具である。これらの品目ではこの法律によって、旧臨時関税、百分の一輸出税というそれ以前の輸出関税がそのまま適用されている。

同じ法律で、多数の外国産染料で輸入関税がすべて撤廃された。だがこれらの染料にはその後、輸出にあたって、それほど重くはないものの関税がかかるようになった。イギリスの染物業界は、輸入関税を撤廃して染料の輸入を奨励すれば業界の利益になると考える一方、輸出をある程度は抑制する方が利益になるとも考えたようだ。だが、いかにも重商

主義らしいこの政策を考えだした貪欲な人は、目的を達成できなかった可能性が高い。輸出関税がかかるようになって、輸入商人は輸入量が国内市場への供給に必要な量を上回らないように、はるかに注意するようになったはずだ。このため、輸入も再輸出もまったく自由である場合と比較して、国内市場で供給がつねに少なくなり、染料価格がつねに若干高くなったとみられる。

同じ法律によって、セネガル・ゴム（アラビア・ゴム）が外国産染料の一種とされ、輸入関税が撤廃された。再輸出にあたっては一ハンドレッド・ウェイト当たり三ペンスという少額のポンド税が課される。当時、このゴムの主な生産地であるセネガル周辺の貿易をフランスが独占しており、イギリスは生産地から直接に輸入するのが簡単ではなかった。このためジョージ二世治世の一七五一年の法律によって、航海法の原則からは外れるが、セネガル・ゴムについてはヨーロッパのどの国からでも輸入できるようになった。だが、この法律はイギリスの重商主義政策の一般原則に反するこの種の貿易を奨励する意図はもっていないので、輸入にあたって一ハンドレッド・ウェイト当たり十シリング（〇・五ポンド）の関税をかけ、再輸出の際の戻し税はまったく認めなかった。ところが七年戦争で勝利した結果、イギリスは以前にフランスが貿易を独占してきたセネガルを領有するようになった。イギリスの製造業者は戦争が終わるとともにこの機会を活かし、生産者にとって

の市場も輸入商人にとっての市場もともに制限して、自分たちの独占を確立しようと努力した。その結果、ジョージ三世の一七六五年の法律によって、アフリカにあるイギリス領からのセネガル・ゴムの輸出先がイギリスに限定され、アメリカと西インド諸島のイギリス植民地の列挙品目と同じ制限、法規、没収規定、罰則がすべて適用されるようになった。輸入にあたっては一ハンドレッド・ウェイト当たり六ペンスの少額の関税をかけたが、再輸出にあたっては一ハンドレッド・ウェイト当たり一ポンド十シリング（一・五ポンド）もの高率の関税をかけることになった。これらの国の生産物の輸入をイギリスが独占し、自分たちが望む通りの価格で購入できるようにするために、巨額の輸出関税を支払わなければ再輸出ができない仕組みにして、再輸出を抑制することが製造業者の意図であった。だがいくつもの場合にそうであるように、この場合にも、この政策を考えだした貪欲な人は、目的を達成できなかった。輸出関税が巨額にのぼるために密貿易の魅力が高まり、大量のセネガル・ゴムがイギリスはもとよりアフリカからも、おそらくはヨーロッパのすべての製造業国に、そしてとくにオランダに密輸されるようになったからだ。このため、ジョージ三世治世の一七七四年の法律で、輸出関税が同五シリング（〇・二五ポンド）に引き下げられた。

旧臨時関税の基礎になっている関税率表では、ビーバーの皮革は一枚当たり六シリング

八ペンス（八十ペンス）と評価されており、一七二二年まで、その輸入に関して規定された各種臨時関税と関税はこの評価額の五分の一、一枚当たり十六ペンスにすぎなかった。このうち旧臨時関税の半分にあたるわずか二ペンスを除く全額が再輸出にあたって還付された。ビーバーの皮革は製造業の重要な原料なので、この関税は高すぎるとされ、一七二二年に評価額が二シリング六ペンス（三十ペンス）に、輸入関税が六ペンスに、それぞれ引き下げられ、この半分だけが再輸出にあたって還付されるようになった。やはり七年戦争の勝利によってビーバーの主要な生産国がイギリス領になり、ビーバーの皮革は列挙品目の一つなので、アメリカ植民地からの輸出先がイギリスに限定された。イギリスの製造業者はすぐにこの機会を活かそうと考えるようになり、一七六四年にビーバー皮革の輸入関税が一枚当たりわずか一ペニーに引き下げられたが、輸出関税が同七ペンスに引き上げられ、輸入関税の戻し税も廃止された。同じ法律によって、ビーバーの毛と腹皮の輸出に重量一ポンド当たり十八ペンスの関税が課されるようになったが、輸入関税は変更されず、イギリス人がイギリスの船舶で輸入する際には一枚当たり四～五ペンスであった。

石炭は製造業の原料であり、事業に必要な手段の一つでもあると考えられる。このため輸出にあたって重い関税がかけられており、現在（一七八三年）には一トン当たり五シリング、ニューカッスル度量で一チョルドロン当たり十五シリング以上である。これはほと

んどの場合に山元での価格を上回っており、輸出港での価格すら上回る場合がある。

だが、本来の意味で事業に必要な手段である機器や道具の場合には、輸出は通常、高関税で抑制するのではなく、禁止する方法がとられている。たとえばウィリアム三世治世の一六九五年の法律によって、手袋やストッキングを編むために使われる枠の輸出が禁止され、違反した場合には未遂の場合も含めて、枠を没収するほか、四十ポンドの罰金を科し、その半分が国庫に収められ、残り半分が情報を提供するか告発したものに支払われることになった。同様に、ジョージ三世治世の一七七四年の法律によって、綿織物、亜麻布、毛織物、絹織物の製造に使われる用具の輸出が禁止され、違反した場合には用具を没収するほか、本人に二百ポンドの罰金を科し、さらに用具を船に積み込むのを黙認した船長にも二百ポンドの罰金を科すことになった。

事業に必要な機器や道具の輸出にすらこれほど重い罰則を設けているのだから、まして事業に必要な技術をもった人間が自由に外国に行けるはずがない。ジョージ一世治世の一七一八年の法律によって、外国で同じ仕事をするか教えるようイギリスの製造業の熟練労働者を勧誘したものは、初犯の場合には百ポンド以下の罰金と三か月の禁固に処し、罰金が支払われるまで出所を認めないと規定された。再犯の場合には判事が適切と判断する罰金と十二か月の禁固に処し、罰金が支払われるまで出所を認めないと規定された。ジョー

ジ二世の一七四九年の法律によって罰則が強化され、初犯の場合には勧誘した熟練労働者一人当たり五百ポンドの罰金と十二か月の禁固に処し、罰金が支払われるまで出所を認めないと規定された。再犯の場合には一千ポンドの罰金と二年の禁固に処し、罰金が支払われるまで出所を認めないと規定された。

この二つの法律のうち一七一八年の法律によって、前述の目的で外国に行くよう何者かが熟練労働者を勧誘した証拠か、熟練労働者が外国に行くと約束するか契約を結んだ証拠があった場合、裁判所はその熟練労働者に対して、外国には行かないと保証するよう求め、保証が提出されるまで刑務所に収監する裁量権をもっている。

熟練労働者が海外にわたって外国で同じ仕事をするか教えている場合、公使か領事、またはそのときの国務大臣のうち一人が警告を与え、その後六か月以内に帰国して国内に滞在し、住みつづけているのでない場合には、その熟練工はその後、イギリス国内で本人に残された遺産を相続する権利、他人の遺言執行人、遺産管理人になる権利、相続、遺贈、売買によって土地を取得する権利を失う。そして、すべての所有地と動産を国王に没収され、あらゆる面で外国人とされ、国王による保護を受けられなくなる。

こうした法規がイギリス人の大きな誇りである国民の自由にどれほど反しているのかは、おそらく論じるまでもないだろう。イギリス人は自由を必死に守っているとされているが、

されているのである。

この場合には商工業者の利益をはかる無駄な努力のために、国民の自由が明らかに犠牲にされているのである。

以上のさまざまな法規を制定した表向きの動機は、自国の製造業を拡大することであり、そのための手段として、自分たちが改善を進めていくのではなく、近隣諸国の製造業を沈滞させ、憎たらしく不愉快な競争相手との厄介な競争をできるかぎりなくそうとしているのである。イギリスの製造業の事業主は、それぞれの業種で国民がもつ技術を独占するのが適切だと考えている。いくつかの業種では一時期にとれる徒弟の数を制限し、すべての業種で徒弟奉公の年数を長く設定して、それぞれの業種に必要な知識をもつものの数をできるかぎり少なくしようとしている。しかし、少数の熟練労働者のなかから、外国に行って外国人に仕事を教える人がでてくるのは望まない。

消費こそがすべての生産の唯一の目的であり、生産者の利益は消費者の利益をはかるために必要な範囲内でのみ配慮されるべきである。これはまったく自明な点なので、証明しようとすることすら馬鹿げているといえるだろう。だが重商主義では、消費者の利益はほぼつねに生産者の利益のために犠牲にされている。そして、消費ではなく生産こそがすべての産業と商業の最終的な目的だと考えているかのようである。

国内の農産物や製品と競争しうるすべての外国商品の輸入を抑制すれば、国内の消費者

の利益が明らかに犠牲にされて、生産者の利益が優先される。輸入の抑制はすべて生産者の利益をはかるためであり、生産者が国内市場を独占すれば、まず確実に消費者は高い価格を支払わされる。

一部の商品に輸出奨励金を支給するのは、すべて生産者の利益をはかるためである。国内の消費者は、第一に輸出奨励金を支払うために必要な税金を負担するうえ、第二に国内市場でその商品の価格が上昇することでかならず発生するそれ以上に重い税金を負担する。

ポルトガルとの間で結ばれた有名な通商条約のために、消費者は、イギリスの気候条件では生産できない商品を隣国から購入することが高関税によって妨げられ、隣国の商品より品質が劣ることを承知のうえで、もっと遠くにあるポルトガルから購入せざるをえなくなっている。国内の消費者がこのような不便を被っているのは、生産者が自分たちの製品の一部を本来より有利な条件でポルトガルに輸出できるようにするためである。それだけでなく、この無理やりの輸出によって国内市場で製品価格が上昇するので、消費者は高い価格を支払わされる。

そして、アメリカと西インド諸島の植民地を統治するために作られた法制度では、国内消費者の利益が他のどの商業法規よりも大規模に犠牲にされて、生産者の利益がはかられ

ている。イギリスは大帝国を作ったが、その唯一の目的は本国から供給できる商品をすべて、本国の生産者から購入するよう植民地に義務づけて、顧客を作りだすことにあった。この独占によって生産者がわずかばかり販売価格を引き上げられるようにするために、国内の消費者は植民地を維持し防衛するために必要な経費をすべて負担させられている。この目的のために、この目的だけのために、スペイン戦争と七年戦争という最近の二回の戦争で二億ポンド以上の戦費が支出され、一億七千万ポンドの新たな国債が発行されて、それ以前に同じ目的の戦争で負っていた国債の残高がさらに膨らんだ。この国債の利払いだけで、植民地貿易の独占で得られると主張しうる特別の利益の総額を上回っているだけでなく、植民地貿易の総額、つまり植民地に輸出される商品の年平均総額すら上回っているのである。

重商主義の政策全体を誰が考えだしたのかを突き止めるのは、そう難しくない。消費者は、自分たちの利益をまったく無視する政策を考えだすはずがないと確信できる。生産者が、自分たちの利益を注意深く配慮する政策を考えだしたと確信していい。そして生産者のなかでも、商人と製造業者が立案の中心になっている。この章で論じてきた重商主義の法規では、国内製造業の利益がもっとも配慮されている。そして消費者の利益よりもさらに、大製造業以外の生産者の利益が犠牲にされている。

第九章　重農主義

――土地生産物が国の収入と富の唯一の源泉または主要な源泉だとする経済政策の考え方

経済政策の考え方のうち重農主義については、重商主義について必要だと考えたほど長い説明は必要としないだろう。

重農主義は、どの国でも経済政策として採用されたことがなく、現在、フランスで学識があり創造力に恵まれたごく少数の人がそう考えているにすぎない。世界のどの地域でも害を与えたことはないし、おそらくは今後も与えることはないとみられるので、この考え方の誤りについて、延々と検討する必要がないのは確かだろう。しかし以下では、この独創的な考え方の概要をできるかぎり明確に説明していきたい。

ルイ十四世（治世一六四三〜一七一五年）の財政総監として有名なジャン・バティスト・コルベールは、誠実で勤勉で、細部にわたる知識をもち、財政に関して豊富な経験と鋭い判断力をもち、要するに、財政収入と支出を体系だてて整理するのに適した能力をあらゆる面でもっていた。だが残念なことに、重商主義の偏った見方をすべて信奉していた。重商主義は抑制と規制を基本にする性格をもっており、したがって、官庁のさまざまな部門を管理し、各部門がそれぞれの業務範囲を逸脱しないように監視と管理の体制を確立する仕事になれている勤勉で堅実な官僚にとって、心地よくないはずがないものである。コルベールは大国の産業と商業を、官庁の組織を管理するのと同じ方法で規制しようと努力した。つまり、平等、自由、正義の原則に基づいて各人が自由に自分の利益を追求できるようにするのではなく、産業のある部分には並外れた特権を与え、別の部門にはやはり並外れた制約を設ける方法をとった。ヨーロッパ各国の政府高官がいずれもそうしたように、都市の産業を農村の産業より奨励しただけでなく、都市の産業を奨励するためには農村の産業を沈滞させ、抑圧することも辞さなかった。都市の住民が食料を安く買えるようにし、それによって製造業と貿易を奨励するために、穀物の輸出を全面的に禁止し、農村の産業で飛び抜けて重要な商品について、農村の住民をすべての外国市場から排除した。この輸出禁止に加えて、古い州法によって州の境を越えた穀物輸送が禁止されていたし、ほ

ぼすべての州で農民に恣意的で屈辱的な税金が課されているため、フランスでは農業が抑制され、肥沃な土壌と恵まれた気候条件を考えれば当然に達成できるはずの状態にはまったく達していなかった。農業の抑制と沈滞は、フランス国内のすべての地域で多かれ少なかれみられる現象であり、その原因をめぐって多数の研究がなされてきた。原因の一つは、コルベールが作った制度によって都市の産業が農村の産業より優遇されきたことだとみられる。

竿《さお》が曲がったとき、逆方向に同じだけ曲げなければ真っ直ぐにならないといわれている。どの国にとっても土地生産物が収入と富の唯一の源泉だと主張したフランスの思想家は、この格言を採用したように思える。コルベールの政策で都市の産業を農村の産業より重視しすぎたのは確かだが、重農主義で逆に都市の産業を軽視しすぎたことも確かだと思える。

重農主義では以下のように考える。ある国の土地と労働による年間の生産に何らかの点で貢献するとみられる階層は、三つの階級に分かれる。第一は土地所有者階級である。第二は農民、つまり農業経営者と農業労働者であり、生産的階級という特別の名称によって敬意を払っている。第三は手工業、製造業、商業に従事する階級であり、非生産的階級という名称をつけて、価値は低いとしている。

土地所有者階級は、土地改良の経費、つまり土地に建物、排水路、囲いなどを作るか維

持するための経費をときおり支出して、年間の生産に貢献している。これらの支出によって、農民は同じ資本を投じたときの生産量を増やすことができ、その結果、地代の支払いを増やせるようになる。こうして支払われる地代は、土地所有者が土地の改良に投じた資本で得られる利子または利益だと考えられる。重農主義では、この経費を基礎経費と呼ぶ。

　農業経営者は、重農主義で当初経費、年経費と呼ぶ二種類の経費を土地の耕作に投じて、年間の生産に貢献している。当初経費は、農業用具、家畜、種子、そして家族・使用人・家畜の維持に使う経費のうち、少なくとも土地を借りた最初の年の大部分の期間、つまりある程度の収穫が土地で得られるまでに支出するものである。年経費は、種子、農業用具の消耗、使用人と家畜の年間の維持、家族のうち耕作にたずさわる使用人だと考えられる人の年間の維持に使う経費である。土地の生産物のうち、地代を支払った後に農業経営者の手元に残る部分は、第一に適切な期間内に、少なくとも土地の賃借期間内に、当初経費の全額を回収して資本の通常の利益を獲得し、第二に毎年、年経費の全額を回収して資本の通常の利益を獲得するのに十分なものでなければならない。この二種類の経費は、農業経営者が耕作に使う資本である。この二種類の資本を着実に回収でき、適切な利益を獲得できるのでなければ、農業経営者は他の業種と同等に有利なものとして農業に従事す

ることができなくなり、自分の利害を考えて、できるだけ早く農業をやめ、他の仕事を探すしかなくなる。したがって、土地生産物のうち、農業経営者が農業を続けるために必要な部分は、耕作に不可欠なものだと考えるべきである。地主がこの部分に食い込むほどの地代をとった場合、自分の所有地の生産量がかならず減り、数年たてば、地代のうちこれに食い込む部分が支払われなくなるばかりか、本来なら得られるはずの通常の地代すら支払われなくなる。地主が得られる適切な地代は、土地の総生産物を生産するためにあらかじめ投じなければならない必要経費をすべて完全に回収した後に残る純生産物を超えることはできない。農民の労働は、必要経費をすべて回収した後に純生産物が残るものだからこそ、重農主義ではこの階級を生産的階級と呼んで、敬意を払っているのである。重農主義では同じ理由で、当初経費と年経費を生産的経費と呼ぶ。これらの経費は全額が回収された後に、毎年、純生産物を再生産するものだからだ。

重農主義でいう基礎経費、つまり土地の改良のために土地所有者が支出する経費も、生産的経費の一つとされ、高く評価されている。土地に支払われる地代の割増部分によって基礎経費が完全に回収され、資本の通常の利益が獲得されるまで、この割増部分はやはり不可欠であり、教会や国王が手をつけてはならず、十分の一税や国税の対象にしてはならないとされている。これに課税した場合、土地の改良を抑制することになるので、教会は

その後、十分の一税の伸びを抑える結果になるし、国王はその後、税収の伸びを抑える結果になる。したがって、ものごとの秩序がよく保たれていれば、基礎経費も全額が回収されるだけでなく、ある期間がたてば純生産物を再生産するものなので、生産的経費だとされているのである。

だが、土地所有者が支出する基礎経費と、農業経営者が支出する当初経費と年経費の三種類だけが、重農主義では生産的経費だと考えられている。その他すべての経費とその他の階級は、世間でとくに生産的だとみられている人すら、重農主義ではまったく非生産的だとされている。

とくに手工業・製造業の労働者は、世間ではその労働によって土地生産物の価値を大幅に高めるとみられているが、重農主義ではまったく非生産的な階級に属するとされている。その労働は、その仕事に使われた資本を回収して通常の利益が得られるだけだとされる。仕事に使われる資本は、雇い主が原材料、道具や機器、賃金に支出したものであり、労働者の仕事と生活に使われた資金である。この資本の利益は、雇い主の生活資金になる。雇い主は仕事に必要な原材料、道具や機器、賃金を労働者に支給するのと同様に、自分の生活に必要な資金をあらかじめ支出する。そして支出する生活費は通常、事業で得られると雇い主が予想する利益に見合っている。製品を売ったときに、労働者に支給した原材料、

道具や機器、賃金の経費以外に自分の生活費も回収できなければ、仕事に使った経費の全額を回収できていないことになる。このため、製造業に使われた資本の利益は、土地の地代とは違って、それを獲得するために支出しなければならない経費をすべて回収した後に残る純生産物ではない。農業経営者の資本は製造業の雇い主の場合と同じだけの利益を生み出すと同時に、地主が受け取る地代を生み出すが、製造業の資本は地代を生み出さない。したがって、手工業や製造業の労働者を雇用するために使われた経費は、いうならば全額が回収されて価値を維持するだけであって、新しい価値を生み出すわけではない。このため、まったく非生産的な経費だとされている。これに対して農業経営者と農業労働者の仕事のために使われた経費は、全額が回収されて価値を維持するだけでなく、地主が受け取る地代という新しい価値を生み出す。このため生産的経費だとされる。

　商業資本も、製造業の資本と同じように非生産的だとされる。全額が回収されて価値を維持するだけであって、新しい価値を生み出すわけではない。商業資本の利益は商人が資本を投じている期間に、つまり資本を回収するまでの期間に使う生活費を回収するものにすぎない。仕事に使った経費の一部を回収しているだけだとされる。

　手工業や製造業の労働者の労働は、年間の土地生産物の総価値に何も付け加えないとされている。確かに、土地生産物の一部の価値を大幅に高める。だが、その際に消費される

他の部分の価値が、その部分での価値の上昇幅に正確に一致するので、生産物全体の価値はどの時点にもまったく高まらない。たとえば高級なレースの襟飾りを生産する人は、ときにはおそらく一ペニーの亜麻の価値を三十ポンドに高めている。一見、土地生産物の価値を七千二百倍に高めているように思えるが、実際には年間の土地生産物の総価値に何も付け加えてはいない。レースを編むのにおそらく二年間の労働を要する。完成したときに得る三十ポンドによって、レースを編んでいた二年間に使った生活費を回収できるにすぎない。一日、一月、一年の労働で亜麻に付け加える価値によって、一日、一月、一年に自分が消費するものの価値を回収できるだけであり、それ以上の価値は生み出さない。このためどの時点にも、年間に生産される土地生産物の価値に何も付け加えない。土地生産物のうち、自分が消費していく部分の価値がつねに、生産していく価値に等しい。小規模な産業だが、高価な襟飾りを生産する産業で働く人の大部分が極端に貧しいことを考えれば、襟飾りの価格が通常、それを生産する人の生活を支えられる水準を超えていないと納得できるだろう。農業経営者と農業労働者の場合には、こうはなっていない。通常の場合、消費されるすべてのもの、労働者と雇い主が働き生活するために支出されるすべての経費を完全に回収した後に、地主が得る地代という新しい価値をつねに生み出していく。

商工業の労働者と雇い主が社会の所得と富を増やせるのは、倹約によってだけであり、

重農主義の言葉では節制によって、自分たちの生活にあてるべき資金の一部を犠牲にすることによってだけだとされている。この階級が年間に再生産するのは、自分たちの生活にあてるべき資金だけである。したがって、生活費の一部を毎年倹約しないかぎり、生活の豊かさの一部を毎年犠牲にしないかぎり、社会の所得と富はこの階級の勤労によってはまったく増やすことができない。これに対して農業経営者と農業労働者は自分たちの生活にあてられる資金をすべて使っても、社会の収入と富が増える。農業労働では、自分たちの生活にあてる資金以外に、毎年純生産物を生み出すので、純生産物の増加によってかならず社会の収入と富が増加していく。このため、フランスやイギリスのように土地所有者や農民が人口のかなりの部分を占める国では、労働と豊かな生活を続けていけば富裕になれる。これに対してオランダやハンブルクのように国民の大部分が商工業にたずさわる国では、倹約と節制によってしか富裕になれない。このように状況が違う国では利害が大きく違っており、国民の性格も大きく違っている。農業人口が多い国では、鷹揚さ、率直さ、人付き合いの良さが自然に国民性の一部になる。商工業人口が多い国では、偏狭さ、計算高さ、利己心、人付き合いの楽しみや享楽を嫌う性格が、自然に国民性の一部になる。

非生産的階級、つまり商工業の階級は、土地所有者と農民という他の二つの階級の支出だけによって維持され、雇われている。土地所有者と農民が非生産的階級に、仕事に使う

原料と、生活を維持する物資、つまり仕事にたずさわっている間に消費する穀物と食肉を供給している。非生産的階級の賃金と、その雇い主の利益をすべて最終的に支払っている。非生産的階級の労働者とその雇い主は実際には土地所有者と農民の使用人である。家事使用人が雇い主の家の中で働くのに対して、家の外で働く点が違うだけである。非生産的階級も家事使用人も同じ雇い主によって生活を維持されている。どちらの労働も同じように非生産的である。土地生産物の総価値に何も付け加えない。総価値を増やすのではなく、総価値から支払われるべき負担、費用である。

だが、非生産的階級は他の二つの階級にとって役に立つし、しかも大いに役に立つ。商工業労働者の労働によって、土地所有者と農民は自分たちが必要とする外国商品や自国の製品を、そういうことに不慣れで不器用な自分たちで輸入するか作るかした場合に必要になるものより、はるかに少ない量の労働の生産物で購入できる。非生産的階級の仕事によって、農民は土地の耕作から関心をそらされるはずのさまざまな仕事をしなくてもよくなっている。土地の耕作だけに集中できるので生産物が増え、土地所有者か自分たちが非生産的階級を雇い維持するために必要な経費を十分に支払える。商工業労働者の労働はそれ自体ではまったく非生産的だが、このようにして、土地生産物の生産量増加に間接的に寄与している。生産的労働の生産性を高めており、これは、農民が土地の耕作という本来の

仕事に専念できるようにしているからである。農業とはまったく違う仕事をしている人の労働によって、農業が楽になり、発展することが少なくないのである。

土地所有者と農民にとって、商工業者の労働をどのような点でも抑制し制限するのが利益になることはありえない。非生産的階級が自由に活動できるほど、この階級のさまざまな業種で競争が激しくなり、外国商品も自国の製品も土地所有者と農民に安く供給される。

非生産的階級にとって、他の二つの階級を抑圧するのが利益になることもありえない。まずは農民の生活を維持し、つぎに土地所有者の生活を維持するのに必要な部分を差し引いた後に残る土地生産物が、非生産的階級を維持し雇うために使われる。この余剰が多いほど、非生産的階級の維持と雇用に使われる部分も多くなるはずである。三つの階級すべてが最大限の繁栄を達成できるようにするには、きわめて単純ではあるが、完全な正義、完全な自由、完全な平等を確立することこそが秘訣である。

オランダやハンブルクのように、国民の大多数が非生産的階級である商業国の商工業者も、土地所有者と農民の支出だけによって維持され、雇われている。違っているのは、仕事に使う原料と生活を維持する資金を提供する土地所有者と農民の大部分が商工業者から遠く離れた不便なところに住んでおり、他国の住民であって、他国の政府の支配を受けて

いることだけである。

だがこのような商業国は、他国の住民にとって役に立つし、しかも大いに役に立つ。重要な部分の不足をある程度まで補う役割を果たしており、本来なら自国にいるはずだが、自国の政策が悪いために国内にいない商工業者の代わりになっている。

イギリスやフランスなどを農業国と呼ぶなら、農業国にとって、商業国の商工業で供給される商品に高関税をかけて商業国の産業を抑制し阻害するのが利益になることはありえない。高関税をかければ対象商品の価格が高くなり、その商品の購入には自国で余った土地生産物かその対価を使うのだから、土地生産物の真の価値を低下させる効果しかない。高関税は自国で余る生産物が増加するのを妨げ、それによって自国の土地の改良と耕作を妨げる効果しかない。逆に、自国で余った生産物の価値を高め、生産量を増やし、それによって自国の土地の改良と耕作を奨励する最善の方法は、すべての商業国の貿易に完全な自由を認めることである。

貿易の自由を完全に認めれば、自国に不足している商工業をいずれ確保し、国内産業の重要な部分の不足をもっとも適切に、もっとも有利に埋めていく最善の方法にもなる。

国内で余った土地生産物が増加を続けていけば、いずれ、土地の改良と耕作で通常の利益率を確保できる水準以上に資本が増加する。資本のうち余った部分は自然に、国内で製

造業者を雇うために使われるようになる。そして国内の製造業者は、国内で仕事に使う原料と生活に必要な食料を購入できるので、技術力では劣っていても、材料や食料をはるかに遠い地域から入手する商業国の製造業者と変わらないほど安いコストで製品を作れるように、すぐにもなるかもしれない。技術力が劣っているために、しばらくはそこまで安く生産できないとしても、はるかに遠くから製品を運んでくるしかない商業国の製造業者と変わらないほど安い価格で、製品を販売できるだろう。そして技術力が高まるので、すぐにもっと安い価格で売れるようになるだろう。このため、商業国の製造業者は、農業国の市場でただちに競争に直面するようになり、すぐに価格競争に負けるようになって、市場から追い出される。農業国の製品は技術力が徐々に高まるとともに安くなり、やがて自国市場以外でも売れるようになって、外国市場に進出し、商業国の製品の多くを同じように徐々に追い出すようになるだろう。

農業国ではこのように土地生産物と製品の生産量が増加を続け、やがて、農業と製造業で通常の利益率を確保できる以上に資本が増加する。資本のうち余った部分は自然に、自国の土地生産物と製品のうち、国内の需要を超える部分を外国に輸出するために使われるようになる。農業国の商人は自国の生産物を輸出するので、農業国の製造業者が商業国の同業者より有利なのと同じ理由で、商業国の商人より有利な立場にたつ。輸出する商品

も、船舶用の備品や食料もすべて国内で見つけ出せるので、商業国の商人とは違って、はるかに遠い国から購入する必要がないのだ。このため航海に必要な技術力が劣っていても、外国市場で商業国の商人と変わらない価格で、商品を販売できるだろう。技術力が同じであれば、商業国の商人より安い価格で売れるだろう。したがってすぐに貿易のうちこの部門で商業国の商人と対等に競争できるようになり、やがて商業国の商人を完全に追い出すようになるだろう。

以上のように、自由で寛大な重農主義の考え方によれば、農業国が自国の商工業を育成する最善の方法は、他国の商工業に貿易の自由を完全に認めることである。これによって自国で余った土地生産物の価値を高めれば、土地生産物が増加を続けて資本が蓄積され、いずれ自国に必要なすべての商工業が自然に育つようになる。

これに対して農業国が高関税か禁止によって外国の商人による貿易を抑圧すれば、かならず二つの道筋で自国の利益を損なう結果になるという。第一に、すべての外国商品とすべての製品の価格が上昇する。そうなると、外国商品と製品の購入には余った土地生産物かその対価を使うのだから、自国の土地生産物の真の価値がかならず低下する。第二に、自国の商工業に自国市場で一種の独占権を与えることになるので、農業とくらべて商工業の利益率が高くなり、その結果、農業に使われていた資本の一部が商工業に引きつけられ

るか、農業に振り向けられるはずの資本の一部が農業に向かわなくなる。このため、この政策によって農業の発展が二つの道筋で阻害される。第一に、農産物の真の価値が低下するので、農業の利益率が低下する。第二に、他の産業の利益率が上昇する。農業は本来より不利になり、商工業は本来より有利になる。このため国民は自分の利害を考えて、自分の資本と労働をできるかぎり農業から商工業に振り向けたくなる。

この抑圧的な政策で、農業国は貿易の自由による場合より若干早く自国の商工業を育成できるとしても（実際に育成できるかどうかはかなり疑わしいが）、いうならば早産のようなもので、機が完全に熟す前に育てることになるだろう。一つの種類の産業を早まって育成すれば、もっと価値が高い種類の産業を衰退させることになるだろう。それに使われた資本を回収して通常の利益を得られるだけの産業を早まって育成すれば、資本を回収して利益を得られるうえに、地主に地代として支払われる純生産物も生み出す産業が衰退する。まったく非生産的な労働を早まって奨励すれば、生産的労働が衰退すると主張されている。

重農主義の考え方で、土地が年間に生み出す総生産物が前述の三階級にどのように分配され、非生産的階級の労働が自分の消費の価値を回収するだけで、総生産物の価値をどのようなでも高めないのはなぜなのかは、重農主義を提唱したきわめて独創的で学識豊か

な著者、フランソワ・ケネーが数式の形で示している。このうち第一の数式、重要性を示すために「経済表」と名付けた表では、完全に自由な状態、したがってもっとも繁栄した状態、年間の生産物で得られる純生産物がもっとも多くなり、各階級が年間の総生産物を適切な比率で受け取れる状態で、総生産物が三階級にどのように分配されるとみられるかを示している。残りの表のいくつかでは、さまざまな制約や規制があって、土地所有者階級か非生産的階級が農民階級よりも優遇されたとき、そして土地所有者か非生産的階級の取り分が本来なら農民に帰属すべき部分に多かれ少なかれ食い込んだときに、この分配がどうなるとみられるかを示している。重農主義によれば、農民の取り分が削られ、完全に自由な状態で確立される自然な分配が乱されると、年平均の総生産物の価値が多少なりとも減少し、社会の真の富と収入が徐々に減少していく。減少のペースが速いか遅いかは、農民の取り分がどこまで削られるか、完全に自由な状態で確立される自然な分配がどこまで乱されるかによって決まる。残りの数式はそれぞれ減少のペースが違う場合のものであり、自然な分配が乱されている程度に対応している。

ある種の医学理論では、人体の健康を保つためには食事と運動を厳格な規則に基づいて管理しなければならず、この規則にわずかでも反すると、その程度にしたがって病気や不調が生じると考えられているようだ。だが事実をみていけば、生活ぶりがじつにさまざま

に違っていても、一般にまったく不健康だと考えられている生活をしていてすら、少なくとも表面上、完全に健康を維持することが少なくない。人体は健全な状態では、まだ知られていない仕組みによって健康を維持するようになっていて、食事と運動の面できわめて不健康な生活をおくっていても、その悪影響を多くの点で防ぐか是正できるようだ。ケネーは医者であり、医学理論に詳しいので、社会についても人体についてと同じように考えて、完全な自由と完全な正義という厳格な規則にしたがわなければ繁栄しないと思ったようだ。ケネーは考慮しなかったようだが、社会の場合には、各人が自分の生活をもっとよくするために努力しつづける自然な動きが健全性を維持する仕組みになっていて、ある程度偏っていて抑圧的でもある経済政策の悪影響を多くの点で防ぐか是正できる。そのような経済政策が多かれ少なかれ障害になっているのは事実だとしても、国が富と繁栄に向けて自然に進歩するのを止めるほどになるとはかぎらず、まして後退させるほどになることは少ない。完全な自由と完全な正義が確立していないかぎり国が繁栄できないのであれば、世界には繁栄できた国は一つもなかったはずである。だが社会の場合には幸い、自然の英知によって、人間の愚行と不正義が及ぼす悪影響を是正する力が十分にある。人体の場合に怠惰で不節制な生活をしていても、その悪影響が是正されるように。

　だが、重農主義の決定的な誤りは、商工業階級をまったく非生産的だとしたことにある

とみられる。以下の点を考えれば、この主張の誤りがはっきりするだろう。

第一に、この階級が年間に消費するものの価値を年々再生産し、維持と雇用に使われた資本が少なくとも存続できるようにすることは一般に認められている。だが、この点だけをみても、非生産的という表現はまったく不適切だとみられる。夫婦に男女一人ずつの子供しかできない場合、父母と同じ数だから人口が増えるわけではなく、同じ人口を維持できるだけだという理由でこの夫婦が非生産的だということはできない。農業経営者と農業労働者は確かに、自分たちの雇用と維持に使われた資本を再生産するだけでなく、地主に支払われる地代という形で純生産物を毎年生み出す。子供が三人いる夫婦の方が確かに子供が二人の夫婦より生産的である。同様に、農業労働は確かに商工業の労働より生産的である。だが、農民の方が生産物が多いからといって、商工業者が非生産的だということにはならない。

第二に、以上の点から、商工業労働者と家事使用人を同じ性格のものと考えるのはまったく不適切だと思える。家事使用人の労働では、使用人を維持し雇用するために使われた資金は回収できない。使用人の維持と雇用に使われた資金はすべて雇い主の経費になり、その労働は支出した経費を回収できるような性質のものではない。使われた瞬間に消滅する性質のものであり、販売できる商品が残って賃金と生活維持の価値を回収できる性質の

ものではない。これに対して商工業労働者の労働は、販売できる商品に体現される。この点から、生産的労働と非生産的労働について論じた本書第二編第三章では、商工業労働者の労働を生産的労働に分類し、家事使用人の労働を非生産的労働に分類した。

　第三に、どのように想定しても、商工業労働者の労働が社会の真の収入を増やさないと主張するのは不適切だと思える。たとえば、重農主義で想定されているとみられるように、この階級の場合に一日、一月、一年の消費の価値が一日、一月、一年の生産の価値と正確に一致すると想定しても、だからといって、その労働が社会の真の収入、社会の土地と労働による年間生産物の真の価値に何も付け加えないとはいえない。たとえば手工業者が収穫期から六か月に十ポンド分の仕事をする一方、穀物などの生活必需品を十ポンド分消費したとしても、社会の土地と労働による年間生産物に十ポンドの価値を付け加えている。穀物などの生活必需品を半年間の収入にあたる十ポンド分消費したが、同時に自分か他人にとって半年間の収入に等しい価値のあるものを生産している。したがってこの半年間に消費し生産したものの価値は、十ポンドではなく二十ポンドである。確かに、どの時点にも、この価値のうち実際に存在したのは十ポンドだけだったかもしれない。だが、穀物などの生活必需品を十ポンド分消費したのが手工業者ではなく、兵士か家事使用人であれば、半年たった時点に残っている年間生産物の価値は、手工業者が消費し働いた場合より

も十ポンド少なくなっている。したがって、手工業者の場合、生産するものの価値がどの時点でも、消費するものの価値より大きくないと想定しても、手工業者が働いた結果、市場に出回る商品の価値は働かない場合より多くなる。

重農主義の主唱者は、商工業労働者では消費と生産の価値が等しいと主張したとき、おそらく商工業労働者の収入、つまり消費にあてられる資金が生産物の価値に等しいといいたかっただけなのだろう。だがもっと正確な表現を使い、この階級の収入はこの階級が生み出した価値に等しいとだけ主張していれば、この収入のなかから自然に節約される部分によって、社会の真の富が多少ともかならず増えるはずだと、読者はすぐに思いついただろう。そこで、ある程度まで論拠らしくなるように、重農主義の主唱者はこのように曖昧に表現する必要があったのだろう。だがこの論拠は、ものごとが主張通りになっていると想定した場合すら、まったく不確かなものにすぎないのである。

第四に、農業経営者や農業労働者も節約をしないかぎり、社会の真の収入、土地と労働による年間生産物を増やせない点で、商工業の労働者や雇い主と変わりはない。どの社会でも、土地と労働による年間生産物は、二つの道筋によってのみ増やすことができる。第一は、その社会で実際に維持される有用な労働の生産性が向上することである。第二は、有用な労働の量が増加することである。

有用な労働の生産性が向上するには、第一に労働者の能力が向上するか、第二に労働に使う機器や道具が改良される必要がある。そして製造業の労働は農業経営者や農業労働者の労働よりも分業を進めて、一人一人の労働を単純な作業にすることが可能なので、どちらの点でも、向上と改良をはるかに進めることができる（本書第一編第一章を参照）。したがって生産性を向上させる点で、農民が製造業の労働者より有利だといえる部分はない。ある社会で年間に実際に雇用される有用な労働の総量がどこまで増えるのかはすべて、労働を雇用する資本がどこまで増えるかにかかっている。そして資本の増加幅は、資本を自分で管理し指揮する人物が、あるいはそのような人物に資金を貸し出す人が、収入のうち倹約して貯蓄した部分の総額に正確に一致する。重農主義で想定されているとみられるように、商工業者が土地所有者や農業経営者より倹約し貯蓄しようとするのが自然なのであれば、商工業者の方が社会で雇用される有用な労働を増やす可能性が高く、したがって社会の真の収入、つまり土地と労働による年間生産物を増加させる可能性が高くなる。

最後に第五の点として、重農主義では、ある国の住民の収入とは住民の労働で得られる生活必需品の総量であると想定されているようだが、こう想定しても、商工業国では他の条件に違いがなければ、商工業がない国より収入がかならずはるかに多くなるはずである。製造業と貿易によって、そのときの耕作の状況で自国で生産できる以上の生活必需品を毎

年輸入できる。都市の住民は農地をまったくもっていないことが多いが、それでも他人の土地で生産される生産物を、それも仕事に使う原料として、自分たちの生活を支える食料として必要な量のすべてを、自分たちの労働によって引きつけている。都市が近隣の農村との間でつねに行っていることを、独立国が他国との間で行うことも少なくない。たとえばオランダは食料のほとんどを他国から輸入している。家畜はホルスタインやデンマークから、穀物はヨーロッパのほとんどの国から輸入している。少量の製品で大量の土地生産物を購入できる。このため商工業国は当然、自国の製品のうちごく一部で、他国の土地生産物のうちもっと高い比率の部分を購入できる。これに対して商工業がない国は通常、自国の土地生産物のうちかなりの部分を費やして、他国の製品のうちごく一部を買わざるをえない。商工業国は、ごく少人数の生活を支えられるだけの製品を輸出して、多数の人の生活を支えられる食料を輸入する。商工業がない国は、かなりの数の国民の生活を支えられる食料を輸出して、ごく少人数の生活を支えられるだけの製品を輸入する。商工業国はつねに、そのときの耕作の状況で自国で生産できる以上の食料を消費できる。商工業がない国はいつも、自国で生産できるものよりはるかに少ない食料しか消費できない。

　重農主義の考え方は、このようにさまざまな欠陥はあるが、おそらく、経済の分野でこれまで発表された考え方のなかでもっとも真実に近く、そのため、経済学という重要な分

野の原理を注意深く研究してみたいと考えるのであれば、検討する価値が十分にある。土地の耕作に使われる労働だけが生産的労働だとしている点では、重農主義の主張は偏っているし狭すぎる。だが、国の富が通貨という消費できないものの豊富さにあるのではなく、その社会の労働で年間に再生産される消費財にあると主張している点で、そして、完全な自由の確立が年間の再生産を最大限に増やすのに効果がある唯一の方法だと主張している点で、重農主義の主張は寛大で自由であると同時に、まったく正しいと思われる。重農主義の支持者はきわめて多い。人は逆説を好むものだし、普通の人には理解できないことを理解しているかのように振る舞いたがるものなので、製造業の労働を非生産的だとする逆説を主張している点がおそらく、支持者を増やすのに少なからず寄与している。重農主義は何年も前からかなり大きな学派になっており、フランスの言論界でエコノミスト派と呼ばれている。重農主義者の著書は確かにフランスで役立っている。それまで十分に検討されてこなかった数多くの問題が盛んに議論されるようになっただけでなく、国の政策にもある程度の影響を与えて、農業が重視されるようになった。重農主義の主張があったからこそ、フランスの農業が、それまで苦しんできたさまざまな抑圧から解放されるようになったのである。土地の所有者が売買か相続で変わった場合にも保障される土地賃借権の最長期間が、九年から二十七年に延長された。王国内で州の境を越えた穀物輸送を禁止して

いた昔からの制約は、完全に撤廃された。そして通常の状況ではすべての外国に穀物を輸出する自由が、王国全体で確立された。この学派にはきわめて多数の著作があり、著作のテーマも、経済の本来のテーマである国の豊かさの本質と原因にとどまらず、内政のすべての分野にわたっており、いずれもケネーの主張にほとんど目立った変更を加えることなく完全にしたがっている。このため、重農主義の著作の大部分にはほとんど違いがない。重農主義の主張をもっとも明確に一貫性のある形で示したのは、西インド諸島マルティニク島の元総督、メルシエ・デ・ラ・リビエールによる『政治社会の自然で本質的な秩序』である。ケネー自身はきわめて謙虚で気取らない人物だが、学派の人たちは、古代の哲学者がそれぞれの学派の創始者を賛美したのと変わらないほど、ケネーを賛美している。きわめて研究熱心で尊敬すべき著者、ビクトール・ミラボー侯爵はこう書いている。「世界がはじまって以来、社会を豊かにし美しくする発明は多数あったが、それらとは別に、社会の安定をもたらす偉大な発明が三つあった。第一は文字の発明であり、これがあったからこそ、人類は法や契約や歴史や発明を何の変更も加えることなく伝えられるようになった。第二は通貨の発明であり、これによって文明社会がすべて結び付けられるようになった。第三は、これら二つの偉大な発明の結果生まれた『経済表』であり、これら二つの発明の目的を完全に達成できるようにして、両者を完成するものである。現代の偉大な発明

だが、それによる利益を得るのは子孫の代になってからだろう」

現代ヨーロッパの各国の経済政策では、都市の産業である製造業と貿易が、農村の産業である農業よりも優遇されてきた。だが他国の経済政策はこれとは違っていて、製造業と貿易より農業を重視してきた。

中国では、どの産業よりも農業を重視する政策をとっている。農業労働者は手工業者よりも生活水準が高く、ヨーロッパの大部分で手工業者の方が農業労働者より生活水準が高いのと同じ程度の差があるといわれている。中国では誰にとっても、わずかでも土地を借りるか所有するのが大きな夢になっており、土地を借りる際の条件はきわめて緩く、借地人が十分に保護されているといわれている。貿易にはほとんど敬意をはらっていない。ロシアのデ・ランジュ公使が貿易について話そうとすると、北京の官僚はいつも「くだらない貿易の話か」といったという。日本との貿易は例外だが、それ以外には自国船での貿易をほとんど行っていない。そして外国の貿易船の入港は、国内の一つか二つの港でしか許していない。このため中国では、自国船による貿易も外国船による貿易も、もっと自由を認めた場合に自然に拡大するはずの規模には達しておらず、すべての点で、はるかに狭い範囲にかぎられている。

製造業の製品は、容積の割に価値が高い場合が少なくないので、土地生産物の大部分よ

り外国に運送する際の費用が安く、ほとんどの国で貿易の主要な品目になっている。それに、中国ほど国土が広くなく、国内商業の条件が良くない国では通常、製造業は貿易によって支えられる必要がある。国土がそれほど広くなく、国内市場が狭い国や、国内の地域間で物資を運ぶのが難しく、一つの地域の商品で国内全体を市場にして販売するのが不可能な国では、広範囲な外国市場がなければ、製造業が十分に繁栄することができない。本書第一編で論じたように、製造業の発達はすべて分業によるものであり、製造業での分業の進展はかならず、市場の大きさに制約される。中国は国土がきわめて広く、住民がきわめて多く、地域によって気候条件に大きな違いがあるので生産物に違いがあり、かなりの部分で、水運を使って物資を簡単に輸送できる。このため、国内市場がきわめて大きく、国内市場だけで大規模な製造業を支えられるし、分業を大幅に進められる状況にある。おそらく、中国の国内市場の規模は、ヨーロッパ各国の市場をすべて合計したものとくらべても、そう見劣りすることはないだろう。だが、貿易が広範囲に行われていて、この広大な国内市場に世界全体にわたる外国市場が加わっていれば、そしてとくに中国船で貿易が行われていれば、中国の製造業がさらに大幅に拡大し、製造業の生産性がさらに大幅に向上しなかったはずがない。世界各国に航海していれば、他国で使われている機器や道具の使い方と作り方を自然に学ぶようになり、それにかぎらず、世界各地で進められている技

術と産業の改良を自然に学ぶようになるだろう。中国の現在の政策では、日本以外の外国から学んで自国を発展させる機会をほとんどもてない。

古代エジプトやインドのヒンズー教国でも、さまざまな産業のなかでとくに農業を優遇する政策がとられたようだ。

古代エジプトとインドでは、住民全体がいくつものカーストや氏族に分かれ、それぞれが父から子に、同じ職業か同じ種類の職業を受け継いでいくように決められている。聖職者の子は聖職者になり、武士の子は武士になり、労働者の子は労働者になり、織工の子は織工になり、仕立て屋の子は仕立て屋になると決められているのである。古代エジプトでもインドでも、地位がもっとも高いのは聖職者であり、つぎが武士であった。そして農民は、商工業者より地位が高い。

どちらの国でも、農業の利害にとくに配慮する政策がとられてきた。古代エジプトの歴代の国王がナイル川の水を適切に分配するために作った水路は、古代によく知られていたし、いまでも旅行者がその遺跡に驚嘆するほどだ。インドでも、昔の国王がガンジス川などの河川から水を適切に分配するために作った水路は、それほど有名ではないが、やはり素晴らしいものだったようだ。このため両国とも、ときおり不作に苦しむことはあっても、農業生産が多いことで有名である。両国とも人口が多いが、平年作の年には近隣諸国に大

量の穀物を輸出できた。

古代エジプトには海を嫌う迷信があった。ヒンズー教は海上で火を使うことを禁じており、このため海上では調理ができず、事実上、遠距離の航海を禁止する結果になっている。エジプトもインドも、余った生産物の輸出をほぼすべて外国船に依存していたはずである。このため、外国市場がかぎられることになり、余った生産物が増えにくくなっていたはずだ。そして、生産が増えにくいという点で、土地生産物より製品の方が大きな影響を受けていたはずである。製造業の製品は、土地生産物のうちとくに重要な部分より、はるかに大きな市場を必要とする。一人の靴屋で年間に三百足以上の靴を作る。自分の家族が使う靴は多分、六足以下だろう。このため、同じような人数の五十以上の家族を顧客として抱えていなければ、靴屋は自分の労働による生産物を売り切ることができない。手工業ではとくに人数が多い職種でも、大国でそれに従事しているのは、五十世帯から百世帯のうち一世帯だけである。これに対して農業の場合、イギリスやフランスなどの大国で農業人口が全人口に占める比率について、半分と推計した著者もいれば三分の一と推計した著者もいるが、知りえたかぎり五分の一以下とした著者はいない。そしてイギリスでもフランスでも、農産物の大部分は国内で消費されているので、これらの推計に基づくなら、農業の場合には自分の家族以外に一世帯か二世帯、多くても四世帯の顧客がいれば、自分

の労働による生産物を売り切ることができる。このため農業では、市場が限定されて生産が抑制されても、製造業よりはるかによくもちこたえられる。古代エジプトでもインドでも、外国市場がかぎられている点をある程度まで補う要因として、内陸航行が便利で、国内の各地域がすべての生産物を、きわめて有利な方法で国内市場の全体に販売できるようになっていた。インドは国土が広いので、国内市場が大きく、多種多様な製造業を十分に支えられる。これに対して古代エジプトは国土が狭く、イングランドの規模にも達したことがないので、どの時代にも、多様な製造業を支えるには国内市場が小さすぎたはずだ。このため、インドの一地域であるベンガルは米の輸出量がつねにとくに多いが、それよりも多種多様な製品の輸出の方が、いつもはるかに盛んである。これに対して古代エジプトは、高級亜麻布など、いくつかの製品も輸出したが、それよりも大量の穀物を輸出することで有名であった。古代ローマ帝国の穀倉の地位を長く維持していた。

　中国の皇帝、古代エジプトの国王、それぞれの時代にインドの各地域を支配した国の国王は、財政収入の全体か大部分を、何らかの種類の土地税か地代から得てきた。土地税や地代は、ヨーロッパの十分の一税と同様に、その土地の生産物のうち一定の割合を徴収するものであり、その割合は五分の一だといわれている。現物で支払われる場合もあるし、ある評価額にしたがって金銭で支払われる場合もあり、その総額は生産量の変動にしたが

って年ごとに変わる。これらの国の主権者は、農業が繁栄するか衰退するかで財政収入が年ごとに増減するのだから、当然、農業の利害にとくに配慮するようになる。

　古代のギリシャやローマの共和国も、製造業や貿易より農業を重視する政策をとったが、農業を直接にか意識的に奨励するより、製造業や貿易を抑制する政策をとっていたようだ。古代ギリシャの都市国家のうちいくつかは、貿易を完全に禁止していた。いくつかの都市国家では、製造業の仕事をしていると体力と敏捷性が低下し、軍事訓練と運動の訓練で養おうとしている習慣が身につかなくなり、戦場での疲労と危険に耐える力が多少とも衰えるとみられていた。そのため、製造業の仕事は奴隷にふさわしいとされ、自由人がこれらの仕事につくことを禁止していた。ローマやアテナイのように、これを禁止しなかった国でも、現在なら都市の下層の住民が一般についている職業から、住民の大部分が事実上排除されていた。そうした仕事はすべて、奴隷が金持ちの主人のために行っていて、金持ちの絶大な富、権力、保護があるので、貧しい自由人がこれと競争して自分の市場をみつけだすのは、ほとんど不可能だったのだ。だが、奴隷が創意工夫の才能を発揮することはまずない。機器や道具、仕事の仕方や配分を改良して労働を容易にし節減する重要な発明は、すべて自由人によるものである。奴隷がこのような改良を提案しても、主人はたいてい、仕事を怠けようとしている証拠であり、主人に費用を負担させて仕事が楽になる

提案した奴隷は報奨を得られるどころか、まず確実にさんざんに罵倒され、処罰すら受けかねない。したがって製造業に奴隷を使った場合、自由人を雇った場合とくらべて、同じ量の仕事に必要な労働量が一般に多くなるはずだ。このため、奴隷を使った仕事は一般に自由人の仕事より高くつくはずである。哲学者のモンテスキューが『法の精神』で述べているが、ハンガリーの鉱山は近くにあるトルコの鉱山とくらべて、豊鉱ではないのに、つねに操業経費が低く、そのため利益率が高いという。トルコの鉱山では奴隷が働いており、鉱山主は奴隷を使うだけで、機器や道具を使おうとは考えてこなかった。これに対してハンガリーの鉱山では自由人が働いており、大量の機器や道具を使って、労働を容易にし節減してきたのである。古代ギリシャと古代ローマの時代の製品価格について、ごくわずかに分かっている点をみていくと、高級な製品の価格はとてつもなく高かったようだ。絹織物を買うには、同じ重さの金が必要だった。もっとも当時、絹織物はヨーロッパの製品ではなく、すべてアジアから運ばれていたので、長距離の運送にかかる費用で、ある程度まで価格の高さを説明できよう。だが、貴婦人用の高級亜麻布も同じように法外な価格で売られることがあったようだ。亜麻布はヨーロッパ製か、とくに遠くから運ばれたものもエジプト製なので、その生産に大量の労働が必要だったとしか考えられず、それは、生産に使われた機器や道具が不便なものであったためだと

しか考えられない。高級毛織物も、亜麻布ほどではないが、現在よりはるかに高かったようだ。ローマの博物学者、プリニウスの『博物誌』によれば、ある種の方法で染めた毛織物の価格は、重さ一ポンド当たり百デナリウス、つまり三ポンド六シリング八ペンスの価格だったという。別の方法で染めた毛織物では、重さ一ポンド当たり一千デナリウス、つまり三十三ポンド六シリング八ペンスだったという。ローマ時代の重さ一ポンドは十二オンスであり、現在の一ポンドの約四分の三の重さしかなかったことを忘れてはならない。この高価格は主に染料の価格が高かったためのようだ。だが、毛織物自体が現在のどの毛織物よりもはるかに高価でなければ、それほど高価な染料はおそらく使われなかっただろう。そうでなければ、本体の価格と飾りの価格の不釣り合いが大きくなりすぎる。やはりプリニウスの『博物誌』によれば、ローマ人が食事の際に長椅子においてもたれかかるのに使った毛織物のクッションには、まったく信じがたいほど高価なものがあったという。いまの通貨で三万ポンド以上のものもあり、なかには三十万ポンドを超えるものもあった。この高価格も染料のためだとはされていない。当時の上流階級は男女とも、現在とくらべて衣装の種類が少なかったようだと、ジョン・アーバスノット博士が論じており、古代の彫像で衣服にほとんど違いがない点からも、博士の見方が裏付けられる。この点から博士は、当時は現在より衣服が全般に安かったはずだと考えている。しかし、この結論には無

理があると思える。高級な衣装の価格がきわめて高ければ、種類が少なくなるはずだ。製造業の生産性が向上して衣服の価格が低くなれば、自然に種類が増えるはずである。金持ちは衣装を一着買っても目立つことができず、何種類もの衣装を大量に買って目立とうとするはずだ。

　本書第三編第一章で論じたように、どの国でも、もっとも大規模でもっとも重要な取引は、農村の住民と都市の住民との間のものである。都市の住民は農村から土地生産物、つまり食料と製造業の原材料を購入する。そして土地生産物の代金を支払うために、加工した完成品の一部を農村に送り返す。農村の住民と都市の住民という二種類の住民の間で行われている取引は、結局のところ、ある量の土地生産物とある量の製品を交換するものである。このため、製品が高いほど、土地生産物は安くなる。どの国でも、製品価格を上昇させる要因は、土地生産物の価格を低下させる要因であり、したがって農業を抑制する要因でもある。ある量の土地生産物かその対価で購入できる製品の量が少ないほど、その量の土地生産物の交換価値は低くなり、土地所有者に土地を改良して土地生産物の生産を増やすよう促す刺激が小さくなり、農業経営者に土地を耕作して土地生産物の生産を増やすよう促す刺激は小さくなる。また、どの国でも製造業人口の減少をもたらす要因は、土地生産物の市場のうちもっとも重要な国内市場の縮小をもたらす要因であり、農業をさらに

抑制する要因でもある。

したがって、さまざまな産業のなかでとくに農業を優遇し、農業を振興するために製造業と貿易を抑制する政策は、その意図とは正反対の結果をもたらし、奨励しようとしているまさにその産業を間接的に抑制することになる。この点で、重農主義はおそらく重商主義と比較してすら、一層矛盾している。重商主義は農業よりも製造業と貿易を奨励し、社会の資本の一部を、社会にとって有利な産業から不利な産業に振り向けさせる。それでも、奨励しようとしている種類の産業を実際に振興する結果になる。だが、重農主義は、奨励しようとしている種類の産業を逆に抑制する結果になるのである。

以上から明らかなように、ある種類の産業を特別に奨励し、社会の資本のうちその産業で使われる部分の比率を自然に任せた場合より高めようとするか、ある種類の産業を特別に抑制し、社会の資本のうちその産業で使われる部分の比率を自然に任せた場合より低くしようとする政策はすべて、実際には、その政策の意図とは反対の結果をもたらす。こうした政策は真の富と偉大さに向けた社会の進歩を加速するのではなく、逆に妨げ、社会の土地と労働による年間生産物の真の価値を増やすのではなく、逆に減らすことになる。

ある産業を優遇するか抑制する制度をすべて完全に撤廃すれば、自然な自由という単純明快な仕組みが自然に確立する。誰でも、正義の法をおかさないかぎり、自分の利害を自

分の方法で追求する完全な自由をもち、自分の資本と労働を使って誰とでも、どの階層とでも競争する完全な自由をもつようになる。こうなれば主権者は、民間人の労働を監視し、社会の利害という観点からもっとも適切な用途に振り向けようと試みる義務から解放される。この義務を遂行しようとすれば、主権者はいつも無数の錯覚に陥りかねず、人間の知恵や知識ではこの義務を適切に遂行することはできないのである。自然な自由の体制では、主権者が遂行しなければならない義務は三つしかない。この三つの義務はきわめて重要だが、単純明快であり、常識で理解できる。第一は、他国の暴力と侵略から自国を守る義務である。第二は、社会の他の構成員による不正と抑圧から社会のすべての構成員を可能なかぎり守る義務、つまり厳正な司法制度を確立する義務である。第三は、ある種の公共施設を建設し、公共機関を設立して維持する義務である。この義務の対象になるのは、個人または少数の個人が建設・設立し維持しても、その経費を回収できないので利益をあげることはできないが、社会全体にとっては、その経費を回収してあまりあるほど有益なものである。

主権者がこれらの義務を適切に遂行するには、かならずある程度の経費が必要であり、この経費のためには、かならずそれを支える収入が必要である。そこで、第五編では以下の点を説明しようとつとめる。第一は、主権者または国に必要な経費は何なのか、この支

出のうち社会全体が負担すべき部分は何なのか、そして社会のうち一部だけ、または一部の人だけが負担すべき部分は何なのかである。第二は、社会全体が負担すべき経費を賄うために社会全体が拠出する方法にはどういうものがあり、それぞれの方法の主要な利点と欠点は何なのかである。第三は、近代のほとんどの政府が税収の一部を担保にするなどの方法で資金を借り入れるようになった理由と原因はどこにあり、この債務が社会の真の富、社会の土地と労働による年間生産物にどのような影響を与えるのかである。したがって第五編は当然、三つの章に分かれる。

本書は、二〇〇七年三月に日本経済新聞出版社から発行した同名書を上中下に分けて文庫化したものです。

本文中、今日では不適切、あるいは差別的と受け取られかねない表現が使われています。十八世紀のイギリスという歴史的な背景と制約、および本書の意義に鑑み、そのままの表現としました。

日経ビジネス人文庫

国富論《こくふろん》 ㊥《ちゅう》
国《くに》の豊《ゆた》かさの本質《ほんしつ》と原因《げんいん》についての研究《けんきゅう》

2023年4月3日　第1刷発行

著者
アダム・スミス

訳者
山岡洋一
やまおか・よういち

発行者
國分正哉

発行
株式会社日経BP
日本経済新聞出版

発売
株式会社日経BPマーケティング
〒105-8308 東京都港区虎ノ門4-3-12

ブックデザイン
間村俊一

本文DTP
マーリンクレイン

印刷・製本
中央精版印刷

Printed in Japan　ISBN978-4-296-11755-0

好評既刊

『戦争論』クラウゼヴィッツ語録

加藤秀治郎＝編訳

本書は、「唯一の古典」と評されながら原著も翻訳書も難解なクラウゼヴィッツ『戦争論』の入門書。本質的要素を抽出し、平易な訳文で収録。

戦略の世界史 上・下

ローレンス・フリードマン
貫井佳子＝訳

神話、戦争、さまざまな軍事戦略から、革命、政治、ビジネス、社会科学理論まで、「戦略」の変遷と意義を広大な視野のもとに説き明かす。

戦略の本質

野中郁次郎・戸部良一
鎌田伸一・寺本義也
杉之尾宜生・村井友秀

戦局を逆転させるリーダーシップとは？ 世界史を変えた戦争を事例に、戦略の本質を戦略論、組織論のアプローチで解き明かす意欲作。

食糧と人類

ルース・ドフリース
小川敏子＝訳

人類は創意工夫と科学力によって、食料不足を何度も乗り越えてきた。「繁栄の歯車」は永遠に回り続けるのか。21世紀の食糧危機を見通す文明史。

国家戦略の本質

戸部良一
寺本義也
野中郁次郎
＝編著

サッチャー、中曽根、鄧小平——。歴史的大転換期のリーダーたちは、苦境をどのように克服したのか。国家を動かす大戦略を解明する力作。

nbb 好評既刊

第三のチンパンジー 完全版 ㊤㊦

ジャレド・ダイアモンド
長谷川眞理子・
長谷川寿一＝訳

チンパンジーと遺伝子がほとんど違わないヒトは、なぜ「人間」になれたのか? ダイアモンド博士の記念すべき一作目に、補遺2点も収録した完全版。

昨日までの世界 ㊤㊦

ジャレド・ダイアモンド
倉骨 彰＝訳

世界的大ベストセラー『銃・病原菌・鉄』の著者が、身近なテーマから人類史の壮大な謎を解き明かす。超話題作、待望の文庫化!

危機と人類 ㊤㊦

ジャレド・ダイアモンド
小川敏子・川上純子＝訳

遠くない過去の人類史から何を学び、どう将来の危機に備えるか――。近現代における7カ国の事例を基に解決への道筋を提案する。

純粋機械化経済 上・下

井上智洋

AIがもたらすのは豊かさか、分断か――。2030年に到来する「AI時代の大分岐」。多角的な視点から何をなさなければならないのかを論じる。

経済学の宇宙

岩井克人＝著
前田裕之＝聞き手

経済を多角的にとらえてきた経済学者が、誰にどのような影響を受け、新たな理論に踏み出したのかを、縦横無尽に語りつくす知的興奮の書。